Antología poética

Clásica
Poesía

RUBÉN
DARÍO

ANTOLOGÍA POÉTICA

Prólogo «El caracol y la sirena» de Octavio Paz

Edición y guía de lectura de
Carmen Ruiz Barrionuevo

AUSTRAL

Planeta

Obra editada en colaboración con Editorial Planeta – España

Diseño de la colección: Compañía
Diseño de la portada: Austral / Área Editorial Grupo Planeta

Bajo el sello editorial AUSTRAL M.R.
Avenida Presidente Masarik núm. 111,
Piso 2, Polanco V Sección, Miguel Hidalgo
C.P. 11560, Ciudad de México
www.planetadelibros.com.mx

Primera edición impresa en España en esta presentación: abril de 2017
ISBN: 978-84-08-17052-5

Primera edición impresa en México en Austral: abril de 2025
ISBN: 978-607-39-2692-8

Impreso en los talleres de Impregráfica Digital, S.A. de C.V.
Av. Coyoacán 100-D, Valle Norte, Benito Juárez
Ciudad de México, C.P. 03103
Impreso en México - *Printed in Mexico*

Biografía

Rubén Darío (Nicaragua, 1867-1916) representa uno de los grandes hitos de las letras hispanas, no sólo por el carácter emblemático de algunos de sus títulos como *Azul...* (1888), *Prosas profanas* (1896) y *Cantos de vida y esperanza* (1905), sino por las dimensiones de renovación que impuso a la lengua española, abriendo las puertas a las influencias estéticas europeas a través de la corriente que él mismo bautizó como Modernismo. Pero como decía Octavio Paz su obra no termina con el Modernismo: lo sobrepasa, va más allá del lenguaje de esta escuela y, en verdad, de toda escuela. Es una creación, algo que pertenece más a la historia de la poesía que a la de los estilos. Darío no es únicamente el más amplio y rico de los poetas modernistas: es uno de nuestros grandes poetas modernos, es «el príncipe de las letras castellanas».

ÍNDICE

ANTOLOGÍA

EL CARACOL Y LA SIRENA

de Octavio Paz

I

... la raza
que vida con los números pitagóricos crea.
R. D.

Nuestros textos escolares llaman siglos de oro al XVI y al XVII; Juan Ramón Jiménez decía que eran de cartón dorado; más justo sería decir: siglos de la furia española. Con el mismo frenesí con que destruyen y crean naciones, los españoles escriben, pintan, sueñan. Extremos: son los primeros en dar la vuelta al mundo y los inventores del quietismo. Sed de espacio, hambre de muerte. Abundante hasta el despilfarro, Lope de Vega escribe mil comedias y pico; sobrio hasta la parquedad, la obra poética de San Juan de la Cruz se reduce a tres poemas y unas cuantas canciones y coplas. Delirio alegre o reconcentrado, sangriento o pío: todos los colores y todas las direcciones. Delirio lúcido en Cervantes, Velázquez, Calderón; laberinto de conceptos en Quevedo, selva de estalactitas verbales en Góngora. De pronto, como si se tratase del espectáculo de un ilusionista y no de una realidad histórica, el escenario se despuebla. No hay nada y menos que nada: los españoles viven una vida refleja de fantasmas. Sería inútil buscar en todo el siglo XVIII un Swift o un Pope, un Rousseau o un Laclos. En la segunda mitad del siglo XIX surgen aquí y allá tímidas manchas de verdor: Bécquer, Rosalía de Castro. Nada que se compare a Coleridge, Leopardi o Hölderlin; nadie que se parezca a Baudelaire. A fines de siglo, con idéntica violencia, todo cambia. Sin previo aviso irrumpe un grupo de poetas; al principio pocos los escuchan y muchos se burlan de ellos. Unos años después, por obra de aquellos que la crítica seria había llamado descastados y «afrancesados», el idioma español se pone de pie. Estaba vivo. Menos opulento que en el signo barroco pero menos enfático. Más acercado y transparente.

El último poeta del período barroco fue una monja mexicana: sor Juana Inés de la Cruz. Dos siglos más tarde, en esas mismas tierras americanas, aparecieron los primeros brotes de la tendencia que devolvería al idioma su vitalidad. La importancia del modernismo es doble: por una parte dio cuatro o cinco poetas que reanudan la gran tradición hispánica, rota o detenida al finalizar el siglo XVII; por la otra, al abrir puertas y ventanas, reanimó al idioma. El modernismo fue una escuela poética; también fue una escuela de baile, un campo de entrenamiento físico, un circo y una mascarada. Después de esa experiencia el castellano pudo soportar pruebas más rudas y aventuras más peligrosas. Entendido como lo que realmente fue —un movimiento cuyo fundamento y meta primordial era el movimiento mismo— aún no termina: la vanguardia de 1925 y las tentativas de la poesía contemporánea están íntimamente ligadas a ese gran comienzo. En sus días, el modernismo suscitó adhesiones fervientes y oposiciones no menos vehementes. Algunos espíritus lo recibieron con reserva: Miguel de Unamuno no ocultó su hostilidad y Antonio Machado procuró guardar las distancias. No importa: ambos están marcados por el modernismo. Su verso sería otro sin las conquistas y hallazgos de los poetas hispanoamericanos; y su dicción, sobre todo allí donde pretende separarse más ostensiblemente de los acentos y maneras de los innovadores, es una suerte de involuntario homenaje a aquello mismo que rechaza. Precisamente por ser una reacción, su obra es inseparable de lo que niega: no es lo que está *más allá* sino lo que está *frente* a Rubén Darío. Nada más natural: el modernismo era el lenguaje de la época, su estilo histórico, y todos los creadores estaban condenados a respirar su atmósfera.

Todo lenguaje, sin excluir al de la libertad, termina por convertirse en una cárcel; y hay un punto en el que la velocidad se confunde con la inmovilidad. Los grandes poetas modernistas fueron los primeros en rebelarse y en su obra de madurez van más allá del lenguaje que ellos mismos habían creado. Preparan así, cada uno a su manera, la subversión de la vanguardia: Lugones es el antecedente inmediato de la nueva poesía mexicana (Ramón López Velarde) y argentina (Jorge Luis Borges); Juan Ramón Jiménez fue el maestro de la generación de Jorge Guillén y Federico García Lorca; Ramón del Valle-Inclán está presente en el teatro moderno y lo estará más cada día... El lugar de Darío es central, inclusive si se cree, como yo creo, que es el menos actual de los grandes modernistas. No es una influencia viva sino un término de referencia: un punto de partida o llegada, un límite que hay que alcanzar o traspasar. Ser o no ser como él: de ambas maneras Darío está presente en el espíritu de los poetas contemporáneos. Es el fundador.

La historia del modernismo va de 1880 a 1910 y ha sido contada muchas veces. Recordaré lo esencial. El romanticismo español e hispanoamericano, con dos o tres excepciones menores, dio pocas obras notables. Ninguno de nuestros poetas románticos tuvo conciencia clara de la verdadera significación de ese gran cambio. El romanticismo de lengua castellana fue una escuela de rebeldía y declamación, no una visión —en el sentido que daba Arnim a esta palabra—: «Llamamos videntes a los poetas sagrados; llamamos visión de especie superior a la creación poética». Con estas palabras el romanticismo proclama la primacía de la visión poética sobre la revelación religiosa. Entre nosotros falta también la ironía, algo muy distinto al sarcasmo o a la invectiva: disgregación del objeto por la inserción del yo; desengaño de la conciencia, incapaz de anular la distancia que la separa del mundo exterior; diálogo insensato entre el yo infinito y el espacio finito o entre el hombre mortal y el universo inmortal. Tampoco aparece la alianza entre sueño y vigilia; ni el presentimiento de que la realidad es una constelación de símbolos; ni la creencia en la imaginación creadora como la facultad más allá del entendimiento. En suma, falta la conciencia del ser dividido y la aspiración hacia la unidad. La pobreza de nuestro romanticismo resulta aún más desconcertante si se recuerda que para los poetas alemanes e ingleses España fue la tierra de elección del espíritu romántico: el grupo de Jena descubrió a Calderón; Shelley tradujo algunos fragmentos de su teatro; uno de los libros centrales del romanticismo alemán, el poderoso y alucinante *Titán,* está impregnado de ironía, magia y otros elementos fantásticos que Jean-Paul recogió probablemente de una de las obras menos estudiadas (y más modernas) de Cervantes: *Los trabajos de Persiles y Segismunda...* Cuando la ola del romanticismo se retira, el paisaje es desolador: la literatura española oscila entre la oratoria y la charla, la Academia y el café.

Francia había sido la fuente de inspiración de nuestros románticos. Aunque en ese país el romanticismo no cuenta con figuras comparables a las de germanos y sajones (si se exceptúa a Nerval y al Victor Hugo del *Fin de Satán),* la generación siguiente nos ha dejado un grupo de obras que, simultáneamente, consuman la tentativa romántica y la trascienden. Baudelaire y sus grandes descendientes dan una conciencia —quiero decir: una *forma significativa*— al romanticismo; además, y sobre todo, hacen de la poesía una experiencia total, a un tiempo verbal y espiritual. La palabra no sólo dice al mundo sino que lo funda —o lo cambia—. El poema se vuelve un espacio poblado de signos vivientes: animación de la escritura por el espíritu, por el ánima. En el último tercio del siglo XIX las fronteras de la poesía, las fronteras con lo desconocido, están en Francia. En las obras de sus poetas la inspiración romántica se vuelve sobre sí misma y se contempla. El entusiasmo, origen de la poesía para Novalis, se convierte en la reflexión de Mallarmé: la conciencia dividida se venga de la opacidad del objeto y lo anula. Pero los escritores españoles, a pesar de su cercanía de ese centro magnético que era la poesía francesa (o tal vez por eso mismo), no se sintieron atraídos por la aventura de esos años. En cambio, insatisfechos con la garrulería y la tiesura imperantes en España, los hispanoamericanos comprendieron que nada personal podía decirse en un lenguaje que había perdido el secreto de la metamorfosis y la sorpresa. Se sienten distintos a los españoles y se vuelven, casi instintivamente, hacia

Francia. Adivinan que allá se gesta no un mundo nuevo sino un nuevo lenguaje. Lo harán suyo para ser más ellos mismos, para decir mejor lo que quieren decir. Así, la reforma de los modernistas hispanoamericanos consiste, en primer término, en apropiarse y asimilar la poesía moderna europea. Su modelo inmediato fue la poesía francesa no sólo porque era la más accesible sino porque veían en ella, con razón, la expresión más exigente, audaz y completa de las tendencias de la época.

En su primera etapa el modernismo no se presenta como un movimiento concertado. En lugares distintos, casi al mismo tiempo, surgen personalidades aisladas: José Martí en Nueva York, Julián del Casal en La Habana, Manuel Gutiérrez Nájera y Salvador Díaz Mirón en México, José Asunción Silva en Bogotá, Rubén Darío en Santiago de Chile. No tardan en conocerse entre ellos y en advertir que sus tentativas individuales forman parte de un cambio general en la sensibilidad y el lenguaje. Poco a poco se forman pequeños grupos y cenáculos; brotan las publicaciones periódicas, como la *Revista Azul* de Gutiérrez Nájera; las tendencias difusas cristalizan y se constituyen dos centros de actividad, uno en Buenos Aires y otro en México. Este período es el de la llamada segunda generación modernista. Rubén Darío es el punto de unión entre ambos momentos. La muerte prematura de la mayoría de los iniciadores, y sus dones de crítico y animador, lo convierten en la cabeza visible del movimiento. Con mayor claridad que los precursores, los nuevos poetas tienen conciencia de ser la primera expresión realmente independiente de la literatura hispanoamericana. No les asusta que los llamen descastados: saben que nadie se encuentra a sí mismo si antes no abandona el lugar natal.

La influencia francesa fue predominante pero no exclusiva. Con la excepción de José Martí, que conocía y amaba las literaturas inglesa y norteamericana, y de Silva, «lector apasionado de Nietzsche, Baudelaire y Mallarmé» [1], los primeros modernistas pasaron del culto de los románticos franceses al de los parnasia-

---

[1] Max Henríquez Ureña, *Breve historia del modernismo*, México, 1962.

nos. La segunda generación, en plena marcha, «agrega a las maneras parnasianas, ricas en visión, las maneras simbolistas, ricas en musicalidad»[2]. Su curiosidad era muy extensa e intensa pero su mismo entusiasmo nublaba con frecuencia su juicio. Admiraban con fervor igual a Gautier y a Mendès, a Heredia y a Mallarmé. Un índice de sus preferencias es la serie de retratos literarios que Rubén Darío publicó en un diario argentino, casi todos recogidos en *Los raros* (1894). En estos artículos los nombres de Poe, Villiers de l'Isle Adam, Léon Bloy, Nietzsche, Verlaine, Rimbaud y Lautréamont alternan con los de escritores secundarios y con otros hoy totalmente olvidados. Aparece únicamente un escritor de lengua española: el cubano José Martí; y un portugués: Eugenio de Castro, el iniciador del verso libre. En ciertos casos, es asombroso el instinto de Darío: fue el primero que se ocupó, fuera de Francia, de Lautréamont. (En la misma Francia, si no recuerdo mal, sólo Léon Bloy y Rémy de Gourmont habían escrito antes sobre Ducasse. Sospecho, además, que es el primer escritor de lengua castellana que alude a Sade, en un soneto dedicado a Valle-Inclán.) A esta lista hay que agregar, claro está, muchos otros nombres. Bastará con mencionar a los más salientes. En primer término Baudelaire y, en seguida, Jules Laforgue, ambos decisivos para la segunda generación modernista; los simbolistas belgas; Stefan George, Wilde, Swinburne y, más como ejemplo y estímulo que como modelo directo, Whitman. Aunque no todos sus ídolos eran franceses, Darío dijo alguna vez, quizá para irritar a los críticos españoles que lo acusaban de «galicismo mental»: «El modernismo no es otra cosa que el verso y la prosa castellanos pasados por el fino tamiz del buen verso y de la buena prosa franceses». Pero sería un error reducir el movimiento a una mera imitación de Francia. La originalidad del modernismo no está en sus influencias sino en sus creaciones.

Desde 1888 Darío emplea la palabra *modernismo* para designar las tendencias de los poetas hispanoamericanos. En 1898 escribe: «El espíritu nuevo que hoy anima a un pequeño pero triunfante y

[2] Enrique Anderson Imbert, *Historia de la literatura hispanoamericana*, México, 1962.

soberbio grupo de escritores y poetas de la América española: el modernismo...». Más tarde dirá: los modernos, la modernidad. Durante su extensa y prolongada actividad crítica no cesa de reiterar que la nota distintiva de los nuevos poetas, su razón de ser, es la voluntad de ser modernos. Del mismo modo que el término *vanguardia* es una metáfora que delata una concepción guerrera de la actividad literaria, el vocablo *modernista* revela una suerte de fe ingenua en las excelencias del futuro o, más exactamente, de la actualidad. La primera implica una visión espacial de la literatura; la segunda, una concepción temporal. La vanguardia quiere conquistar un sitio; el modernismo busca insertarse en él ahora. Sólo aquellos que no sienten del todo en el presente, aquellos que se saben fuera de la historia viva, postulan la contemporaneidad como una meta. Ser coetáneo de Goethe o de Tamerlán es una coincidencia, feliz o desgraciada, en la que no interviene nuestra voluntad; desear ser su contemporáneo implica la voluntad de participar; así sea idealmente, en la gesta del tiempo, compartir una historia que, siendo ajena, de alguna manera hacemos nuestra. Es una afinidad y una distancia —y la conciencia de esa situación—. Los modernistas no querían ser franceses: querían ser modernos. El progreso técnico había suprimido parcialmente la distancia geográfica entre América y Europa. Esa cercanía hizo más viva y sensible nuestra lejanía histórica. Ir a París o a Londres no era visitar otro continente sino saltar a otro siglo. Se ha dicho que el modernismo fue una evasión de la realidad americana. Más cierto sería decir que fue una fuga de la actualidad local —que era, a sus ojos, un anacronismo— en busca de una actualidad universal, la única y verdadera actualidad. En labios de Rubén Darío y sus amigos, modernidad y cosmopolitismo eran términos sinónimos. No fueron antiamericanos; querían una América contemporánea de París y Londres.

La manifestación más pura e inmediata del tiempo es el ahora. El tiempo es lo que está pasando: la actualidad. La lejanía geográfica y la histórica, el exotismo y el arcaísmo, tocados por la actualidad se funden en un presente instantáneo: se vuelven presencia. La inclinación de los modernistas por el pasado más remoto y las tierras más distantes —leyendas medievales y bizantinas, figuras de la América precolombina y de los Orientes que en esos años descubría o inventaba la sensibilidad europea— es una de las formas de su apetito de presente. Pero no los fascina la máquina, esencia del mundo moderno, sino las creaciones del *art nouveau.* La modernidad no es la industria sino el lujo. No la línea recta: el arabesco de Aubrey Beardsley. Su mitología es la de Gustave Moreau (al que dedica una serie de sonetos Julián de Casal); sus paraísos secretos los del Huysmans de *A Rebours;* sus infiernos los de Poe y Baudelaire. Un marxista diría, con cierta razón, que se trata de una literatura de clase ociosa, sin quehacer histórico y próxima a extinguirse. Podría replicarse que su negación de la utilidad y su exaltación del arte como bien supremo son algo más que un hedonismo de terrateniente: son una rebelión contra la presión social y una crítica de la abyecta actualidad latinoamericana. Además, en algunos de estos poetas coincide el radicalismo político con las posiciones estéticas más extremas: apenas si es necesario recordar a José Martí, libertador de Cuba, y a Manuel González Prada, uno de nuestros primeros anarquistas. Lugones fue uno de los fundadores del socialismo argentino; y muchos de los modernistas participaron activamente en las luchas históricas de su tiempo: Valencia, Chocano, Díaz Mirón, Vargas Vila... El modernismo no fue una escuela de abstención política sino de pureza artística. Su esteticismo no brota de una indiferencia moral. Tampoco es un hedonismo. Para ellos el arte es una pasión, en el sentido religioso de la palabra, que exige un sacrificio como todas las pasiones. El amor a la modernidad no es culto a la moda: es voluntad de participación en una plenitud histórica hasta entonces vedada a los hispanoamericanos. La modernidad no es sino la historia en su forma más inmediata y rica. Más angustiosa también: instante henchido de presagios, vía de acceso a la gesta del tiempo. Es la contemporaneidad. Decadente y bárbaro, el arte moderno es una pluralidad de tiempos históricos, lo más antiguo y lo más nuevo, lo más cercano y lo más distante, una totalidad de presencias que la conciencia puede asir en un momento único:

> y muy siglo diez y ocho y muy antiguo
> y muy moderno; audaz, cosmopolita...

No deja de ser una paradoja que, apenas nacida, la poesía hispanoamericana se declare cosmopolita. ¿Cómo se llama esa Cosmópolis? Es la ciudad de ciudades. Nínive, París, Nueva York, Buenos Aires: es la forma más transparente y engañosa de la actualidad pues no tiene nombre ni ocupa lugar en el espacio. El modernismo es una pasión abstracta, aunque sus poetas se recrean en la acumulación de toda suerte de objetos raros. Esos objetos son signos, no símbolos: algo interminable. Máscaras, sucesión de máscaras que ocultan un rostro tenso y ávido, en perpetua interrogación. Su amor desmedido por las formas redondas y plenas, por los ropajes suntuosos y los mundos abigarrados, delata una obsesión. No es el amor a la vida sino el horror al vacío el que prefiere todas esas metáforas brillantes y sonoras. La perpetua búsqueda de lo extraño, a condición de que sea nuevo —y de lo nuevo a condición de que sea único—, es avidez de presencia más que de presente. Si el modernismo es apetito de tiempo, sus mejores poetas saben que es un tiempo desencarnado. La actualidad, que a primera vista parece una plenitud de tiempos, se muestra como una carencia y un desamparo: no la habitan ni el pasado ni el futuro. Movimiento condenado a negarse a sí mismo porque lo único que afirma es el movimiento, el modernismo es un mito vacío, un alma deshabitada, una nostalgia de la verdadera presencia. Ése es el tema constante y central, el tema secreto y nunca dicho del todo, de los mejores poetas modernistas.

Toda revolución, sin excluir a las artísticas, postula un futuro que es también un regreso. En la Fiesta de la Diosa Razón los jacobinos celebran la destrucción de un presente injusto y la inminente llegada de una edad de oro anterior a la historia: la sociedad natural de Rousseau. El futuro revolucionario es una manifestación privilegiada del tiempo cíclico: anuncia la vuelta de un pasado arquetípico. Así, la acción revolucionaria por excelencia —la ruptura con el pasado inmediato y la instauración de un orden nuevo— es asimismo una restauración: la de un pasado inmemorial, origen de los tiempos. Revolución significa regreso o vuelta, tanto en el sentido original de la palabra —giro de los astros y otros cuerpos— como en el de nuestra visión de la historia. Se trata de algo más profundo que una mera supervivencia del pensamiento arcaico. El mismo Engels no resistió a esta inclinación casi espontánea de nuestro pensar e hizo del «comunismo primitivo» de Morgan la primera etapa de la evolución humana. La revolución nos libera del orden viejo para que reaparezca, en un nivel histórico superior, el orden primigenio. El futuro que nos propone el revolucionario es una promesa: el cumplimiento de algo que yace escondido, semilla de vida, en el origen de los tiempos. El orden revolucionario es el fin de los malos tiempos y el principio del tiempo verdadero. Ese principio es un comienzo pero sobre todo es un origen. Y más: es el fundamento mismo del tiempo. Cualquiera que sea su nombre —razón, justicia, fraternidad, armonía natural o lógica de la historia— es algo que está antes de los tiempos históricos o que de alguna manera los determina. Es el *principio* por excelencia, aquello que rige el transcurrir. La fuerza de gravedad del tiempo, lo que da sentido a su movimiento y fecundidad a su agitación, es un punto fijo: ese pasado que es un perpetuo principio.

Aunque el modernismo canta el incesante advenimiento del ahora, su encarnación en esta y aquella forma gloriosa o terrible, su tiempo marca el paso, corre y no se mueve. Carece de futuro justamente porque ha sido cercenado de pasado. Estética del lujo y de la muerte, el modernismo es una estética nihilista. Sólo que se trata de un nihilismo más vivido que asumido, más padecido por la sensibilidad que afrontado por el espíritu. Unos cuantos, Darío el primero, advierten que la modernidad no es sino un girar en el vacío, una máscara con la que la conciencia desesperada simultáneamente se calma y se exaspera. Esa búsqueda, si es búsqueda de algo y no mera disipación, es nostalgia de un origen. El hombre se persigue a sí mismo al correr tras este o aquel fantasma: anda en busca de su principio. Apenas el modernismo se contempla, cesa de existir como tendencia. La aventura colectiva llega a su término y comienza la exploración individual. Es el momento más alto de la pasión modernista: el instante de la lucidez que es asimismo el de la muerte.

Búsqueda de un origen, reconquista de una herencia: nada más contrario, en apariencia, a las tendencias iniciales del movimiento. En 1896, en pleno furor reformista, Darío proclama:

«Los poetas nuevos americanos de idioma castellano hemos tenido que pasar rápidamente de la independencia mental de España... a la corriente que hoy une en todo el mundo a señalados grupos que forman el culto y la vida de un arte cosmopolita y universal». A diferencia de los españoles, Darío no opone lo universal a lo cosmopolita; al contrario, el arte nuevo es universal porque es cosmopolita. Es el arte de la gran ciudad. La sociedad moderna «edifica la Babel en donde todos se comprenden». (No sé si todos se comprendan en las nuevas babeles, pero la realidad contemporánea, según se ve por la historia de los movimientos artísticos del siglo XX, confirma la idea de Darío sobre el carácter cosmopolita del arte moderno.) Su oposición al nacionalismo —en aquellos años se decía «casticismo»— es parte de su amor por la modernidad y de ahí que su crítica a la tradición sea también una crítica a España. La actitud antiespañola tiene un doble origen: por una parte, expresa la voluntad de separarse de la antigua metrópoli: «nuestro movimiento nos ha dado un puesto aparte, independiente de la literatura castellana»; por la otra, identifica españolismo con tradicionalismo: «la evolución que llevara el castellano a ese renacimiento, habría de verificarse en América, puesto que España está amurallada de tradición, cercada y erizada de españolismo».

Reforma verbal, el modernismo fue una sintaxis, una prosodia, un vocabulario. Sus poetas enriquecieron el idioma con acarreos del francés y el inglés; abusaron de arcaísmos y neologismos; y fueron los primeros en emplear el lenguaje de la conversación. Por otra parte, se olvida con frecuencia que en los poemas modernistas aparece un gran número de americanismos e indigenismos. Su cosmopolitismo no excluía ni las conquistas de la novela naturalista francesa ni las formas lingüísticas americanas. Una parte del léxico modernista ha envejecido como han envejecido los muebles y objetos del *art nouveau;* el resto ha entrado en la corriente del habla. No atacaron la sintaxis del castellano; más bien le devolvieron naturalidad y evitaron las inversiones latinizantes y el énfasis. Fueron exagerados, no hinchados; muchas veces fueron *cursis,* nunca tiesos. A pesar de sus cisnes y góndolas, dieron al verso español una flexibilidad y una familiaridad que jamás fue vulgar y que habría de prestarse admirablemente a las dos tendencias de la poesía contemporánea: el amor por la imagen insólita y el prosaísmo poético.

La reforma afectó sobre todo a la prosodia, pues el modernismo fue una prodigiosa exploración de las posibilidades rítmicas de nuestra lengua. El interés de los poetas modernistas por los problemas métricos fue teórico y práctico. Varios escribieron tratados de versificación: Manuel González Prada señaló que los metros castellanos, cualquiera que sea su extensión, están formados por elementos binarios, ternarios y cuaternarios, ascendentes o descendentes; Ricardo Jaime Freyre indicó que se trata de períodos prosódicos no mayores de nueve sílabas. Para ambos poetas el golpe del acento tónico es el elemento esencial del verso. Los dos se inspiraron en la doctrina de Andrés Bello, quien desde 1835 había dicho, contra la opinión predominante en España, que cada unidad métrica está compuesta por cláusulas prosódicas —algo semejante a los pies de griegos y romanos, sólo que determinadas por el acento y no por la cantidad silábica—. El modernismo reanuda así la tradición de la versificación irregular, antigua como el idioma mismo, según lo ha mostrado Pedro Henríquez Ureña. Pero las conclusiones teóricas no fueron el origen de la reforma métrica sino la consecuencia natural de la actividad poética. En suma, la novedad del modernismo consistió en la invención de metros; su originalidad, en la resurrección del ritmo acentual.

En materia de ritmo, como en todo lo demás, nuestro romanticismo se quedó a medio camino. Los poetas modernistas recogieron la tendencia romántica a una mayor libertad rítmica y la sometieron a un rigor aprendido en Francia. El ejemplo francés no fue el único. Las traducciones rítmicas de Poe, el verso germánico, la influencia de Eugenio de Castro y la lección de Whitman fueron los antecedentes de los primeros poemas semilibres; y al final del modernismo el mexicano José Juan Tablada, precursor de la vanguardia, introdujo el hai-ku, forma que indudablemente impresionó a Juan Ramón Jiménez y tal vez al mismo Antonio Machado, como cualquier lector atento puede comprobarlo. No vale la pena enumerar todos los experimentos e innovaciones de los modernistas: la resurrección del endecasílabo anapéstico y el provenzal; la ruptura de la división rígida de los hemistiquios del alejandrino, gracias al «encabalgamiento»; la boga del eneasílabo y el dodecasílabo; los cambios de acentuación; la invención de versos largos (hasta de veinte y más sílabas); la mezcla de medidas distintas pero con una misma base silábica (ternaria o cuaternaria); los versos amétricos; la vuelta a las formas tradicionales, como el cosante... La riqueza de ritmos del modernismo es única en la historia de la lengua y su reforma preparó la adopción del poema en prosa y del verso libre. Pero lo que deseo subrayar es que el cosmopolitismo llevó a los poetas hispanoamericanos a intentar muchos injertos y cruzamientos; y esas experiencias les revelaron la verdadera tradición de la poesía española: la versificación rítmica. El descubrimiento no fue casual. Fue algo más que una retórica: una estética y, sobre todo, una visión del mundo, una manera de sentirlo, conocerlo y decirlo.

A través de un proceso en apariencia intrincado, pero natural en el fondo, la búsqueda de un lenguaje moderno, cosmopolita, lleva a los poetas hispanoamericanos a redescubrir la tradición hispánica. Digo *la* y no *una* tradición española porque la que descubrieron los modernistas, distinta a la que defendían los casticistas, es la tradición central y más antigua. Y precisamente por esto apareció ante sus ojos como ese pasado inmemorial que es también un perpetuo comienzo. Ignorada por los tradicionalistas, esa corriente se revela universal; es el mismo *principio* que rige la obra de los grandes románticos y simbolistas: el ritmo como fuente de la creación poética y como llave del universo. Así, no se trata únicamente de una restauración. Al recobrar la tradición española, el modernismo añade algo nuevo y que no existía antes en esa tradición. El modernismo es un verdadero comienzo. Como el simbolismo francés, el movimiento de los hispanoamericanos simultáneamente fue una reacción contra la vaguedad y facilidad de los románticos y nuestro verdadero romanticismo: el universo es un sistema de correspondencias, regido por el ritmo; todo está cifrado, todo rima; cada forma natural dice algo, la naturaleza se dice a sí misma en cada uno de sus cambios; ser poeta no es ser el dueño sino el agente de transmisión del ritmo; la imaginación más alta es la analogía... En toda la poesía modernista resuena un eco de los *Vers dorés: un mystère d'amour dans le métal repose; tout est sensible.*

Las nostalgia de la unidad cósmica es un sentimiento permanente del poeta modernista, pero también lo es su fascinación ante la pluralidad en que se manifiesta: «la celeste unidad que presupones —dice Darío— hará brotar en ti mundos diversos». Dispersión del ser en formas, colores, vibraciones; fusión de los sentidos en uno. Las imágenes poéticas son las expresiones, las encarnaciones a un tiempo espirituales y sensibles, de ese ritmo plural y único. Esta manera de ver, oír y sentir al mundo se explica generalmente en términos psicológicos: la sinestesia. Una exasperación de los nervios, un trastorno de la psiquis. Pero es algo más: una experiencia en la que participa el ser entero. Poesía de sensaciones, se ha dicho; yo diría: poesía que, a pesar de su exasperado individualismo, no afirma el alma del poeta sino la del mundo. De ahí su indiferencia, a veces abierta hostilidad, ante el cristianismo. El mundo no está caído ni dejado de la mano de Dios. No es un mundo de perdición: está habitado por el espíritu, es la fuente de la inspiración poética y el arquetipo de todo transcurrir: «Ama tu ritmo y ritma tus acciones...». La poesía de lengua española nunca se había atrevido a afirmar algo semejante, nunca había visto en la naturaleza la morada del espíritu ni en el ritmo la vía de acceso —no a la salvación sino a la reconciliación entre el hombre y el cosmos—. La pasión libertaria de nuestros románticos, su rebelión contra «el trono y el altar», son algo muy distinto a esta visión del universo en la que la escatología del cristianismo apenas si tiene sitio y en la que la figura misma de Cristo no es sino una de las formas en que se manifiesta el Gran Ciclo. Es inexplicable que nuestra crítica no se haya detenido en estas creencias. ¡Y esa misma crítica ha acusado a los poetas modernistas, sobre todo en España, de superficialidad! El modernismo se inicia como una estética del ritmo y desemboca en una visión rítmica del universo. Revela así una de las tendencias más antiguas de la psiquis humana, recubierta por siglos de cristianismo y racionalismo. Su revolución fue una resurrección. Doble descubrimiento: fue la primera aparición de la sensibilidad americana en el ámbito de la literatura hispánica; e hizo del verso español el punto de confluencia entre el fondo ancestral del hombre americano y la poesía europea. Al mismo tiempo reveló un mundo sepultado y recreó los lazos entre la tradición española y el espíritu moderno. Y hay algo más: el movimiento de los poetas hispanoamericanos está impregnado de una idea extraña a la tradición castellana: la poesía es una revelación distinta a la religiosa. Ella es la revelación original, el verdadero *principio.* No dice otra cosa la poesía moderna, desde el romanticismo hasta el surrealismo. En esta visión del mundo reside no sólo la originalidad del modernismo sino su modernidad.

II

Ángel, espectro, medusa...

R. D.

Por su edad, Rubén Darío fue el puente entre los iniciadores y la segunda generación modernista; por sus viajes y su actividad generosa, el enlace entre tantos poetas y grupos dispersos en dos continentes; animador y capitán de la batalla, fue también su espectador y su crítico: su conciencia; y la evolución de su poesía, desde *Azul...* (1888) hasta *Poema del otoño* (1910), corresponde a la del movimiento: con él principia y con él acaba. Pero su obra no termina con el modernismo: lo sobrepasa, va más allá del lenguaje de esta escuela y, en verdad, de toda escuela. Es una creación, algo que pertenece más a la historia de la poesía que a la de los estilos. Darío no es únicamente el más amplio y rico de los poetas modernistas: es uno de nuestros grandes poetas modernos. Es el origen. A ratos hace pensar en Poe; otros, en Whitman. En el primero, por esa porción de su obra desdeñosa del mundo americano y preocupada sólo por una música ultraterrestre; en el segundo, por su afirmación vitalista, su panteísmo y el sentirse por derecho propio cantor de la América Latina como el otro lo fue de la sajona. A diferencia de Poe, nuestro poeta no se encerró en su propia aventura espiritual; tampoco tuvo la fe ingenua de Whitman en el progreso y la fraternidad. Más que a los dos grandes angloamericanos, podría asemejarse a Victor Hugo: elocuencia, abundancia y la sorpresa continua de la rima, esa cascada inagotable. Como el poeta francés, tiene inspiración de escultor ciclópeo; sus estrofas son bloques de materia animada, veteada por delicadezas súbitas: la estría del relámpago sobre la piedra. Y el ritmo, el continuo vaivén que hace del idioma una inmensa masa acuática. Darío es menos desmesurado y profético; también es menos valiente: no fue un rebelde y no se propuso escribir la biblia de la era moderna. Su genio era lírico y profesó el mismo horror a la miniatura y al titanismo. Más nervioso y angustiado, oscilante entre impulsos contrarios, se diría un Hugo atacado por el mal «decadentista». A despecho de que amó e imitó sobre todo (y sobre todos) a Verlaine, sus mejores poemas se parecen poco a los de su modelo. Le sobraban salud y energía; su sol era más fuerte y su vino más generoso. Verlaine era un provinciano de París; Darío un centroamericano trotamundos. Su poesía es viril: esqueleto, corazón, sexo. Clara y rotunda hasta cuando es triste; nada de medias tintas. Nacida en pleno fin de siglo, su obra es la de un romántico que fuese también un parnasiano y un simbolista. Un parnasiano: nostalgia de la escultura; un simbolista: presciencia de la analogía. Un híbrido, no sólo por la variedad de influencias espirituales sino por las sangres que corrían por sus venas: india, española y unas gotas africanas. Un ser raro, ídolo precolombino, hipogrifo. En América, la sajona y la nuestra, son frecuentes estos injertos y superposiciones. América es un gran apetito de ser y de ahí que sea un monstruo histórico. ¿No son monstruosas la hermosura moderna y la más antigua? Darío lo sabía mejor que nadie: se sentía contemporáneo de Moctezuma y de Roosevelt-Nemrod.

Nació en Metapa, un poblacho de Nicaragua, el 18 de enero de 1867. Unos meses después de su nacimiento, el padre abandona la casa familiar; la madre, a la que apenas conoció, lo deja al cuidado de unos tíos. Su verdadero nombre era Félix Rubén García Sarmiento pero desde los catorce años firmó Rubén Darío. Nombre como un horizonte que se despliega: Persia, Judea... Precocidad: innumerables poemas, cuentos y artículos, todos ellos imitaciones de las corrientes literarias en boga. Los temas cívicos del romanticismo español e hispanoamericano: el progreso, la democracia, el anticlericalismo, la independencia, la unión centroamericana; y los líricos: el amor, el más allá, el paisaje, las leyendas góticas y árabes. El despertar erótico fue igualmente precoz: amores infantiles, fascinación por una trapecista yanqui y, a los quince años, la pasión: Rosario Murillo. Pretende casarse con ella. Lo disuaden sus amigos y familiares que lo envían a El Salvador. Allí hace amistad con Francisco Gavidia que le da a conocer en el original la poesía de Hugo y de algunos parnasianos: «La lectura de los alejandrinos del gran francés —dirá después— hizo surgir en mí la idea de renovación métrica, que debía ampliar y realizar más tarde». Aún leía mal el francés pero en algunos poemas de esos años, advierte Anderson Imbert, hay indicios del cambio: «En *Serenata* ya está el hachís que Baudelaire y Gautier habían lanzado al mercado... y en *Ecce Homo* aparece el spleen», la enfermedad poética del siglo XIX como la melancolía lo fue del XVII. En 1884 regresa a Nicaragua. Segundo encuentro con Rosario Murillo. Su amor había sido violento y sensual pero sólo ahora los enamorados llegan a la consumación final. Darío descubre que Rosario no era virgen. Años después diría que «una particularidad anatómica lo hizo sufrir». El engaño ¿no le dolió más? Herido, en 1886, emprende el primer gran viaje: Chile. Empieza el gran periplo. No cesará de viajar sino hasta su muerte.

En Santiago y Valparaíso penetra en mundos más civilizados e inquietos. Hoy no es fácil hacerse una idea de lo que fueron las oligarquías hispanoamericanas al final del siglo. La paz les había dado riqueza y la riqueza, lujo. Si no sintieron curiosidad por lo que pasaba en sus tierras, la tuvieron muy viva por lo que ocurría en las grandes metrópolis ultramarinas. No crearon una civilización propia pero ayudaron a afinar una sensibilidad. En la biblioteca privada de su joven amigo Balmaceda, Darío «sacia su sed de nuevas lecturas». Bohemia. Aparece el ajenjo. Primeros artículos de combate: «Yo estoy con Gautier, el primer estilista de Francia». Admira también a Coppée y sobre todo a Catulle Mendès, su iniciador y guía. Al mismo tiempo sigue escribiendo desteñidas imitaciones de los románticos españoles: ahora son Bécquer y Campoamor[3]. Es una despedida pues su estética ya es otra: «La palabra debe pintar el color de un sonido, el perfume de un astro, aprisionar el alma de las cosas». En 1888 publica *Azul...* Con ese libro, compuesto de cuentos y poemas, nace oficialmente el modernismo. Desconcertó sobre todo la prosa, más osada que los versos. En la segunda edición (1890), Darío restablece el equilibrio con la publicación de varios poemas nuevos: sonetos en alejandrinos (un alejandrino nunca oído antes en español), y otros en dodecasílabos y otro más en un extraño y rico metro de diecisiete sílabas. No sólo fueron los ritmos insólitos sino el brillo de las palabras, la insolencia del tono y la sensualidad de la frase lo que irritó y hechizó. El título era casi un manifiesto: ¿eco de Mallarmé *(Je suis hanté! L'azur, l'azur, l'azur, l'azur)* o cristalización de algo que estaba en el aire del tiempo? Max Henríquez Ureña señala que ya Gutiérrez Nájera había mostrado parecida fascinación por los colores. Abanico de preferencias y caminos a seguir, en *Azul...* no hay cinco «medallones», a la manera de Heredia, dedicados a Leconte de Lisle, Mendès, Walt Whitman, J. J. Palma y Salvador Díaz Mirón; también hay un soneto a Caupolicán, primero de una serie de poemas sobre la «América ignota». Todo Darío: los maestros franceses, los contemporáneos hispanoamericanos, las civilizaciones prehispánicas, la sombra del águila yanqui («En su país de hierro vive el gran viejo...»). En su tiempo *Azul...* fue un libro profético; hoy es una reliquia histórica. Pero hay algo más: un poema que es, para mí, el primero que escribió Darío; quiero decir: el primero que sea realmente una creación, una obra. Se llama «Venus». Cada una de sus estrofas es sinuosa y fluida como un agua que busca su camino en la «profunda extensión» (porque la noche no es alta sino honda). Poema negro y blanco, espacio palpitante en cuyo centro se abre la gran flor sexual, «como incrustado en ébano un dorado y divino jazmín». El verso final es uno de los más punzantes de nuestra poesía: «Ve-

---

[3] Sus tres primeros libros, escritos antes de los veinte años, constituyen su contribución al gusto imperante: *Epístolas y poemas* (1885), *Abrojos* (1887), y *Rimas* (1887).

nus, desde el abismo, me miraba con triste mirar». La altura se vuelve abismo y desde allá nos mira, vértigo fijo, la mujer.

En 1889 Darío vuelve a Centroamérica. Nuevo encuentro con Rosario Murillo. Huida a El Salvador, en donde funda un diario en favor de la unión centroamericana, causa a la que permanecerá fiel toda su vida. Conoce a Rafaela Contreras, la Stella de *Prosas profanas,* y se casa con ella. Vagabundeos centroamericanos: Guatemala, Costa Rica. En 1892 va a España, por dos meses. En el curso de ese viaje, al pasar por La Habana, conoce a uno de los primeros modernistas, Julián del Casal, con el que pasa una semana memorable de poesía, amistad y alcohol. Al regreso de España, muere su mujer. Ella estaba en El Salvador mientras Darío visitaba Nicaragua. Conmoción psíquica, alcoholismo. Al poco tiempo: recaída en Rosario Murillo. La pasión se degrada: en una de sus borracheras los hermanos de su amante, bajo amenaza de muerte, le obligan a casarse. En 1893 lo nombran cónsul de Colombia en Buenos Aires. Darío emprende el viaje, vía Nueva York y París, con Rosario, pero en Panamá la abandona. No para siempre: esa mujer lo perseguirá hasta su muerte con una suerte de odio amoroso. En Nueva York, otro encuentro decisivo: José Martí. La escala en París fue una iniciación; al salir «juraba por los dioses del nuevo Parnaso: había visto al viejo fauno Verlaine, sabía del misterio de Mallarmé y era amigo de Moréas». En Buenos Aires encuentra lo que buscaba. Vivacidad, cosmopolitismo, lujo. Entre la pampa y el mar, entre la barbarie y el miraje europeo. Buenos Aires era una ciudad suspendida en el tiempo más que asentada en el espacio. Desarraigo pero asimismo voluntad de inventarse, tensión por crear su propio presente y su futura tradición. Los escritores jóvenes habían hecho suya la estética nueva y rodearon a Darío apenas llegó. Fue el jefe indiscutible. Años de agitación, polémica y disipación: la sala de redacción, el restaurante, el bar. Amistades fervientes: Leopoldo Lugones, Ricardo Jaimes Freyre. Años de creación: *Los raros* y *Prosas profanas,* ambos de 1896. *Los raros* fue el vademécum de la nueva literatura; *Prosas profanas* fue y es el libro que define mejor el primer modernismo: mediodía, *non plus ultra* del movimiento. Después de *Prosas profanas* los caminos se cierran: hay que replegar las velas o saltar hacia lo desconocido. Rubén Darío escogió lo primero y pobló las tierras descubiertas; Leopoldo Lugones se arriesgó a lo segundo. *Cantos de vida y esperanza* (1905) y *Lunario sentimental* (1909) son las dos obras capitales del segundo modernismo y de ellas parten, directa o indirectamente, todas las experiencias y tentativas de la poesía moderna en lengua castellana.

Prosas profanas: el título, entre erudito y sacrílego, irritó aún más que el del libro anterior. Llamar *prosas* —himnos que se cantan en las misas solemnes, después del Evangelio— a una colección de versos predominantemente eróticos era, más que un arcaísmo, un desafío[4]. El título, por otra parte, es una muestra de confusión deliberada entre el vocabulario litúrgico y el del placer. Esta persistente inclinación de Darío y otros poetas está muy lejos de ser un capricho; es uno de los signos de la alternativa fascinación y repulsión que experimentaba la poesía moderna ante la religión tradicional. El prólogo escandalizó: parecía escrito en otro idioma y todo lo que decía sonaba a paradoja. Amor por la novedad a condición de que sea inactual; exaltación del yo y desdén por la mayoría; supremacía del sueño sobre la vigilia y del arte sobre la realidad; horror por el progreso, la técnica y la democracia: «si hay poesía en nuestra América, ella está en las cosas viejas, en Palenque y en Utatlán, en el indio legendario, y en el inca sensual y fino, y en el gran Moctezuma de la silla de oro. Lo demás es tuyo, demócrata Walt Whitman»; ambivalencia, amor y burla, ante el pasado español: «abuelo, preciso es decíroslo: mi esposa es de mi tierra; mi querida de París». Entre todas estas declaraciones —clarividentes o impertinentes, ingenuas o afectadas— resaltan las de orden estético. La primera: la libertad del arte y su gratuidad; en seguida, la negación de toda escuela, sin excluir la suya: «mi literatura es mía en mí; quien siga servilmente mis huellas perderá su tesoro personal»; y el ritmo: «como cada palabra tiene un alma, hay en cada verso, además de la ar-

[4] Sin duda Darío conocía el poema de Mallarmé: *Prose pour des Esseintes*, aparecido en 1885. Es sabida, además, su admiración por Huysmans: «De septiembre de 1893 a febrero de 1894 —dice Max Henríquez Ureña— Darío escribió una crónica en un diario de Buenos Aires con el pseudónimo de Des Esseintes».

monía verbal, una melodía ideal. La música es sólo de la idea, muchas veces».

Antes había dicho que las cosas tienen un alma; ahora dice que las palabras también la tienen. El lenguaje es un mundo animado y la música verbal es música de almas (Mallarmé había escrito: de la Idea). Si las cosas tienen un alma, el universo es sagrado; su orden es el de la música y la danza: un concierto hecho de los acordes, reuniones y separaciones, de una cosa con la otra, de un ánima con las otras. A esta idea, antigua como el hombre y vista siempre con desconfianza por el cristianismo, los poetas modernos añaden otra: las palabras tienen un alma y el orden del lenguaje es el del universo: la danza, la armonía. El lenguaje es un doble mágico del cosmos. Por la poesía, el lenguaje recobra su ser original, vuelve a ser música. Así, música ideal no quiere decir música de las ideas sino ideas que en su esencia son música. Ideas en el sentido platónico, realidades de realidades. Armonía ideal: alma del mundo; en su seno todos y todo somos una misma cosa, una misma alma. Pero el lenguaje, aunque sea sagrado por participar en la animación musical del universo, es también discordancia. Como el hombre, es contingencia: a un tiempo la palabra es música y significación. La distancia entre el hombre y la cosa nombrada, el significado, es consecuencia de la separación entre el mundo y el hombre. El lenguaje es la expresión de la conciencia de sí, que es conciencia de la caída. Por la herida de la significación el ser pleno que es el poema se desangra y se vuelve prosa: descripción e interpretación del mundo. A pesar de que Darío no formuló su pensar exactamente en estos términos, toda su poesía y su actitud vital revelan la tensión de su espíritu entre los dos extremos de la palabra: la música y el significado. Por lo primero, el poeta es «de la raza que vida con los números pitagóricos crea»; por lo segundo, es «la conciencia de nuestro humano cieno».

Entre la estética de *Prosas profanas* y el temperamento de Darío había cierta incompatibilidad. Sensual y disperso, no era hermético sino cordial: se sentía y sabía solo pero no era un solitario. Fue un hombre perdido en los mundos del mundo, no un abstraído frente a sí mismo. Lo que da unidad a *Prosas profanas* no es la idea sino la sensación —las sensaciones—. Unidad de acento, algo muy distinto a esa unidad espiritual que hace de *Les fleurs du mal* o de *Leaves of grass* mundos autosuficientes, obras que despliegan un tema único en vastas olas concéntricas. El libro del poeta hispanoamericano es un prodigioso repertorio de ritmos, formas, colores y sensaciones. No la historia de una conciencia sino las metamorfosis de una sensibilidad. Las innovaciones métricas y verbales de *Prosas profanas* deslumbraron y contagiaron a casi todos los poetas de esos años. Más tarde, por culpa de los imitadores y ley fatal del tiempo, ese estilo se degradó y su música pareció empalagosa. Pero nuestro juicio es diferente al de la generación anterior. Cierto, *Prosas profanas* a veces recuerda una tienda de anticuario repleta de objetos *art nouveau,* con todos sus esplendores y rarezas de gusto dudoso (y que hoy empiezan a gustarnos tanto). Al lado de esas chucherías, ¿cómo no advertir el erotismo poderoso, la melancolía viril, el pasmo ante el latir del mundo y del propio corazón, la conciencia de la soledad humana frente a la soledad de las cosas? No todo lo que contiene ese libro es cacharro de coleccionista. Aparte de varios poemas perfectos y de muchos fragmentos inolvidables, hay en *Prosas profanas* una gracia y una vitalidad que todavía nos arrebatan. Sigue siendo un libro joven. Critican su artificio y afectación: ¿se ha reparado en el tono a un tiempo exquisito y directo de la frase, sabia mezcla de erudición y conversación? La poesía española tenía los músculos envarados a fuerza de solemnidad y patetismo; con Rubén Darío el idioma se echa a andar. Su verso fue el preludio del verso contemporáneo, directo y hablado. Se acerca la hora de leer con otros ojos ese libro admirable y vano. Admirable porque no hay poema que no contenga por lo menos una línea impecable o turbadora, vibración fatal de la poesía verdadera: música de este mundo, música de otros mundos, siempre familiar y siempre extraña. Vano porque la manera colinda con el amaneramiento y la habilidad vence a la inspiración. Contorsiones, piruetas: nada podría oponerse a esos ejercicios si el poeta danzase al borde del abismo. Libro sin abismos. Y no obstante...

El placer es el tema central de *Prosas profanas*. Sólo que el placer, precisamente por ser un juego, es un rito del que no están excluidos el sacrificio y la pena. «El dandismo —decía Baudelaire— linda con el estoicismo». La religión del placer es una religión rigurosa. Yo no reprocharía al Darío de *Prosas profanas* el hedonismo sino la superficialidad. La exigencia estética no se convierte en rigor espiritual. En cambio, en los mejores momentos, brilla la pasión, «luz negra que es más luz que la luz blanca». La mujer lo fascina. Tiene todas las formas naturales: colina, tigre, yedra, mar, paloma; está vestida de agua y de fuego y su desnudez misma es vestidura. Es un surtidor de imágenes: en el lecho se «vuelve gata que se encorva» y al desatar sus trenzas asoman, bajo la camisa, «dos cisnes de negros cuellos». Es la encarnación de la «otra» religión: «Sonámbula con alma de Eloísa, en ella hay la sagrada frecuencia del altar». Es la presencia sensible de esa totalidad única y plural en que se funden la historia y la naturaleza:

> ... fatal, cosmopolita,
> universal, inmensa, única, sola
> y todas; misteriosa y erudita;
> ámame mar y nube, espuma y ola.

El erotismo de Darío es pasional. Lo que siente no es tal vez el amor a un ser único sino la atracción, en el sentido astronómico de la palabra, hacia ese astro incandescente que es el apogeo de todas las presencias y su disolución en luz negra. En el espléndido «Coloquio de los centauros» la sensualidad se transforma en reflexión apasionada: «toda forma es un gesto, una cifra, un enigma». El poeta oye «las palabras de la bruma» y las piedras mismas le hablan. Venus, «reina de las matrices», impera en este universo de jeroglíficos sexuales. Todo es. No hay bien ni mal: «ni es la torcaz benigna / ni es el cuervo protervo: son formas del enigma». A lo largo de su vida Darío oscilará «entre la catedral y las ruinas paganas», pero su verdadera religión será esta mezcla de panteísmo y duda, exaltación y tristeza, júbilo y pavor. Poeta del asombro de ser.

El poema final de *Prosas profanas,* el más hermoso del libro para mi gusto, es un resumen de su estética y una profecía del rumbo futuro de su poesía. Los temas del «Coloquio de los centauros» y otras composiciones afines adquieren una densidad extraordinaria. La primera línea del soneto es una definición de su poesía: «Yo persigo una forma que no encuentra mi estilo...» Busca una hermosura que está más allá de la belleza, algo que las palabras pueden evocar pero no decir. Todo el romanticismo, aspiración al infinito, está en ese verso; y todo el simbolismo: la belleza ideal, indefinible, que sólo puede ser sugerida. Más ritmo que cuerpo, esa forma es femenina. Es la naturaleza y es la mujer:

> Adornan verdes palmas al blanco peristilo;
> los astros me han predicho la visión de la Diosa;
> y mi alma reposa en la luz como reposa
> el ave de la luna sobre el lago tranquilo.

Apenas si es necesario señalar que estos soberbios alejandrinos recuerdan a los de *Delfica: Reconnais-tu le Temple au péristyle immense...* La misma fe en los astros y la misma atmósfera de misterio órfico. El soneto de Darío evoca ese «estado de delirio supranaturalista» en que decía Nerval haber compuesto los suyos. En los tercetos hay un brusco cambio de tono. A la certeza de la visión sucede la duda:

> Y no hallo sino la palabra que huye,
> la iniciación melódica que de la flauta fluye...

El sentimiento de esterilidad e impotencia —iba a escribir: indignidad— aparece continuamente en Darío, como en otros grandes poetas de esa época, de Baudelaire a Mallarmé. Es la conciencia crítica, que a veces se resuelve en ironía y otras en silencio. En el verso final el poeta ve al mundo como una inmensa pregunta: no es el hombre el que interroga al ser sino éste al hombre. Esa línea vale todo el poema, como ese poema vale todo el libro: «Y el cuello del gran cisne blanco que me interroga».

En 1898 Darío da el gran salto. Nombrado corresponsal de *La Nación,* vivirá en Europa hasta 1914 y sólo regresará a su tierra para morir. Vida errante, repartida principalmente entre París y

Mallorca. Trabajos periodísticos y cargos diplomáticos (cónsul general en París, ministro plenipotenciario en Madrid, delegado de Nicaragua a varias Conferencias Internacionales). Viajes por Europa y América[5]. En 1900 conoce a Francisca Sánchez, la española humilde que ha de acompañarlo en sus correrías europeas. Fue la devoción y la piedad amorosa, no la pasión. Esos años son los de la celebridad. Fama, buena y mala: reconocido como la figura central de nuestra poesía, lo rodea la admiración de los mejores españoles e hispanoamericanos (Jiménez, los dos Machados, Valle-Inclán, Nervo) pero también lo sigue una cauda de parásitos, compañeros de tristes francachelas. Años rápidos, horas largas en que diluye su vino, su sangre, en el «cristal de las tinieblas». Creación y esterilidad, excesos vitales y mentales, la «inútil rebusca de la dicha», el «falso azul nocturno» de la juerga y un «dormir a llantos». Noches en blanco, examen de conciencia en un cuarto de hotel: «¿por qué el alma tiembla de tal manera?». Pero el viento en la calle desierta, el rumor del alba que avanza, los ruidos misteriosos y familiares de la ciudad que despierta, le devuelven la vieja visión solar. Durante este período publica, aparte de muchos volúmenes de prosa, sus grandes libros de poesía[6]. Buena parte de esas composiciones son una prolongación de la etapa anterior, sin contar con que algunas fueron escritas en la

---

[5] Visitó nuestro continente en 1906 (Conferencia Panamericana de Río de Janeiro); en 1907 (el famoso viaje a Nicaragua, que le inspiró varios poemas memorables); en 1910 (la fracasada visita a México); y en 1912 (gira de conferencias). Sobre el viaje a México: el presidente interino de Nicaragua, doctor Madriz, lo había nombrado su representante en las fiestas del centenario de la Independencia mexicana. Mientras Darío se dirigía hacia México, las tropas angloamericanas ocupaban Nicaragua y obligaban a Madriz a dejar el poder. Para evitar complicaciones internacionales al Gobierno de México, el poeta no prosiguió su viaje hasta la Capital. En 1911 publicó un folleto político sobre la intervención angloamericana en su patria: *Refutación al Presidente Talft.*

[6] *Cantos de vida y esperanza, Los cisnes y otros poemas* (1905); *El canto errante* (1907); *Poema del otoño y otros poemas* (1910); *Canto a la Argentina y otros poemas* (1914). Hay que agregar la numerosa obra no recogida en volumen sino hasta después de su muerte. La mejor edición de la poesía de Darío es la del Fondo de Cultura Económica, México, 1952. Comprende todos sus libros poéticos y una antología de la obra dispersa. La edición estuvo al cuidado de Ernesto Mejía Sánchez y el prólogo, excelente, es de Enrique Anderson Imbert.

época de *Prosas profanas* y aun antes. Pero la porción más extensa y valiosa revela un nuevo Darío, más grave y lúcido, más entero y viril.

Aunque *Cantos de vida y esperanza* es su libro mejor, los que le siguen continúan la misma vena y contienen poemas que no son inferiores a los de esa colección. Así, todas esas publicaciones pueden verse como un solo libro o, más exactamente, como el fluir ininterrumpido de varias corrientes poéticas simultáneas. Por lo demás, no hay ruptura entre *Prosas profanas* y *Cantos de vida y esperanza*. Aparecen nuevos temas y la expresión es más sobria y profunda pero no se amengua el amor por la palabra brillante. Tampoco desaparece el gusto por las innovaciones rítmicas; al contrario, son más osadas y seguras. Plenitud verbal, lo mismo en los poemas libres que en esas admirables recreaciones de la retórica barroca que son los sonetos de «Trébol»; soltura, fluidez, sorpresa continua de un lenguaje en perpetuo movimiento; y sobre todo: comunicación entre el idioma escrito y el hablado, como en la Epístola a la señora de Lugones, indudable antecedente de lo que sería una de las conquistas de la poesía contemporánea: la fusión entre el lenguaje literario y el habla de la ciudad. En suma, la originalidad de *Cantos de vida y esperanza* no implica negación del período anterior: es un cambio natural y que Darío define como «la obra profunda de la hora, la labor del minuto y el prodigio del año». Prodigios ambiguos, como todos los del tiempo.

El primer poema de *Cantos de vida y esperanza* es una confesión y una declaración. Defensa (y elegía) de su juventud: «¿fue juventud la mía?»; exaltación y crítica de su estética: «la torre de marfil tentó mi anhelo»; revelación del conflicto que lo divide y afirmación de su destino de poeta: «hambre de espacio y sed de cielo». La dualidad que en *Prosas profanas* se manifiesta en términos estéticos —la forma que persigue y no encuentra su estilo— se muestra ahora en su verdad humana: es una escisión del alma. Para expresarla Darío se sirve de imágenes que brotan casi espontáneamente de lo que podría llamarse su cosmología, si se entiende por esto no un sistema pensado sino su visión instintiva del universo. El sol y el mar rigen el movimiento de su imaginación; cada vez que busca un símbolo que defina las oscilaciones de su ser, aparecen el espacio aéreo o el acuático. Al primero pertenecen los cielos, la luz, los astros y, por analogía o magia simpática, la mitad supersensible del universo: el reino incorruptible y sin nombres de las ideas, la música, los números. El segundo es el dominio de la sangre, el corazón, el mar, el vino, la mujer, las pasiones y, también por contagio mágico, la selva, sus animales y sus monstruos. Así compara su corazón a la esponja saturada de sal marina e inmediatamente después vuelve a compararlo a una fuente en el centro de una selva sagrada. Esa selva es ideal o celeste: no está hecha de árboles sino de acordes. Es la armonía. El arte tiende un puente entre uno y otro universo: las hojas y ramas del bosque se transforman en instrumentos musicales. La poesía es reconciliación, inmersión en la «armonía del gran Todo». Al mismo tiempo es purificación: «el alma que entre allí debe ir desnuda». Para Darío la poesía es conocimiento práctico o mágico: visión que es asimismo fusión de la dualidad cósmica. Pero no hay creación poética sin ascetismo o combustión espiritual: «de desnuda que está brilla la estrella». La estética de Darío es una suerte de orfismo que no excluye a Cristo (más como nostalgia que como presencia) ni a ninguna de las otras experiencias vitales y espirituales del hombre. Poesía: totalidad y transfiguración.

Al cambio de centro de gravedad corresponde otro de perspectiva. Si el tono es más hondo, la mirada es más amplia. Aparece la historia, en sus dos formas: como tradición viva y como lucha. *Prosas profanas* contenía más de una alusión a España; los nuevos libros la exaltan. Darío nunca fue antiespañol, aunque le irritaba, como a la mayoría de los hispanoamericanos, el espíritu provinciano y engreído de la España de fin de siglo. Pero la renovación poética, recibida primero con desconfianza, había conquistado ya a los jóvenes poetas españoles; al mismo tiempo, una nueva generación iniciaba en esos años un examen riguroso y apasionado de la realidad española. Darío no fue insensible a este cambio, al que, por lo demás, no había sido ajena su influencia. Por último, la experiencia europea le reveló la soledad histórica de Hispanoamérica. Divididos por las asperezas de la geografía y por los obtusos regímenes que imperaban en nuestras tierras, no sólo estábamos aislados del mundo sino separados de nuestra propia historia. Esta situación apenas si ha cambiado hoy; y es sabido que la sensación de soledad en el espacio y el tiempo, fondo permanente de nuestro ser, se vuelve más dolorosa en el extranjero. Asimismo, el contacto con otros latinoamericanos, perdidos como nosotros en las grandes urbes modernas, nos hace redescubrir inmediatamente una identidad que rebasa las artificiales fronteras actuales, impuestas por la combinación del poder extraño y la opresión interna. La generación de Darío fue la primera en tener conciencia de esta situación y muchos de los escritores y poetas modernistas hicieron apasionadas defensas de nuestra civilización. Con ellos aparece el antiimperialismo. Darío aborrecía la política pero los años de vida en Europa, en un mundo indiferente o desdeñoso de lo nuestro, lo hicieron volver los ojos hacia España. Ve en ella algo más que el pasado: un principio todavía vigente y que da unidad a nuestra dispersión. Su visión de España no es excluyente: abarca las civilizaciones precolombinas y el presente de la independencia. Sin nostalgia imperial o colonialista, el poeta habla con el mismo entusiasmo de los incas, los conquistadores y los héroes de nuestra independencia. El pasado lo exalta pero le angustia la postración hispánica, el letargo de nuestros pueblos interrumpido sólo por sacudimientos de violencia ciega. Nos sabe débiles y mira con temor hacia el Norte.

En aquellos años los Estados Unidos, en vísperas de convertirse en un poder mundial, extienden y consolidan su dominación en la América Latina. Para lograrlo usan de todos los medios, desde la diplomacia panamericanista hasta el *big-stick,* en una mezcla nada infrecuente de cinismo e hipocresía. Casi a pesar suyo («Yo no soy un poeta para las muchedumbres pero sé que indefectiblemente tengo que ir a ellas») Darío toma la palabra. Su antiimperialismo no se nutre de los temas del radicalismo político. No ve en los Estados Unidos la encarnación del capitalismo ni concibe el drama hispanoamericano como un choque de intereses económicos y sociales. Lo decisivo es el conflicto entre civilizaciones distintas y en diferentes períodos históricos: los Estados Unidos son la avanzada más joven y agresiva de una corriente —nórdica, protestante y pragmática— en pleno ascenso; nuestros pueblos, herederos de dos antiguas civilizaciones, atraviesan por un ocaso. Darío no cierra los ojos ante la grandeza angloamericana —admiraba a Poe, Whitman y Emerson— pero se niega a aceptar que esa civilización sea superior a la nuestra. En el poema «A Roosevelt» opone al optimismo progresista de los yanquis («Crees que en donde pones la bala del porvenir pones: NO») una realidad que no es de orden material: el alma hispanoamericana. No es un alma muerta: «sueña, vibra, ama». Es significativo que ninguno de estos verbos designe virtudes políticas: justicia, libertad, energía. El alma hispanoamericana es un alma abstraída en esferas que poco o nada tienen que ver con la sociedad humana: soñar, amar y vibrar son palabras que designan a estados estéticos, pasionales y religiosos. Actitud típica de la generación modernista: José Enrique Rodó enfrentaba al pragmatismo angloamericano el idealismo estético latino. Estas definiciones sumarias hoy nos hacen sonreír. Nos parecen superficiales. Y lo son. Pero hay en ellas, a pesar de su ingenuidad y de la presunción retórica con que fueron enunciadas, algo que no sospechan los ideólogos modernos. El tema tiene cierta actualidad y de ahí que no me parezca enteramente reprobable arriesgarme a una digresión.

Nos habíamos acostumbrado a juzgar la historia como una lucha entre sistemas sociales antagónicos; al mismo tiempo, a fuerza de considerar a las civilizaciones como máscaras que encubren la verdadera realidad social —o sea: como «ideologías», en el sentido que daba Marx a esta palabra— habíamos terminado por atribuir un valor absoluto a los sistemas sociales y económicos. Doble error: por una parte hicimos precisamente de la «ideología» el valor histórico por excelencia; por la otra, incurrimos en un grosero maniqueísmo. Hoy no me parece ilegítimo volver a pensar que las civilizaciones, sin excluir el modo de producción económica y la técnica, son también expresión de un temple particular o, como se decía antes, del genio de los pueblos. Tal vez la palabra genio, por su riqueza de asociaciones, no sea la más a propósito: diré que se trata de una disposición colectiva, más bien consecuencia de una tradición histórica que de una dudosa fatalidad racial o étnica. El genio de los pueblos sería aquello que modela a las instituciones sociales y que, simultáneamente, es modelado por ellas; no una potencia sobrenatural sino la realidad concreta de unos hombres, en un paisaje determinado, con una herencia semejante y cierto número de posibilidades que sólo se realizan por y gracias a la acción del grupo. En fin, cualquiera que sea nuestra idea sobre las civilizaciones, cada día me parece menos fácil sostener que son meros reflejos, sombras fantásticas: son entidades históricas, realidades tan reales como los utensilios técnicos. Son los hombres que los manejan. Desde esta perspectiva la querella chino-soviética o la lenta pero inexorable disgregación de la alianza atlántica cobran otra significación.

En teoría, la enemistad entre rusos y chinos es inexplicable, ya que se trata de sistemas sociales semejantes y que, también en teoría, al suprimir el capitalismo han abolido la rivalidad económica, es decir, la raíz misma de las contiendas políticas. Sin embargo, a pesar de que la disputa ideológica no tiene orígenes económicos ni sociales, asume la misma forma de las pugnas entre naciones capitalistas[7]. Por su parte, los «realistas» empíricos afirman que la querella sobre la interpretación de las escrituras, la «ideología», efectivamente es una máscara —sólo que no encubre realidades económicas o sociales sino la ambición de grupos rivales que luchan por la hegemonía—. ¿No hay más? ¿Cómo no ver en ese conflicto el choque de maneras de ver y sentir diferentes, cómo ignorar que unos son chinos y otros rusos? Los chinos son chinos desde hace más de tres mil años y no es fácil que un cuarto de siglo de régimen revolucionario haya borrado milenios de confucianismo y taoísmo. Los rusos son más jóvenes pero son los herederos de Bizancio.

Otro tanto puede decirse de las dificultades a que se enfrenta la alianza atlántica. La incipiente unidad europea ha puesto de relieve que las afinidades entre los europeos, desde España hasta Polonia, son mayores y más profundas que los lazos que unen a los Estados Unidos y la Gran Bretaña con sus aliados continentales. Se trata de algo que tiene escasa relación con los regímenes

---

7 «Al mismo tiempo que la oposición de clases en el seno de las naciones —dice el Manifiesto Comunista— desaparecerá el antagonismo entre las naciones».

sociales imperantes. Desde la guerra de los cien años los ingleses se han opuesto a todas las tentativas de unificación europea, vengan de la izquierda o de la derecha. Y ninguno de sus filósofos políticos se ha interesado realmente en esa idea. Los Estados Unidos han seguido la misma política de disgregación, primero en la América Latina y después en el mundo entero. Esta política no se debe al azar ni es únicamente el reflejo de una maquiavélica voluntad de dominación universal. Es un estilo histórico, la forma en que se manifiestan una tradición y una sensibilidad. Los anglosajones son una rama de la civilización occidental que se define ante todo por su voluntad de separación: son excéntricos y periféricos. La tradición latina y la germánica son centrípetas; la anglosajona es centrífuga o, más bien, pluralista. Ambas tendencias operan desde la disolución del mundo medieval. No eran claramente visibles en la época del apogeo de las nacionalidades porque las cubría la agitación de las luchas entre los Estados nacionales. Hoy que éstos tienden a agruparse en unidades más vastas, aparece a la superficie la escisión que divide a Occidente desde el Renacimiento: la tendencia pluralista y la tradición romano-germánica. Aunque la generación modernista ignoró la sociología y la economía, vislumbró que los conflictos entre civilizaciones no se reducen a la lucha por los mercados ni a la voluntad de poder.

Nada más ajeno a Darío que el maniqueísmo. Nunca creyó que las verdades fuesen exclusivas y prefería asumir la contradicción a postular algo que negase a los otros. Veía en el imperialismo yanqui el principal obstáculo a la unión de los pueblos de habla española y portuguesa. No se equivocaba. Tampoco se equivocaba al admirar a los Estados Unidos y en proponernos sus virtudes como un ejemplo. En realidad ningún hispanoamericano se ha atrevido a negar la existencia y el valor de la civilización anglosanoja. En cambio, ellos han negado la nuestra con frecuencia. Nuestro resentimiento contra los Estados Unidos es superficial: celos, sentimiento de inferioridad y, sobre todo, la irritación de aquel que es pobre y débil al verse tratado sin equidad. En América Latina no hay mala voluntad hacia los angloamericanos. La verdadera malevolencia es de ellos y su raíz, a mi juicio, es doble: el sentimiento (inconfesado) de culpa histórica; y la envidia (igualmente inconfesada) ante formas de vida que la conciencia puritana y pragmática encuentra a un tiempo inmorales y deseables. Por ejemplo, nuestra concepción del ocio los fascina y les repugna y de ambas maneras los perturba: pone en tela de juicio su sistema de valores. La inseguridad psíquica de los angloamericanos, cuando no estalla en violencia, se recubre con afirmaciones moralistas. Esta actitud los lleva a disminuir o negar al interlocutor: ellos representan el bien y los otros el error. El diálogo histórico con ellos es particularmente difícil porque asume siempre la forma del juicio, el proceso o el contrato. Nuestra actitud ante los angloamericanos también es ambivalente: los imitamos y los odiamos. Pero no los negamos. Aunque nos hicieron y nos hacen daño, no rehusamos a verlos como una especie distinta a la nuestra, encarnación del mal. Por tradición católica y liberal nos repugna toda visión exclusiva del hombre, todo puritanismo. Rubén Darío compartía los sentimientos de la mayoría de América Latina. Por lo demás, no era un pensador político y su carácter no era inflexible: ni en la vida pública ni en la privada fue un modelo de rigor. Así, no es extraño que en 1906, al asistir como delegado de su país a la Conferencia Panamericana de Río de Janeiro, escriba «Salutación al Águila». Este poema, que celebra algo más que la colaboración entre las dos Américas, podría hacernos dudar de su sinceridad. Seríamos injustos: fue honrado en su explicable y espontáneo entusiasmo. No le duró mucho. Él mismo lo confiesa en su «Epístola a la señora de Lugones»: «En Río de Janeiro... yo panamericanicé / con un vago temor y con muy poca fe». Prueba de su soberana indiferencia por la coherencia política: ambos poemas figuran, a pocas páginas de distancia, en el mismo libro.

A pesar de estos vaivenes Darío no cesó de profetizar la resurrección de los pueblos hispanoamericanos. Aunque nunca lo dijo claramente, creía que si el pasado había sido indio y español, el futuro sería argentino y, tal vez, chileno. Nunca se le ocurrió pensar que la unidad y el renacimiento de nuestros pueblos sólo podía ser obra de una revolución que echase abajo los regímenes imperantes en su tiempo y, con raras excepciones, en el nuestro.

El *Canto a la Argentina* (1910) reúne sus ideas predilectas: paz, industria, cosmopolitismo, latinidad. El evangelio de la oligarquía hispanoamericana de fines de siglo, con su fe en el progreso y en las virtudes sobrehumanas de la inmigración europea. No falta siquiera la denuncia del «extravío» revolucionario: «Ananké la bomba puso en la mano de la Locura». El poema es un himno a Buenos Aires, la Babel venidera: «concentración de vedas, biblias y coranes». Una cosmópolis a la manera de Nueva York pero «con perfume latino». Los asuntos latinoamericanos no fueron los únicos que lo apasionaron. Fue un enamorado de Francia («¡Los bárbaros, cara Lutecia!») y un pacifista ardiente. El «Canto de esperanza», poema contra la guerra, contiene algunos versos milagrosos, como el inicial: «Un gran vuelo de cuervos mancha el azul celeste...». No todo el poema tiene el mismo aliento.

La poesía de inspiración política e histórica de Darío ha envejecido tanto como la versallesca y decadente. Si ésta hace pensar en la tienda de curiosidades, aquélla recuerda los museos de historia nacional: glorias oficiales, glorias apolilladas. Si se comparan sus poemas con los de Whitman se advierte inmediatamente la diferencia. El poeta yanqui no escribe sobre la historia sino desde ella y con ella: su palabra y la historia angloamericana son una y la misma cosa. Los poemas del hispanoamericano son textos para ser leídos en la tribuna, ante un auditorio de fiesta cívica. Hay momentos, claro está, en que el poeta vence al orador. Por ejemplo, la primera parte de «A Roosevelt», modelo de insolencia y hermosa desenvoltura; algunos fragmentos de *Canto a la Argentina,* cuyos aciertos verbales recuerdan a Whitman, un Whitman latino y que ha leído a Virgilio; ciertos relámpagos de visionario en el «Canto de esperanza»... No es bastante. Darío tiene poco que decir y su pobreza se reviste de oropel. Emite opiniones, ideas generales; le falta la mirada de Whitman, la mirada fundida a lo que ve, la realidad sufrida y gozada. Los poemas de Darío carecen de sustancia: suelo, pueblo. Sustancia: lo que está abajo y nos sostiene y alimenta. ¿Vio la miseria de nuestra gente, olió la sangre de los mataderos que llamamos guerras civiles? Tal vez no quiso abarcar demasiado: el pasado precolombino, España, el presente abyecto, el futuro rabioso. Olvidó o no quiso ver la otra mitad: las oligarquías, la opresión, ese paisaje de huesos, cruces rotas y uniformes manchados que es la historia latinoamericana. Tuvo entusiasmo; le faltó indignación.

Una gran ola sexual baña toda la obra de Rubén Darío. Ve al mundo como un ser dual, hecho de la continua oposición y copulación entre el principio masculino y el femenino. El verbo amar es universal y conjugarlo es practicar la ciencia suprema: no es un saber de conocimiento sino de creación. Pero sería inútil buscar en su erotismo esa concentración pasional que se vuelve incadescente punto fijo. Su pasión es dispersa y tiende a confundirse con el vaivén del mar. En un poema muy conocido confiesa: «Plural ha sido la celeste / historia de mi corazón». Extraño adjetivo: si llamamos *celeste* a ese amor que nos lleva a ver en la persona amada un reflejo de la esencia divina o de la Idea, su pasión responde difícilmente al calificativo. Quizá otra acepción de la palabra le convenga: su corazón no se alimenta de la visión del cielo inmóvil pero obedece al movimiento de los astros. La tradición de nuestra poesía amorosa, provenzal o platónica, concibe a la criatura como una realidad refleja; el fin último del amor no es el abrazo carnal sino la contemplación, prólogo de las nupcias entre el alma humana y el espíritu. Esa pasión es pasión de unidad. Darío aspira a lo contrario: quiere disolverse en cuerpo y alma en el cuerpo y el alma del mundo. La historia de su corazón es plural en dos sentidos: por el número de mujeres amadas y por la fascinación que experimenta ante la pluralidad cósmica. Para el poeta platónico la aprehensión de la realidad es un paulatino tránsito de lo vario a lo uno; el amor consiste en la progresiva desaparición de la aparente heterogeneidad del universo. Darío siente esa heterogeneidad como la prueba o manifestación de la unidad: cada forma es un mundo completo y simultáneamente es parte de la totalidad. La unidad no es una; es un universo de universos, movido por la gravitación erótica: el instinto, la pasión. El erotismo de Darío es una visión mágica del mundo.

Amó a varias mujeres. No fue lo que se llama un amante afortunado. (¿Qué se quiere decir con esa expresión?) Sus desventuras, si lo fueron realmente, no explican la sucesión de amoríos ni la sustitución de un objeto erótico por otro. Como casi todos los poetas de nuestra tradición, dice que persigue un amor único; en verdad, experimenta un perpetuo vértigo ante la totalidad plural. No el amor celeste ni la pasión fatal; ni Laura ni Juana Duval. Sus mujeres son la Mujer y su Mujer las mujeres. Y más: la Hembra. Sus arquetipos femeninos son Eva y Cipris. Ellas «concentran el misterio del corazón del mundo». Misterio, corazón, mundo: entraña femenina, matriz primordial. Aprehensión sensual de la realidad: en la mujer «se respira el perfume vital de cada cosa». Ese perfume es lo contrario de una esencia: es el olor de la vida misma. En el mismo poema Darío evoca una imagen que también sedujo a Novalis: el cuerpo de la mujer es el cuerpo del cosmos y amar es un acto de canibalismo sagrado. Pan sacramental, hostia terrestre: comer ese pan es apropiarse de la sustancia vital. Arcilla y ambrosía, la carne de la mujer, no su alma, es *celeste.* Esta palabra no designa a la esfera espiritual sino a la energía vital, al soplo divino que anima la creación. Unos versos más adelante la imagen se hace más precisa y osada: el «semen es sagrado». Para Darío el licor seminal no sólo contiene en germen al pensamiento sino que es materia pensante. Su cosmología culmina en un misticismo erótico: hace de la mujer la manifestación suprema de la realidad plural y endiosa al semen.

Los actores de esta pasión no son personas sino fuerzas vitales. El poeta no busca salvar su yo ni el de su amada sino confundirlos en el océano cósmico. Amar es ensanchar el ser. Estas ideas, corrientes en la alquimia sexual del taoísmo y en el tantrismo budista e hindú, nunca habían aparecido con tal violencia en la poesía castellana, toda ella impregnada de cristianismo. (Las fuentes del erotismo español son otras: la poesía provenzal, la mística árabe y la tradición platónica del Renacimiento italiano.) No es fácil que Darío se haya inspirado directamente en los textos orientales, aunque sin duda tuvo vagas nociones de esas filosofías. En todo esto hay un eco de sus lecturas románticas y simbolistas pero hay algo más: esas visiones son la expresión fatal y espontánea de su sensibilidad y de su intuición. La originalidad de nuestro poeta consiste en que, casi sin proponérselo, resucita una antigua manera de ver y sentir a la realidad. Al redescubrir la solidaridad entre el hombre y la naturaleza, fundamento de las primeras civilizaciones y religión primordial de los hombres, Darío abre a nuestra poesía un mundo de correspondencias y asociaciones. Esta vena de erotismo mágico se prolonga en varios grandes poetas hispanoamericanos, como Pablo Neruda.

La imaginación de Darío tiende a manifestarse en direcciones contradictorias y complementarias y de ahí su dinamismo. A la visión de la mujer como extensión y pasividad animal y sagrada —arcilla, ambrosía, tierra, pan— sucede otra: es la «Potente a quien las sombras temen, la reina sombría». Potencia activa, dispensa con indiferencia el bien y el mal. Encarna, diría, la profunda, sagrada amoralidad cósmica. Es la sirena, el monstruo hermoso, tanto en el sentido físico como en el espiritual. En ella confluyen todos los opuestos: la tierra y el agua, el mundo animal y el humano, la sexualidad y la música. Es la forma más completa de la mitad femenina del cosmos y en su canto salvación y perdición son una misma cosa. La mujer es anterior a Cristo: lava todos los pecados, disipa todos los miedos y su virtud lustral es tal que «al torcer sus cabellos, apaga al infierno». Sus atributos son dobles: es agua pero también es sangre. Eva y Salomé:

> Y la cabeza de Juan el Bautista,
> ante quien tiemblan los leones,
> cae al hachazo. Sangre llueve.
> Pues la rosa sexual
> al entreabrirse
> conmueve todo lo que existe
> con su efluvio carnal
> y con su enigma espiritual.

Los arquetipos de su universo son la matriz y el falo. Están en todas las formas: «el peludo cangrejo tiene espinas de rosa / y los moluscos reminiscencias de mujeres». La seducción del segundo verso no proviene únicamente del ritmo sino de la conjunción de tres realidades distintas: moluscos, mujer y reminiscencias. La alusión a vidas anteriores es frecuente en la poesía de Darío e implica que la cadena de las correspondencias es también temporal. La analogía es el tejido viviente de que están hechos espacio y tiempo: es infinita e inmortal. El carácter enigmático de la realidad consiste en que cada forma es doble y triple y cada ser es reminiscencia o prefiguración de otro. Los monstruos ocupan un lugar privilegiado en este mundo. Son los símbolos, «vestidos de belleza», de la dualidad, el signo viviente del ayuntamiento cósmico: «el monstruo expresa un ansia del corazón del Orbe». La filosofía de Darío se resuelve en esta paradoja: «saber ser lo que sois, enigmas siendo formas». Si todo es doble y todo está animado, toca al poeta descifrar las «confidencias del viento, la tierra y el mar». El poeta es como un ser sin memoria, como un niño perdido en una ciudad extraña: no sabe ni de dónde viene ni adónde va. Pero esta ignorancia esconde un saber informe. Frente al mar catalán: «siento en roca, aceite y vino, / yo mi antigüedad». Niño milenario, el poeta es la conciencia del olvido en que se sustenta toda vida humana: sabe que perdimos algo en el origen pero no sabe con certeza qué fue lo que perdimos o nos perdió. Percibe «fragmentos de conciencias de ahora y ayer», mira al sol negro, llora por estar vivo y se asombra de su muerte.

La crítica universitaria generalmente ha preferido cerrar los ojos ante la corriente de ocultismo que atraviesa la obra de Darío. Este silencio daña la comprensión de su poesía. Se trata de una corriente central y que constituye no sólo un sistema de pensamiento sino de asociaciones poéticas. Es su idea del mundo o más bien: su imagen del mundo. Como otros creadores modernos que se han servido de los mismos símbolos, Darío transforma la «tradición oculta» en visión y palabra. En un soneto no recogido en libro durante su vida confiesa: «En las constelaciones Pitágoras leía, / yo en las constelaciones pitagóricas leo». En la «confusión de su alma» la obsesión de Pitágoras se mezcla con la de Orfeo y ambas con el tema del doble. La dualidad adquiere ahora la forma de un conflicto personal: ¿quién y qué es él? Sabe que es, «desde el tiempo del Paraíso, reo»; sabe que «robó el fuego y robó la armonía»; sabe que «es dos en sí mismo»; y que «siempre quiere ser otro». Sabe que es un enigma. Y la respuesta a este enigma es otro:

> En la arena me enseña la tortuga de oro
> hacia dónde conduce de las musas el coro
> y en dónde triunfa augusta la voluntad de Dios.

En otro soneto, dedicado a Amado Nervo y que pertenece también a la obra dispersa, la tortuga de oro aparece como el emblema del universo. Esta composición me parece ser una de las claves del Darío mejor y menos conocido y merecería un análisis detenido. Aquí apunto sólo mi perpleja fascinación. Los signos que traza la tortuga en el suelo y los que se dibujan en su carapacho «nos dicen al Dios que no se nombra». La forma en que se revela esa divinidad innombrable es un círculo; ese círculo «encierra la clave del enigma / que a Minotauro mata y a la Medusa asombra». En el soneto que cité primero la enseñanza de la tortuga consiste en mostrarle al poeta la «voluntad de Dios»; en el que ahora comento esa voluntad se identifica con el eterno retorno. La obra divina es la revolución cíclica que pone arriba lo que estaba abajo y obliga a cada cosa a transformarse en su contrario: inmola al Minotauro y petrifica a la Medusa. En el espíritu del poeta los signos de la tortuga se convierten en un «ramo de sueños» y un «mazo de ideas florecidas». Unión del mundo vegetal y el mental. Esta imagen se resuelve en otra más, predilecta del poema: esos signos son los de la música del mundo. Son el emblema del movimiento cíclico y el secreto de la armonía: la orquesta «y lo que está suspenso entre el violín y el arco». Verso henchido de adivinaciones y reminiscencias: momento en que se detiene, sin detenerse, la voluntad circular que perpetuamente recomienza.

La analogía no es perfecta. Hay una falla en el tejido de llamadas y respuestas: el hombre. En «Augurios» pasan sobre la cabeza del poeta el águila, el búho, la paloma, el ruiseñor y cada uno de esos pájaros es un agüero de fuerza, saber o sensualidad. De pronto la enumeración cambia de rumbo, el lenguaje simbolista se quiebra e irrumpe el habla directa: «Pasa un murciélago / pasa una mosca / un moscardón...». No pasa nada y llega la muerte. Sorprende el tono amargo y el voluntario, dramático prosaísmo de las líneas finales. Disolución del sueño en la sórdida muerte cotidiana. El tema de nuestra finitud adopta a veces la forma cristiana. En *Spes* el poeta pide a Jesús, «incomparable perdonador de injurias», la resurrección: «dime que este espantoso horror de la agonía / que me obsede, es no más de mi culpa nefanda». Pero Cristo es sólo uno de sus dioses, una de las formas de ese Dios que no se nombra. Aunque a Darío le repugnaba el ateísmo racionalista y su temperamento era religioso, y aun supersticioso, no puede decirse que sea un poeta cristiano, ni siquiera en el sentido polémico en que lo fue Unamuno. El terror de la muerte, el horror de ser, el asco de sí mismo, expresiones que aparecen una y otra vez a partir de *Cantos de vida y esperanza,* son ideas y sentimientos de raíz cristiana; pero falta la otra mitad, la escatología del cristianismo. Nacido en un mundo cristiano, Darío perdió la fe y se quedó, como la mayoría de nosotros, con la herencia de la culpa, ya sin referencia a una esfera sobrenatural.

El sentimiento de la mancha original impregna muchos de sus mejores poemas: ignorancia de nuestro origen y de nuestro fin, miedo ante el abismo interior, horror de vivir a tientas. La fatiga nerviosa, exacerbada por una vida desordenada y los excesos alcohólicos, el ir y venir de un país a otro, contribuyeron a su desasosiego. Iba sin rumbo fijo, hostigado por el ansia; después caía en letargos que eran «pesadillas brutales» y la muerte se le aparecía alternativamente como pozo sin fin o despertar glorioso. Entre esos poemas, escritos en un lenguaje sobrio y reticente, oscilante entre el monólogo y la confesión, me conmueven sobre todo los tres *Nocturnos.* No es difícil advertir su semejanza con ciertos poemas de Baudelaire, como *L'examen de minuit* o *Le Gouffre*[8]. El primero y el último de los *Nocturnos* terminan con el presentimiento de la muerte. No la describe y se limita a nombrarla con el pronombre: Ella. En cambio, la vida se le aparece como un mal sueño, abigarrada colección de momentos grotescos o terribles, actos irrisorios, proyectos no realizados, sentimientos manchados. Es la angustia de la noche urbana, ese silencio interrumpido por «el resonar de un coche lejano» o por el zumbido de la sangre: oración que se vuelve blasfemia, cuenta sin fin del solitario frente a un futuro cerrado como un muro. Pero todo se resuelve

---

[8] En la breve composición sin título que se inicia con la línea «¡Oh terremoto mental!», Darío cita expresamente al poeta francés.

en alegría serena si Ella aparece. El erotismo de Darío no se resigna y hace nupcias del morir.

En el *Poema del otoño,* una de sus grandes y últimas composiciones, se unen los dos ríos que alimentan su poesía: la meditación ante la muerte y el erotismo panteísta. El poema se presenta como variaciones sobre el viejo y gastado tema de la brevedad de la vida, la flor del instante y otros lugares comunes; al final, el acento se vuelve más grave y desafiante: ante la muerte el poeta no afirma su vida propia sino la del universo. En su cráneo, como si fuese un caracol, vibran la tierra y el sol; la sal del mar, savia de sirenas y tritones, se mezcla a su sangre; morir es vivir una vida más vasta y poderosa. ¿Lo creía realmente? Es verdad que temía a la muerte; también lo es que la amó y la deseó. La muerte fue su medusa y su sirena. Muerte dual, como todo lo que tocó, vio y cantó. La unidad es siempre dos. Por eso su emblema, como lo vio Juan Ramón Jiménez, es el caracol marino, silencioso y henchido de rumores, infinito que cabe en una mano. Instrumento musical, resuena con un «incógnito acento»; talismán, Europa lo ha tocado «con sus manos divinas»; amuleto erótico, convoca a «la sirena amada del poeta»; objeto ritual, su ronca música anuncia el alba y el crepúsculo, la hora en que se juntan la luz y la sombra. Es el símbolo de la correspondencia universal. Lo es también de la reminiscencia: al acercarlo a su oído escucha la resaca de las vidas pasadas. Camina sobre la arena, allí donde «dejan los cangrejos la ilegible escritura de sus huellas» y su mirada descubre a la concha marina: en su alma «otro lucero como el de Venus arde». El caracol es su cuerpo y es su poesía, el vaivén rítmico, el girar de esas imágenes en las que el mundo se revela y se oculta, se dice y se calla. En el segundo «Nocturno» hace la cuenta de lo que vivió y no vivió, dividido «entre un vasto dolor y cuidados pequeños», entre recuerdos y desgracias, iluminaciones y dichas violentas:

> Todo esto viene en medio del silencio profundo
> en que la noche envuelve la terrena ilusión,
> y siento como un eco del corazón del mundo
> que penetra y conmueve mi propio corazón.

En 1914, ya Europa en guerra, Darío regresa a América. En los últimos tiempos, los apuros materiales se añadían a los trastornos del cuerpo y el alma. Concibió el proyecto de realizar una gira de conferencias por el continente, acompañado de un compatriota suyo que actuaba como su empresario. En Nueva York cayó enfermo. Su compañero lo abandonó. Herido de muerte, se traslada a Guatemala. Allí lo recoge la implacable Rosario Murillo, que lo lleva a Nicaragua. Muere en su casa, el 6 de febrero de 1916. «El caracol la forma tiene de un corazón». Fue su pecho de vivo y su cráneo de muerto.

Delhi, a 6 de octubre de 1964
(Incluido en *Cuadrivio,* México, ed. de Joaquín Mortiz, 1965).

INTRODUCCIÓN

LA ÉPOCA CHILENA Y SU PRIMER LIBRO

La salida del poeta Rubén Darío de su Nicaragua natal en 1886 va a tener un resultado decisivo, *Azul...*, su primer libro modernista, aparecerá en tierras chilenas en 1888 y comenzará a ser conocido en España y todos los países de América. Porque en efecto, aunque cronológicamente precedieron a *Azul...* otros títulos del primer grupo modernista —es el caso de *Ismaelillo* (1882) de José Martí—, nadie puede negar hoy el valor emblemático de este libro que significa un hito dentro de la historia de la poesía en lengua española.

La primera edición apareció en Valparaíso, publicada por la Imprenta y Litografía Excelsior, en 1888, con un prólogo de Eduardo de la Barra, en el que aparecían ya las primeras observaciones acertadas sobre su novedad literaria, aunque tal prólogo desapareciera a partir de la segunda edición (Guatemala, Imprenta de la Unión, 1890), y fuera sustituido por el texto que Juan Valera incluyó en sus *Cartas americanas*. La tercera edición, que se considera definitiva, se publica en Buenos Aires, en Biblioteca de La Nación, 1905.

El libro incorporaba desde su mismo título, *Azul...*, la sugerencia de la sinestesia, y presentaba, sobre todo en la contextura de su prosa, elementos extraños a la literatura en lengua española. El propio Rubén Darío en «Los colores del estandarte» diría que fue «un libro parnasiano, y, por lo tanto, francés. En él aparecen por primera vez en nuestra lengua el "cuento" parisiense, la adjetivación francesa, el giro galo injertado en el párrafo clásico castellano, la chuchería de Goncourt, la *câlinerie* erótica de Mendès, el escogimiento verbal de Heredia, y hasta su poquito de Coppée»[1]. Este gusto por lo francés que Darío comenzó, según confesión propia, en su estancia en El Salvador en 1883 con el poeta Francisco Gavidia, se profundiza en el ambiente cosmopolita de las ciudades chilenas, Santiago y Valparaíso, donde grupos de jóvenes, entre otros Manuel Rodríguez Mendoza, Narciso Tondreau y sobre todo su amigo Pedro Balmaceda, seguían con verdadero interés la actualidad literaria francesa. En *Historia de mis libros* recordará: «acostumbrado al eterno clisé español del Siglo de Oro y a su indecisa poesía moderna, encontré en los franceses que he citado una mina literaria por explotar: la aplicación de su manera de adjetivar, ciertos modos sintácticos, de su aristocracia verbal, al castellano»[2].

Parte de los textos incluidos en el libro ya habían aparecido en periódicos y revistas chilenas, muy en especial los cuentos que, como «El rey burgués», reflejan vivencias de su época de periodista. Pero lo que hay que destacar de la primera edición de *Azul...* es, sobre todo, el estilo de la prosa que ocupa gran parte del libro: los nueve cuentos y los cuadros descriptivos de la vida chilena que llevan como título «En Chile». La tercera parte incluía únicamente seis poemas, cuatro descriptivos de las estaciones —«El año lírico»—, «Pensamiento de otoño» —que se ofrecía como traducción de Armand Silvestre— y «Ananke». Lo cierto es que su novedad residía sobre todo en el trabajo de la prosa, en el uso insólito de los adjetivos, de sus imágenes cromáticas y brillantes, y en definitiva por la presencia de una sensibilidad nueva preocupada también por el ritmo de la prosa.

Juan Valera apuntó con agudeza que en su prosa había «más riqueza de ideas; pero es más afrancesada la forma. En los versos la forma es más castiza. Los versos de usted se parecen a los ver-

---

[1] Rubén Darío, *Escritos inéditos recogidos de periódicos de Buenos Aires,* anotado por E. K. Mapes, Nueva York, Instituto de las Españas, 1938, pág. 121.

[2] Rubén Darío, *Obras completas,* vol I., Madrid, Afrodisio Aguado, 1950, pág. 196.

sos españoles de otros autores, y no por eso dejan de ser originales; no recuerdan a ningún poeta español, ni antiguo, ni de nuestros días»[3]. En realidad, poco había de su posterior estilo en los versos incluidos en la primera edición de *Azul...*, —a pesar del erotismo de «El año lírico» y de la inclusión de elementos griegos en «Primaveral»—, pues resultan demasiado discursivos y con excesiva carga romántica. Habrá que esperar a la segunda edición de 1890 para encontrar poemas que reflejen las inquietudes de la nueva tendencia.

RUBÉN DARÍO EN BUENOS AIRES Y EL TRIUNFO DEL MODERNISMO

Viviendo en Buenos Aires desde tres años atrás —había llegado en 1893—, con pocos meses de diferencia, en 1896 se publican en Buenos Aires dos libros decisivos: *Los raros* y *Prosas profanas,* que se difunde a comienzos del año siguiente. Si el primero venía a consagrar un tipo de crítica impresionista a través de las semblanzas de sus autores más admirados, el segundo consolidaba el triunfo del modernismo.

Prosas profanas y otros poemas (Buenos Aires, Imprenta Pablo E. Coni e hijo) salió a la luz en edición costeada por Carlos Vega Belgrano, amigo del poeta, director del periódico *El Tiempo,* y presidente por entonces del Ateneo de Buenos Aires; en su primera edición comprendía treinta y tres poemas, número no casual si se tiene en cuenta su predilección por las combinaciones pitagóricas; la segunda edición apareció en París en 1901 incluyendo a manera de prólogo el famoso estudio de José Enrique Rodó[4] y agregó veintiún poemas.

El ambiente bonaerense, en el que residió de 1893 a 1898 —tan dado al cosmopolitismo y a los gustos parnasianos y decaden-

[3] Citamos las opiniones de Valera por el texto incluido en Rubén Darío, *Azul...*, Buenos Aires, Biblioteca de la Nación, 1907, pág. XVII.

[4] José E. Rodó, «Rubén Darío. Su personalidad literaria. Su última obra», opúsculo de *La Vida Nueva II,* Montevideo, Dornaleche y Reyes, 1899.

tistas, con numerosas traducciones de autores franceses—, no pudo ser ajeno a la gestación del libro, aunque en el momento de su aparición despertara opiniones contrapuestas. Ya Paul Groussac había aceptado con reticencias la publicación de *Los raros*[5], pero José E. Rodó en su ensayo «Rubén Darío. Su personalidad literaria. Su última obra» de 1899 haría un esfuerzo comprensivo del esteticismo parnasiano proclamando su propia inserción modernista. Este ensayo —aunque tardío, dado el prestigio de su autor—, supuso para Rubén Darío la aceptación definitiva de su obra dentro de un círculo más amplio de intelectuales.

Las «Palabras liminares» de *Prosas profanas* que escandalizaron a los lectores por su desenfado e impertinencia, ofrecían elementos decisivos no sólo de su estética, sino consagratorios del modo modernista: la decidida intención de realizar una obra distinta en la que importara no sólo la idea sino la melodía y el ritmo, llegando a recalcar con frase definitiva: «Y la primera ley, creador: crear»; la entronización del Arte como perfección frente a la vulgaridad vigente; el cosmopolitismo como antídoto contra la medianía provinciana; para proclamar, entre el desafío y la ironía, sus fuentes en las raíces americanas, en los clásicos españoles y en la poesía francesa con una especial predilección por Verlaine.

El propio Rubén Darío recordará: «Muchos de los contrarios se sorprendieron hasta del título del libro, olvidando las prosas latinas de la Iglesia, seguidas por Mallarmé en la dedicada al *Des Esseint (sic)* de Huysmans; y sobre todo, las que hizo en "román paladino" uno de los primitivos de la castellana lírica»[6]. El poeta era muy consciente de haber realizado un libro en el

---

[5] Paul Groussac (1848-1929) uno de los escritores más prestigiosos de la Generación del 80 en Argentina escribió el artículo «*Los raros*, de Rubén Darío» en *La Biblioteca* II (1896), págs. 474-480, en el que manifestaba su desacuerdo con las preferencias renovadoras galicistas. Rubén Darío le respondió con agudeza en «Los colores del estandarte», en *La Nación*, 27 de noviembre de 1896 (Rubén Darío, *Escritos inéditos...* anotados por E. K. Mapes, *op. cit.*, págs. 120-123).

[6] Rubén Darío, *Autobiografía*, en *Obras completas*, vol. I, *op. cit.*, págs. 117-118.

que se rompían las pautas de la poesía precedente en lengua castellana, y en lo que respecta al mundo americano la ruptura se consolidaba en la imposibilidad de volver al canto ingenuo de la naturaleza del continente. La poesía era otra cosa. La poesía se encarnaba en el poema como conjunto integrante de imágenes, ritmo y lenguaje. Y *Prosas profanas* utilizaba temas y técnicas para conseguir esta finalidad. De este modo, la consagración del erotismo y del placer como motivo literario llevaba sobre todo a la creación de un mundo poético autónomo en el que el arte nada tiene que ver con la vida, más aún, el arte se declara superior a la vida. Por eso era necesario un *oficio* y una dedicación intensa. En *Historia de mis libros* destacó que en el ambiente de entonces «no se comprendía el valor del estudio y de la aplicación constante», porque la apoyatura de esa originalidad, o lo que en otros momentos denomina «estética individual», consiste en empaparse de «la base del conocimiento del arte a que uno se consagraba, [añadiendo] una indispensable erudición y el necesario don del buen gusto»[7]. *Prosas profanas* constituye, de hecho, el libro de la técnica modernista por antonomasia, sus temas, ordenados a manera de constelación, giran en su primera edición en torno a aspectos insólitos entonces —comenta Guillermo Sucre con acierto que Darío «no creyó en la importancia moral o humanística de los temas» llegando ya a la convicción de que todo es texto o lenguaje[8]—; tales tópicos —como el cisne, las duquesas, la mitología griega— se convertirán en enseñas del modernismo finisecular, pero no hay que olvidar que muchos de estos poemas presentan lecturas y recurrencias metapoéticas en las que la reflexión y la complejidad son más decisivas, y que tal intención se acrecienta en la segunda edición. Desde esta perspectiva *Prosas profanas* abre una época, la de la poesía del siglo XX.

[7] Rubén Darío, *Historia de mis libros*, en *Obras completas*, vol. I, *op. cit.*, pág. 205.

[8] Guillermo Sucre, *La máscara, la transparencia*, Caracas, Monte Ávila, 1975, págs. 27-29.

DARÍO Y ESPAÑA, LA ÚLTIMA ÉPOCA Y LOS ÚLTIMOS LIBROS

A finales de 1898 Rubén Darío realiza su segundo viaje a España —el primero había tenido lugar en 1892 como motivo del IV Centenario del Descubrimiento de América— y comienza a enviar sus crónicas acerca de la España del momento a *La Nación* de Buenos Aires; tales crónicas formarían parte de un libro que en 1901 aparecería con el título de *España contemporánea.*

A partir de este momento sus visitas a España serán más frecuentes e incluso residirá durante algunos lapsos de tiempo en diversos lugares del territorio, pero sobre todo en Madrid. Fue en esta capital donde tomó contacto con escritores e intelectuales españoles y lo que propició que algunos de sus libros vieran la luz en esta ciudad.

Así sucede con la primera edición de *Cantos de vida y esperanza. Los cisnes y otros poemas* que apareció en Madrid en la tipografía de la *Revista de Archivos, Bibliotecas y Museos,* en 1905, y estuvo al ciudado de Juan Ramón Jiménez. Desde dos años atrás, Darío había confiado al poeta español su intención de publicar una *plaquette* titulada *Cantos de vida y esperanza*[9], pero tiempo después, en Madrid, decidió unir esos textos con otro libro proyectado, *Los cisnes y otros poemas,* realizando un poemario más extenso. En carta escrita desde París en 1905 comunica a Juan Ramón que, superada su enfermedad, pronto copiará los poemas que integran el libro, incluso le anuncia que podrá reunir unos cuarenta o cincuenta[10]. Esta decisiva colaboración de Juan Ramón Jiménez propició que, además, el poeta de Moguer pudiera conservar gran parte de los manuscritos de la edición y que, posteriormente con gran generosidad, los regalara a varios amigos y donara el grueso de la colección a la Biblioteca del Congreso de Washington[11].

---

[9] Juan Ramón Jiménez· *Mi Rubén Darío (1900-1956),* ed. Antonio Sánchez Romeralo, Ayuntamiento de Moguer, Diputación de Huelva, Fundación Juan Ramón Jiménez, 1990, pág. 98.

[10] *Ibíd.,* pág. 115

[11] *Ibíd.,* págs. 26-32; 207-208; 209-212, donde puede verse esa documentación acerca de los autógrafos de Rubén Darío.

Los poemas que integran el libro fueron escritos en su mayoría de 1902 a 1905 y representan la continuidad, pero también la crisis de los planteamientos precedentes. Con esa preferencia que el poeta tenía de equiparar las estaciones de la naturaleza al vivir humano, aclarará al respecto que este libro «encierra las esencias y savias de mi otoño» y porque «la autumnal es la estación reflexiva», «el ensueño se impregna de reflexión»; y añadía que tal perspectiva no se entendió a la aparición del libro y se echaron de menos los motivos matinales, las princesas y las versallerías de *Prosas profanas* [12]. En este sentido, el «Prefacio» demuestra que los principios del modernismo mantienen su vigencia después de logrado su triunfo; Darío declara su «amor a lo absoluto de la belleza», cree en «la aristocracia del pensamiento» y «la nobleza del arte», aborrece la mediocridad y la «mulatez intelectual». Pero por otra parte también ha penetrado en una nueva fase vital y las tres secciones de la colección acusan esa mayor reflexión, y esa más intensa melancolía, fruto del choque de los espacios temporales del pasado, presente y futuro irremediable.

En el conjunto de *Cantos de vida y esperanza* uno de los símbolos preferidos y más significativos, y que cobra más hondo significado, es el de la selva sagrada. «Peregrinó mi corazón y trajo / de la sagrada selva la armonía» dice en el poema inicial. Esa «sagrada selva», en interpretación de Ángel Rama, «aparece como un puro artificio en el cual los datos culturales que ocupan sus términos actúan como signos que componen un sistema planetario armónico y perfecto» [13]. La poesía de Darío se consolida como un coherente sistema en el que los contrarios se atraen en busca de la unidad. Esa pugna está siempre presente, aunque la mayor reflexión ofrezca un sesgo nuevo; el placer y el eros se aferran aún más al misterio de la vida, a la muerte que da sentido a la vida, a las preguntas por la propia existencia; incluso el cisne como símbolo máximo —aunque continúa siendo emblema del eros—, se modula en una nueva inflexión que le hace perder sen-

[12] Rubén Darío, *Historia de mis libros, op. cit.*, pág. 214.

[13] Rubén Darío, *Poesía*, pról. Ángel Rama, Caracas, Biblioteca Ayacucho, 1977, pág. XXXIII.

sualidad, para adquirir cualidades salvadoras de la cultura y de la raza hispana. Es el caso de los poemas de la sección «Los Cisnes» dedicada a Juan Ramón Jiménez.

En otro aspecto, el renovador de la métrica, Darío continúa aquí su empeño; hay muestras de todos los metros cuya capacidad sonora había probado y añade un intento nuevo que defiende con pasión en el «Prefacio»: el hexámetro clásico. Darío pensaba que en nuestro idioma, a pesar de la opinión «de tantos catedráticos, hay sílabas largas y breves, y que lo que ha faltado es un análisis más hondo y musical de nuestra prosodia» [14]. La «Salutación del optimista» y la «Marcha triunfal» son sendos intentos, pero como es bien evidente, su hexámetro se apoya en la intensidad del acento, más que en la cantidad silábica.

Se ha destacado también en este libro el grupo de poemas dedicados a los valores de la cultura hispana («Salutación del optimista», «Al rey Óscar», «Cyrano en España», «A Roosevelt» y varios homenajes y retratos, entre ellos, «Trébol», «Letanía de nuestro señor Don Quijote»). Esta línea ya iniciada en el libro anterior se condiciona aquí por ciertos valores emergentes en el fin de siglo, la búsqueda de la propia identidad de los países hispanoamericanos, la crisis del poder español, la expansión económica de los Estados Unidos y de sus valores culturales, todo ello se plasmó en una tendencia que Francisco Contreras denominó mundonovismo [15]. Esta fase crepuscular promovía así una mayor fijación de lo autóctono y daría paso, poco después, a los temas cotidianos, nacionalistas y paisajistas que comprenden la última fase del modernismo.

El canto errante, dedicado «A los nuevos poetas de las Españas», aparece también en Madrid (Biblioteca Nueva de Escritores Españoles, M. Pérez de Villavicencio Editor, en 1907). Las peripecias de la edición y las penosas condiciones económicas que le impusieron, pueden seguirse hoy por la correspondencia que nos han dejado los amigos que intervinieron directa e indirectamente

---

[14] Rubén Darío, *Historia de mis libros, op. cit.,* pág. 216.

[15] Francisco Contreras, *Les Écrivains Contemporains de l'Amérique espagnole,* París, La Renaissance du Libre, 1920.

en su publicación: Alberto Insúa, Gregorio Martínez Sierra e incluso Ramón del Valle-Inclán[16].

El canto errante es un libro amplio, ya que fue compilado por el propio Darío con poemas de diferentes épocas, sin embargo, se advierte la plena consolidación de su estilo y el total convencimiento de sus opiniones literarias. Es fundamental por eso leer con detenimiento el extenso prólogo que lo abre. «Dilucidaciones», que así se titula, fue un texto realizado a petición del *Lunes de El Imparcial,* donde apareció el 18 y el 25 de febrero y el 4 de marzo de 1907. El tema central es la poesía, los poetas y la defensa de la poesía en el mundo moderno. Según su opinión, la poesía no está llamada a desaparecer, «antes bien a extenderse, a modificarse», a pesar del denodado terror a la novedad y aunque sea tan difícil para la mayoría acceder a la verdadera calidad poética. El Darío de estos años puede ya referirse con seguridad y cierto orgullo desafiante al «movimiento que en buena parte de las flamantes letras españolas me tocó iniciar, a pesar de mi condición de meteco» [17], y aclarar que su lucha fue contra la retórica que adocenaba las letras españolas, contra «el clisé verbal [que] es dañoso porque encierra en sí el clisé mental, y, juntos, perpetúan la anquilosis, la inmovilidad». Por eso presenta como uno de sus logros el haber promovido esa transformación incluso en las letras españolas y cita a modo de homenaje a diferentes escritores españoles que lo acogieron en su estancia en Madrid.

Pero el grueso del trabajo se aglutina en las tres últimas partes de las seis de que consta. Rubén Darío recoge en ellas las ideas fundamentales de su poética proclamando que «Mi verso ha nacido siempre con su cuerpo y su alma, y no le he aplicado ninguna clase de ortopedia», y que «he querido ir hacia el porvenir, siempre bajo el divino imperio de la música —música de las ideas, música del verbo» [18]. Como se puede observar, el poeta no hace más que retomar las líneas fundamentales contenidas en el

---

[16] Véase Dictino Álvarez, *Cartas de Rubén Darío,* Madrid, Taurus, 1963, págs. 133-140.

[17] Rubén Darío, *Poesía, op. cit.,* pág. 301.

[18] *Ibíd.,* pág. 304.

prólogo y en los versos de *Prosas profanas,* la originalidad, el trabajo intenso del verso, el «amor absoluto de la belleza», para insistir en la convicción de que «es el Arte el que vence el espacio y el tiempo», en la búsqueda de la expresión de su propia alma y en la penetración del alma de los otros para «hundirme en la vasta alma universal». La consciencia de su instrumento también lo lleva a desgranar los temas y los ámbitos poéticos, y a declarar sus fuentes en las lecturas clásicas pero «siguiendo el paso de mis días». Y lo que es más importante culmina su trabajo proclamando el valor de la palabra —«La palabra nace juntamente con la idea»— y que «en el principio está la palabra como única representación» [19]. Esta lucidez, como ya hemos apuntado, nos sitúa en el mismo comienzo de la poesía contemporánea.

En las cuatro secciones que acoge *El canto errante* aparecen poemas de pretensiones y de calidad varias. Algunos de contenido histórico o político ocasional, más o menos crítico, como «A Colón», «Salutación al águila» o «A Francia», elogios o retratos de tipo diverso, desde el que ocupa toda una parte, *«In memoriam* Bartolomé Mitre», a «El elogio del ilmo. señor obispo de Córdoba fray Mamerto Esquiú, O. M.», «Antonio Machado», «A Rémy de Gourmont» y otros. Poemas en los que se centra en la naturaleza americana: «Momotombo» dedicado al volcán nicaragüense, «Desde la pampa», «Tutecotzimí»; pero sin duda los más valiosos hoy son los más introspectivos o reflexivos, o los que vuelven sobre sus propios conflictos, ya sean personales, religiosos o simplemente analíticos de su pasado; en algunos de ellos el hedonismo no desaparece pero se trata con más distanciamiento, «Revelación», «Visión», «Versos de otoño», «¡Eheu!», «La hembra del pavo real», el «Nocturno», la «Epístola (a la señora de Leopoldo Lugones)» o la «Balada en honor de las musas de carne y hueso».

Tal diversidad de aspectos, e incluso de cronología, intentó aunarlos no sólo mediante el atinado artículo que hace las veces de prólogo, sino a través del título, pues *El canto errante* se refería al ámbito del mundo, a Oriente y a Occidente, a todos los instru-

[19] Rubén Darío, *Poesía, op. cit.*, pág. 305.

mentos y épocas, intentando abarcar todo lo viviente en su estro poético.

Poema de otoño y otros poemas, el más breve de los suyos, salió en Madrid, publicado por la Biblioteca Ateneo en 1910. Sólo cuatro poemas eran inéditos, pues los restantes habían sido publicados en *El viaje a Nicaragua e Intermezzo tropical* (Madrid, Biblioteca Ateneo, 1909), libro de prosas y versos con edición cuidada por su amigo Mariano Miguel de Val[20], a quien también dedicó este otro título.

En 1907 había realizado un viaje a Nicaragua después de dieciocho años de ausencia y los poemas realizados con este motivo forman parte de los dos libros; es la sección titulada «Intermezzo tropical» que consta de nueve poemas en los que refleja el paisaje, ambiente, y gentes de su país. Muchos son ocasionales e intranscedentes como «A doña Blanca de Zelaya», otros cantan de manera hímnica a su propio pueblo como «Retorno», o no dejan de tener cierta soltura en su intrascedencia: «A Margarita Debayle». Las mejores composiciones son las tituladas «Mediodía» y «Vesperal», y quizá «Canción», en la que despuntan algunos elementos de erotismo sugeridos a través de una mirada otoñal. Los cuatro poemas de la sección «Varia» son desiguales, el ocasional «Santa Elena de Montenegro», «Gaita galaica» que resalta por su ritmo, el homenaje «A Mistral», todos de fechas recientes, y por último «El clavicordio de la abuela», fechado en 1891 y el más interesante de la sección por la desenvoltura de las graciosas sextinas. Pero lo mejor de este libro sigue siendo el «Poema de otoño» en el que Darío recoge la línea de su mejor poesía introspectiva en la actualización de los tópicos clásicos del *Carpe diem* y del *Collige, virgo, rosas.*

Canto a la Argentina y otros poemas, el nuevo libro de Rubén Darío, fue publicado también en Madrid, en 1914, en la Biblioteca Corona «cuidado o más bien descuidado por Ramón Pérez de Ayala y Enrique de Mesa, que dirigían esa Biblioteca Corona»[21].

---

[20] Sobre la edición de *El viaje a Nicaragua,* véase Dictino Álvarez, *op. cit.*, pág. 141.

[21] Opinión de Ernesto Mejía Sánchez en las notas a su edición de *Poesía* de Rubén Darío, Biblioteca Ayacucho, *op. cit.*, pág. LXXXVI.

La mayor parte del libro estaba formada por el extenso poema civil dedicado al Centenario de la independencia argentina, que se celebró el 25 de mayo de 1910. Como poema de encargo puso en él mucho oficio, aunque adolece de desmesura y de la utilización de los tópicos acostumbrados. El resto de la colección se agrupaba en la sección de «Otros poemas» y está formada por once poemas compuestos en su mayoría de 1911 a 1914 a excepción de la «Gesta del coso» que está fechado en Guatemala en 1890. Hay una tendencia a lo narrativo en poemas como «La rosa niña» o «Los motivos del lobo»; en otros domina un tono intranscedente y juguetón, como en «Ritmos íntimos», en la «Balada de la bella niña del Brasil», o en el «Pequeño poema de Carnaval» dedicado a la señora de Leopoldo Lugones. Varios poemas traen recuerdos mallorquines, «Valldemosa» y sobre todo «La Cartuja», fechado en Mallorca en el invierno de 1913, que muy posiblemente sea el que mejor revele la religiosidad dariana de los últimos años, ya que en él asoma el conflicto interior del poeta que choca con la realidad austera contemplada. En definitiva, no es éste uno de sus libros más decisivos y con él se cierra su bibliografía poética.

CARMEN RUIZ BARRIONUEVO

BIBLIOGRAFÍA SELECTA

Obra poética de Rubén Darío, primeras ediciones

I

Abrojos, Santiago, Imprenta Cervantes, 1887.

Rimas, Certamen Varela I, Santiago, Imprenta Cervantes, 1887.

Azul..., Valparaíso, Imprenta y Litografía Excelsior, 1888; 2.ª ed. ampl.: Guatemala, Imprenta de La Unión, 1890; 3.ª ed.: Buenos Aires, Biblioteca de *La Nación,* 1905.

Primeras notas, [*Epístolas y poemas,* 1885], Managua, Tipografía Nacional, 1888.

Prosas profanas y otros poemas, Buenos Aires, Imprenta Pablo E. Coni e hijos, 1896; 2.ª ed. ampl.: París, Librería de la Vda. de Charles Bouret, 1901.

Cantos de vida y esperanza. Los cisnes y otros poemas, Madrid, Tipografía de la *Revista de Archivos, Bibliotecas y Museos,* 1905.

El canto errante, Madrid, Biblioteca Nueva de Estudios Españoles, M. Pérez de Villavicencio Editor, 1907.

Poema del otoño y otros poemas, Madrid, Biblioteca Ateneo, 1910.

Canto a la Argentina y otros poemas, Madrid, Biblioteca Corona, 1914.

Lira póstuma, Madrid, Mundo Latino, 1919.

II

Obras completas, pról. Alberto Ghiraldo, Madrid, Mundo Latino, 1917-1919, 22 vols.

Obras completas, ed. Alberto Ghiraldo y Andrés González Blanco, Madrid, Biblioteca Rubén Darío, 1923-1929, 22 vols.

Obras poéticas completas, Madrid, Aguilar, 1932.

Obras completas, ed. M. Sanmiguel Raimúndez y Emilio Gascó Contell. Madrid, Afrodisio Aguado, 1950-1953, 5 vols.

Poesías, ed. Ernesto Mejía Sánchez, Estudio preliminar de Enrique Anderson Imbert, México, FCE, 1952.

Poesías completas, ed. Alfonso Méndez Plancarte, Madrid, Aguilar, 1952; ed. revisada por Antonio Oliver Belmás, 1967.

Poesía, pról. Ángel Rama, ed. Ernesto Mejía Sánchez, cronol. Julio Valle-Castillo, Caracas, Biblioteca Ayacucho, 1977.

BIBLIOGRAFÍA SOBRE SU OBRA

ANDERSON IMBERT, Enrique, *La originalidad de Rubén Darío,* Buenos Aires, Centro Editor de América Latina, 1967.

ARELLANO, Jorge Eduardo, *Azul... de Rubén Darío. Nuevas perspectivas,* Washington, Organización de los Estados Americanos, 1993.

AUGIER, Ángel, *Cuba en Darío y Darío en Cuba,* La Habana, Letras Cubanas, 1989.

BALSEIRO, José Agustín, *Seis estudios sobre Rubén Darío,* Madrid, Gredos, 1967.

CAPDEVILLA, Arturo, *Rubén Darío, «un bardo rei»,* Madrid, Espasa Calpe, 1969.

CARILLA, Emilio, *Una etapa decisiva de Darío (Rubén Darío en la Argentina),* Madrid, Gredos, 1967.

CONCHA, Jaime, *Rubén Darío,* Madrid, Júcar, 1975.

CONTRERAS, Francisco, *Rubén Darío: su vida y su obra,* Barcelona, Agencia Mundial de Librería, 1930.

GARCÍA MORALES, Alfonso (ed.), *Rubén Darío. Estudios en el Centenario de Los raros y Prosas profanas,* Secretariado de Publicaciones de la Universidad de Sevilla, 1998.

GARCIASOL, Ramón de, *Lección de Rubén Darío*, Madrid, Taurus, 1960.

GHIANO, Juan Carlos, *Rubén Darío. Estudios reunidos en conmemoración del Centenario (1867-1967)*, La Plata, Universidad Nacional de La Plata, 1968.

GIORDANO, Jaime, *La edad del ensueño. Sobre la imaginación poética de Rubén Darío*, Santiago de Chile, Universitaria, 1971.

GULLÓN, Ricardo, *Direcciones del modernismo*, Madrid, Gredos, 1963, 2.ª ed.: Madrid, Alianza Universidad, 1990.

GUTIÉRREZ GIRARDOT, Rafael, *Modernismo*, Barcelona, Montesinos, 1983; 2.ª ed: México, FCE, 1988.

HENRÍQUEZ UREÑA, Max: *Breve historia del modernismo*, México, FCE, 1954.

ISSOREL, Jacques (coord.), *El cisne y la paloma. Once estudios sobre Rubén Darío reunidos por Jacques Issorel*, Presses Universitaires de Perpignan, 1995.

JIMÉNEZ, Juan Ramón, *Mi Rubén Darío*, ed. Antonio Sánchez Romeralo, Moguer, Fundación Juan Ramón Jiménez, 1990.

JITRIK, Noé, *Las contradicciones del modernismo*, México, El Colegio de México, 1978.

JRADE, Cathy Login, *Rubén Darío y la búsqueda romántica de la unidad. El recurso modernista a la tradición esotérica*, México, FCE, 1986.

LARREA, Juan, *Rubén Darío y la Nueva Cultura Americana*, Valencia, Pre-Textos, 1987.

LIDA, Raimundo, *Rubén Darío. Modernismo*, Caracas, Monte Ávila, 1984.

LITVAK, Lily (ed.), *El Modernismo*, Madrid, Taurus, 1975.

LÓPEZ ESTRADA, Francisco, *Rubén Darío y la Edad Media*, Barcelona, Planeta, 1971.

LORENZ, Erika, *Rubén Darío «Bajo el divino imperio de la música». Estudio sobre la significación de un principio estético*, Managua, Lengua, 1960.

LOZANO, Carlos, *Rubén Darío y el modernismo en España (1888-1920). Ensayo de bibliografía comentada*, Nueva York, Las Américas, 1968.

LOZANO, Carlos, *La influencia de Rubén Darío en España*, León, Nicaragua, Universidad Nacional Autónoma de Nicaragua, 1978.

MANTERO, Manuel, y ACEREDA, Alberto (coords.), *Rubén Darío, la creación, argumento poético y expresivo,* en Revista *Anthropos,* 170-171 (1997).

MAPES, Erwin K., *L'influence française dans l'oeuvre de Rubén Darío,* París, Librairie Ancienne Honoré Champion, 1925.

MARASSO, Arturo, *Rubén Darío y su creación poética,* Universidad de La Plata, 1934.

MARTÍNEZ DOMINGO, José María, *Los espacios poéticos de Rubén Darío,* Nueva York, Peter Lang Publishing, 1995.

MEJÍA SÁNCHEZ, Ernesto (ed.), *Estudios sobre Rubén Darío,* México, FCE, 1968.

—, *Cuestiones rubendarianas,* Madrid, Revista de Occidente, 1970.

OLIVER BELMÁS, Antonio, *Este otro Rubén Darío,* Barcelona, Aedos, 1960.

PAZ, Octavio, «El caracol y la sirena (Rubén Darío)», en *Cuadrivio,* México, Joaquín Mortiz, 1965.

PÉREZ, Alberto Julián, *La poética de Rubén Darío. Crisis postromántica y modelos literarios modernistas,* Madrid, Orígenes, 1992.

RAMA, Ángel, *Rubén Darío y el modernismo (circunstancia socioeconómica de un arte americano),* Caracas, Biblioteca, Universidad Central de Venezuela, 1970.

SALINAS, Pedro, *La poesía de Rubén Darío. Ensayo sobre el tema y los temas del poeta,* Buenos Aires, Losada, 1948.

SALVADOR JOFRE, Álvaro, *Rubén Darío y la moral estética,* Universidad de Granada, 1986.

SÁNCHEZ-CASTAÑER, Francisco, *Estudios sobre Rubén Darío,* Madrid, Universidad Complutense, 1976.

SCHULMAN, Iván A., *Nuevos asedios al modernismo,* Madrid, Taurus, 1987.

—, y GONZÁLEZ, Manuel Pedro, *Martí, Darío y el modernismo,* Madrid, Gredos, 1969.

TORRE, Guillermo de, *Vigencia de Rubén Darío y otras páginas,* Madrid, Guadarrama, 1969.

TORRES, Edelberto, *La dramática vida de Rubén Darío,* San José de Costa Rica, Editorial Universitaria Centroamericana, 1982.

TORRES BODET, Jaime, *Rubén Darío, abismo y cima,* México, UNAM, 1966.

VV. AA., *Azul... y las literaturas hispánicas: Memoria del Simposio Internacional en Homenaje al Centenario de Azul,* Managua, Biblioteca Nacional Rubén Darío/ México, UNAM, 1990.

WOODBRIDGE, Hensley Charles, *Rubén Darío. A Selective Classified and Annotated Bibliography,* Metuchen, The Scarecrow Press, 1975; ed. aum.: León, Nicaragua, Universidad Nacional de Nicaragua, 1975.

YURKIEVICH, Saúl, *Celebración del modernismo,* Barcelona, Tusquets, 1976.

ZAVALA, Iris M., *Rubén Darío bajo el signo del cisne,* Universidad de Puerto Rico, 1989.

ESTA EDICIÓN

Hemos procurado reunir los textos más significativos y representativos de la obra poética de Rubén Darío, desde *Azul...* hasta *Canto a la Argentina,* con la intención de ofrecer al estudioso, tal y como vamos anotando en cada poema, el decurso total de su producción. Tomamos como base la edición de su poesía realizada por Ernesto Mejía Sánchez (México, FCE, 1952), edición revisada en 1977: Rubén Darío, *Poesía,* Caracas, Biblioteca Ayacucho. Ha sido por tanto esta última edición la que nos ha servido para los textos de la antología, en la convicción de que mejora la anterior, y por supuesto corrige las numerosas erratas cometidas en compilaciones precedentes, tanto de obras completas como de obra poética, algunas sumamente descuidadas. Los prólogos de *Prosas profanas* y de *El canto errante,* que incluimos en el apartado documental, proceden de esa edición. En cuanto al texto correspondiente a *España contemporánea* que también incluimos, procede del volumen III de sus *Obras completas* (Madrid, Afrodisio Aguado, 1950-1953.) Del mismo modo, para las citas de otras obras en prosa de Darío se utiliza el volumen correspondiente de esta misma edición, tal y como se señala en cada momento.

Inmediatamente detrás de cada poema se han comentado y aclarado los sentidos, referencias, aspectos métricos, se aducen conexiones con otros textos o comentarios del propio autor; de todo ello, en cada momento se ofrece la referencia precisa o la bibliografía específica para ampliación o consulta. En cuanto al apartado de Textos complementarios, se ha juzgado conveniente incluir totalmente en un caso, y parcialmente en otros, textos que alcanzan un valor altamente aclaratorio y testimonial acerca de su obra o de la significación del modernismo.

AZUL...

CAUPOLICÁN

A Enrique Hernández Miyares

Es algo formidable que vio la vieja raza:
robusto tronco de árbol al hombro de un campeón
salvaje y aguerrido, cuya fornida maza
blandiera el brazo de Hércules, o el brazo de Sansón.

Por casco sus cabellos, su pecho por coraza,
pudiera tal guerrero, de Arauco en la región,
lancero de los bosques, Nemrod que todo caza,
desjarretar un toro, o estrangular un león.

Anduvo, anduvo, anduvo. Le vio la luz del día,
le vio la tarde pálida, le vio la noche fría,
y siempre el tronco de árbol a cuestas del titán.

«¡El Toqui, el Toqui!» clama la conmovida casta.
Anduvo, anduvo, anduvo. La Aurora dijo: «Basta»,
e irguióse la alta frente del gran Caupolicán.

Hace referencia al conocido episodio heroico del Canto II (octavas 35-58) de *La Araucana* de Alonso de Ercilla, donde el anciano Colocolo propone: «mas ha de haber un capitán primero / que todos por él quieran gobernarse. / Éste será quien más un gran madero / sustentare en el hombro sin pararse» (Alonso de Ercilla, *La Araucana,* ed. de Isaías Lerner, Madrid, Cátedra, 1993, pág. 116).

El uso por parte de Darío de un tema heroico del pueblo araucano responde a la apropiación de una época edénica y a la ejecución de un ideal indianista, además de entrañar un homenaje a Chile, donde residía desde 1886, mediante uno de los personajes más notables de su poema épico nacional. Caupolicán, al que se compara con héroes mitológicos y bíblicos, Hércules, Sansón (v. 4) o Nemrod (v. 7), «el heroico cazador ante Yaveh» (Génesis, 8-10), es elegido *toqui* (v. 12), general en lengua araucana, y puede simbolizar en el presente un ejemplo vivo para la nueva generación.

Fechado en noviembre de 1888, está dedicado a Enrique Hernández Miyares (1859-1914) poeta y periodista cubano, director de *La Habana elegante.* Fue publicado el 11 de este mismo mes en *La Época* de Santiago de Chile con el título de «El toqui», junto a otros dos poemas que no recogió, agrupados todos bajo el título de «Sonetos americanos». Se apuntaba en una nota que formaban parte de un nuevo proyecto de Darío.

Destaca cómo el autor sintetiza el episodio original adaptándolo a la sensibilidad de su tiempo y a la novedad de un soneto en alejandrinos, con lo que inicia la rehabilitación de este metro en la poesía contemporánea. (Véase Homero Castillo, «Caupolicán, en el modernismo de Darío», en *Revista Iberoamericana,* 37, XIX [1953], págs. 111-118; y de modo más general para la significación de estos sonetos: Ricardo Llopesa, «Los sonetos de *Azul...* como origen de la renovación en la poesía de lengua castellana», en *Ínsula* [1889] 510, págs. 7-8).

*

VENUS

En la tranquila noche mis nostalgias amargas sufría.
En busca de quietud bajé al fresco y callado jardín.
En el obscuro cielo Venus bella temblando lucía,
como incrustado en ébano un dorado y divino jazmín.

A mi alma enamorada, una reina oriental parecía,
que esperaba a su amante bajo el techo de su camarín,
o que, llevada en hombros, la profunda extensión recorría,
triunfante y luminosa, recostada sobre un palanquín.

«¡Oh, reina rubia! —díjele—, mi alma quiere dejar su crisálida
y volar hacia ti, y tus labios de fuego besar;
y flotar en el nimbo que derrama en tu frente luz pálida,
y en siderales éxtasis no dejarte un momento de amar».
El aire de la noche refrescaba la atmósfera cálida.
Venus, desde el abismo, me miraba con triste mirar.

Data de 1889 *(Repertorio Salvadoreño,* III, julio) y es el primer poema de Rubén Darío que refleja su concepción erótica del mundo, y a la vez la trágica situación que separa al ser humano de su correspondencia celeste. La interpretación de Pedro Salinas puede tenerse en cuenta: «Venus, diosa patrona del amor, emblema del placer carnal, purifica su ser, cuando se la mira en lo alto del cielo, vuelta estrella. Pero a la vez la estrella, con lo que tiene de celeste e ideal, se carga, por su solo nombre venusino de la posible y deseable accesibilidad que tiene todo lo que puede ser alcanzado por los sentidos. La ambigüedad logra ese intercambio buscado de lo ideal y lo sensual» *(La poesía de Rubén Darío,* Buenos Aires, Losada, 1948, págs. 56-57). Pero tal interpretación tiene el inconveniente de plantear como antitética la doble experiencia espiritual y sensual que en Darío se dan siempre confundidas. Por eso resulta más decisivo observar los dos ámbitos en los que se desarrolla el poema, el jardín terreno y el jardín sideral, sobre los cuales el «alma enamorada» (v. 5) gravita en su imposible ascensionalidad.

Ha llamado mucho la atención el aspecto métrico de este soneto: desde quien lo censura (Francisco Contreras, *Rubén Darío: Su vida y su obra,* Barcelona, Agencia Mundial de Librería, 1930, pág. 175) hasta quien lo pondera (Gerardo Diego, «Ritmo y espíritu en Rubén Darío», en *Cuadernos Hispanoamericanos,* 212-213 [1967], pág. 257); lo que sí es cierto es que constituye otro de sus experimentos métricos, en este caso con un verso de diecisiete sílabas dividido en dos pseudohemistiquios de efectos antitéticos de siete y diez sílabas con cesura tras la séptima, pues son autónomos ambos miembros.

*

LECONTE DE LISLE

De las eternas musas el reino soberano
recorres, bajo un soplo de vasta inspiración,
como un rajah soberbio que en su elefante indiano
por sus dominios pasa de rudo viento al son.

Tú tienes en tu canto como ecos de Océano;
se ve en tu poesía la selva y el león;
salvaje luz irradia la lira que en tu mano
derrama su sonora, robusta vibración.

Tú del fakir conoces secretos y avatares;
a tu alma dio el Oriente misterios seculares,
visiones legendarias y espíritu oriental.

Tu verso está nutrido con savia de la tierra;
fulgor de Ramayanas tu viva estrofa encierra,
y cantas en la lengua del bosque colosal.

Leconte de Lisle (1818-1894) es uno de poetas parnasianos franceses más leídos y admirados por los modernistas hispanoamericanos. Dio a conocer en 1852 *Poèmes antiques*, en 1862 *Poèmes barbares*, y en 1884 *Poèmes tragiques*. El primer título ofrece imágenes del mundo griego, pero Darío se refiere en este soneto en alejandrinos al mundo hindú que trasluce en los *Poèmes barbares*, por eso las referencias al «rajah soberbio» (v. 3) y al «fakir» (v. 9), y sobre todo en el verso 13: «fulgor de Ramayanas tu viva estrofa encierra».

El soneto, en alejandrinos, está fechado en 1890, todavía en vida del autor francés; unos años después, con ocasión de su muerte, escribe un ensayo en su honor que incluye en *Los raros* (1896), en el que además de realizar una amplia valoración de estos títulos, juzga su técnica e intencionalidad poética: «Puso el espíritu sobre el corazón. Jamás en toda su obra se escucha un solo eco de sentimiento; nunca sentiréis el escalofrío pasional. Eros mismo, si pasa por esas inmensas florestas, es como un ave desolada. No se atrevería la Musa de Musset a llamar a la puerta del vate serenísimo; y las palomas lamartinianas alzarían el vuelo asustadas delante del cuervo centenario que dialoga con el abad Serapio de Arsinoe» (en *Obras Completas*, vol. II, *op. cit.*, págs. 273-274).

*

CATULLE MENDÈS

Puede ajustarse al pecho coraza férrea y dura;
puede regir la lanza, la rienda del corcel;
sus músculos de atleta soportan la armadura...
pero él busca en las bocas rosadas, leche y miel.

Artista, hijo de Capua, que adora la hermosura,
la carne femenina prefiere su pincel;
y en el recinto oculto de tibia alcoba oscura
agrega mirto y rosas a su triunfal laurel.

Canta de los oaristis el delicioso instante,
los besos y el delirio de la mujer amante,
y en sus palabras tiene perfume, alma, color.

Su ave es la venusina, la tímida paloma.
Vencido hubiera en Grecia, vencido hubiera en Roma,
en todos los combates del arte o del amor.

Catulle Mendès (1841-1909), poeta y novelista francés que formó parte del Parnaso Contemporáneo, fue uno de los autores más admirados por Rubén Darío hasta el punto de que en fecha temprana le dedicó un famoso ensayo, «Catulo Mendès: Parnasianos y Decadentes», aparecido el 7 de abril de 1888 en *La Libertad Electoral* de Chile; en él destacaba el valor del autor en la nueva literatura francesa, su trabajo de la palabra y la musicalidad del estilo, utilizando una de las frases que resultan emblemáticas de la poesía de Darío: «hacer rosas artificiales que huelen a primavera, he ahí el misterio» (Raúl Silva Castro, *Obras desconocidas de Rubén Darío escritas en Chile no recopiladas en ninguno de sus libros,* Santiago de Chile, Prensas de la Universidad de Chile, 1934, págs. 164-172). Darío reconoció la influencia de Mendès: «Su influencia principal fue en la prosa de algunos cuentos de *Azul...;* y en otros muchos artículos no coleccionados que aparecieron en diarios y revistas de Centroamérica y de Chile, puede notarse la tendencia a la manera mendeciana, del Mendès cuentista de cuentos encantadores e innumerables, galante, finamente libertino, preciosamente erótico» *(Letras* en *Obras completas,* vol I, *op. cit.,* pág. 572).

El soneto en alejandrinos data de 1890 y resalta las cualidades poéticas del escritor francés estableciendo como comparación el mundo clásico. Se destaca la sensualidad de su estilo y el dominio excepcional de la sugerencia en los temas del erotismo, de la belleza de la mujer y del amor. «Canta de los oaristis el delicioso instante» (v. 9). Oaristis, es un helenismo usado para referirse a las relaciones íntimas y amorosas.

*

WALT WHITMAN

En su país de hierro vive el gran viejo,
bello como un patriarca, sereno y santo.
Tiene en la arruga olímpica de su entrecejo
algo que impera y vence con noble encanto.

Su alma del infinito parece espejo;
son sus cansados hombros dignos del manto;
y con arpa labrada de un roble añejo
como un profeta nuevo canta su canto.

Sacerdote, que alienta soplo divino,
anuncia en el futuro, tiempo mejor.
Dice al águila: «¡Vuela!»; «¡Boga!», al marino,

y «¡Trabaja!», al robusto trabajador.
¡Así va ese poeta por su camino
con su soberbio rostro de emperador!

Walt Whitman (1819-1892), renombrado poeta estadounidense, publicó, desde 1855, sucesivas ediciones ampliadas de su colección de poemas *Hojas de hierba,* hasta la novena, que se completó antes de su muerte. Se le consideró el gran poeta nacional de Norteamérica y su figura llegó a adquirir aureola de mito.

El poema de Darío, fruto de su temprana admiración por el poeta, está fechado en 1890 y suele relacionarse con la crónica de José Martí enviada a *El Partido Liberal* de México, el 19 de abril de 1887, en la que se describe de modo similar la figura del poeta norteamericano: «Parecía un dios anoche, sentado en su sillón de terciopelo rojo, todo el cabello blanco, la barba sobre el pecho, las cejas como un bosque, la mano en el cayado [...] ayer vino Whitman del campo para recitar, ante un concurso de leales amigos, [...] Todo lo culto de Nueva York asistió en silencio religioso a aquella plática resplandeciente, que por súbitos quiebros, tonos vibrantes, hímnica fuga, olímpica familiaridad, parecía a veces como un cuchicheo de astros» (José Martí, *Obras completas,* La Habana, Ed. Nacional de Cuba, 1964, vol. 13, págs. 133-134).

En el aspecto métrico utiliza un soneto dodecasilábico, con ritmo de seguidilla, de siete más cinco sílabas, lo que produce un peculiar quiebro del ritmo.

*

J. J. PALMA

Ya de un corintio templo cincela una metopa,
ya de un morisco alcázar el capitel sutil,
ya, como Benvenuto, del oro de una copa
forma un joyel artístico, prodigio del buril.

Pinta las dulces Gracias, o la desnuda Europa,
en el pulido borde de un vaso de marfil,
o a Diana, diosa virgen de desceñida ropa,
con aire cinegético, o en grupo pastoril.

La musa que al poeta sus cánticos inspira
no lleva la vibrante trompeta de metal,
ni es la bacante loca que canta y que delira,

en el amor fogosa, y en el placer triunfal:
ella al cantor ofrece la septicorde lira,
o, rítmica y sonora, la flauta de cristal.

Este soneto en alejandrinos, fechado en 1889, está dedicado a José Joaquín Palma (1844-1911), poeta, político y educador cubano. Partidario de la insurrección contra el poder español, pasó gran parte de su vida en el exilio. Fue redactor de *El cubano libre*. En 1873 emigró a Jamaica, luego a Nueva York y más tarde se radicó en Honduras. Su libro *Poesías* aparecido en Tegucigalpa en 1882 incluía como prólogo una carta de José Martí fechada en Guatemala en 1878 en la que decía entre otras cosas: «Nobles son, pues, tus musas: patria, verdad, amores. ¿Quién no te ha dicho que tus versos susurran, ruedan, gimen, rumorean? No hay en ti fingidos vuelos, imágenes altisonantes, que mientras más luchan por alzarse de la tierra, más arrastran por ella sus alas de plomo. No hay en ti las estériles prepotencias de lenguaje, exuberante vegetación vacía de fruto, matizada apenas por solitaria y, entre las hojas, apagada flor. En un jardín, tus versos serían violetas. En un bosque, madreselvas. No son renglones que se suceden: son ondas de flores» (José Martí, *Obras completas, op. cit.*, vol. 5, pág. 96).

Según Ángel Augier el joven Darío leería la edición de *Poesías* y en seguida se sentiría conmovido por estos versos que trasplantaban a América el tono de Zorrilla, hasta el punto que sus versos de esta época revelan significativas huellas de Palma (Ángel Augier, *Cuba en Darío y Darío en Cuba,* La Habana, Letras Cubanas, 1989, págs. 34-52).

En este poema Darío destaca la fuerza cinceladora y pictórica de su poesía, es decir, el carácter parnasiano en las expresivas imágenes de los cuartetos, sobre todo comparándolo con Benvenuto Cellini (1500-1571) escultor y orfebre florentino, prototipo del hombre del Renacimiento: «ya como Benvenuto, del oro de una copa / forma un joyel artístico, prodigio del buril» (vv. 3-4).

*

SALVADOR DÍAZ MIRÓN

Tu cuarteto es cuadriga de águilas bravas
que aman las tempestades, los Oceanos;

las pesadas tizonas, las férreas clavas,
son las armas forjadas para tus manos.

Tu idea tiene cráteres y vierte lavas;
del Arte, recorriendo montes y llanos,
van tus rudas estrofas, jamás esclavas,
como un tropel de búfalos americanos.

Lo que suena en tu lira lejos resuena,
como cuando habla el bóreas, o cuando truena.
¡Hijo del Nuevo Mundo! la humanidad

oiga, sobre la frente de las naciones,
la hímnica pompa lírica de tus canciones
que saludan triunfantes la Libertad.

Salvador Díaz Mirón (1853-1928), poeta mexicano a quien se suele incluir en la primera promoción modernista, ya que su raíz romántica y victorhuguesca se combina con elementos parnasianos y un afán casi obsesivo de pulir los versos. Publicó *Poesías* (1895) y *Lascas* (1901).

Fechado el poema de Darío en 1890, su autor pudo conocer poemas publicados en revistas y en la antología *El Parnaso Mexicano,* que dirigida por Vicente Riva Palacio y Francisco J. Arredondo (México, Lib. La Ilustración, 1886) recogía una selección de sus poemas. El soneto es fruto elocuente de la admiración que le profesó Darío, quien confesó haberle imitado en algunos procedimientos. Un poema del mexicano, como «A Gloria», donde ya aparecen los característicos cuartetos diazmironianos, a los que alude el poeta nicaragüense, data de 1884.

Nuevamente, como en el caso del poema dedicado a Walt Whitman, Darío utiliza el metro de doce con ritmo de seguidilla, una de las maneras posibles de resolver el dificultoso verso dodecasílabo en español.

PROSAS PROFANAS
Y OTROS POEMAS

ERA UN AIRE SUAVE...

Era un aire suave, de pausados giros;
el hada Harmonía ritmaba sus vuelos;
e iban frases vagas y tenues suspiros
entre los sollozos de los violoncelos.

Sobre la terraza, junto a los ramajes,
diríase un trémolo de liras eolias
cuando acariciaban los sedosos trajes
sobre el tallo erguidas las blancas magnolias.

La marquesa Eulalia risas y desvíos
daba a un tiempo mismo para dos rivales:
el vizconde rubio de los desafíos
y el abate joven de los madrigales.

Cerca, coronado con hojas de viña,
reía en su máscara Término barbudo,
y, como un efebo que fuese una niña,
mostraba una Diana su mármol desnudo.

Y bajo un boscaje del amor palestra,
sobre rico zócalo al modo de Jonia,
con un candelabro prendido en la diestra
volaba el Mercurio de Juan de Bolonia.

La orquesta perlaba sus mágicas notas,
un coro de sones alados se oía;
galantes pavanas, fugaces gavotas
cantaban los dulces violines de Hungría.

Al oír las quejas de sus caballeros
ríe, ríe, ríe la divina Eulalia,
pues son su tesoro las flechas de Eros,
el cinto de Cipria, la rueca de Onfalia.

¡Ay de quien sus mieles y frases recoja!
¡Ay de quien del canto de su amor se fíe!
Con sus ojos lindos y su boca roja,
la divina Eulalia ríe, ríe, ríe.

Tiene azules ojos, es maligna y bella;
cuando mira vierte viva luz extraña;
se asoma a sus húmedas pupilas de estrella
el alma del rubio cristal de Champaña.

Es noche de fiesta, y el baile de trajes
ostenta su gloria de triunfos mundanos.
La divina Eulalia, vestida de encajes,
una flor destroza con sus tersas manos.

El teclado harmónico de su risa fina
a la alegre música de un pájaro iguala,
con los *staccati* de una bailarina
y las locas fugas de una colegiala.

¡Amoroso pájaro que trinos exhala
bajo el ala a veces ocultando el pico;
que desdenes rudos lanza bajo el ala,
bajo el ala aleve del leve abanico!

Cuando a medianoche sus notas arranque
y en arpegios áureos gima Filomena,
y el ebúrneo cisne, sobre el quieto estanque
como blanca góndola imprima su estela,

la marquesa alegre llegará al boscaje,
boscaje que cubre la amable glorieta,
donde han de estrecharla los brazos de un paje,
que siendo su paje será su poeta.

Al compás de un canto de artista de Italia
que en la brisa errante la orquesta deslíe,
junto a los rivales la divina Eulalia,
la divina Eulalia, ríe, ríe, ríe.

¿Fue acaso en el tiempo del rey Luis de Francia,
sol con corte de astros, en campos de azur?
¿Cuando los alcázares llenó de fragancia
la regia y pomposa rosa Pompadour?

¿Fue cuando la bella su falda cogía
con dedos de ninfa, bailando el minué,
y de los compases el ritmo seguía
sobre el tacón rojo, lindo y leve el pie?

¿O cuando pastoras de floridos valles
ornaban con cintas sus albos corderos,
y oían, divinas Tirsis de Versalles,
las declaraciones de sus caballeros?

¿Fue en ese buen tiempo de duques pastores,
de amantes princesas y tiernos galantes,
cuando entre sonrisas y perlas y flores
iban las casacas de los chambelanes?

¿Fue acaso en el Norte o en el Mediodía?
Yo el tiempo y el día y el país ignoro,
pero sé que Eulalia ríe todavía,
¡y es cruel y eterna su risa de oro!

La profunda transgresión que significó la aparición de *Prosas profanas* viene fortalecida desde su mismo comienzo por este poema que abre sus páginas. Publicado por primera vez en la *Revista Nacional* de Buenos Aires, en septiembre de 1893, se ilumina con él no sólo un nuevo espacio poético, y una nueva temática, sino una novedosa manera de concebir el poema fundamentado en el ritmo. Por eso «Era un aire suave...» marca también la construcción de una «atmósfera», como señala Salinas *(op. cit.,* pág. 123), configurada con unos sones musicales, que son sugerencia, ritmo y palabra, fundamentos con los que se va elaborando ese «paisaje de cultura» que esconde esta fiesta galante. En la misma línea, Enrique Anderson Imbert advertía acerca del propósito provocador de Darío: de «excitar con voces, [de] llamar para que de ese aire suave de pausados giros salieran las figuras de una nueva sensibilidad» *(La originalidad de Rubén Darío,* Buenos Aires, Centro Editor de América Latina, 1967, pág. 78). Y más recientemente Noé Jitrik analizaba el carácter productivo de su dodecasílabo polirrítmico —seis más seis sílabas, agrupadas en cuartetas—, que va sustentando la construcción de las imágenes; el poeta busca la sugerencia y se apoya en recurrencias sonoras y aliterativas, tanto en el plano de las vocales como de las consonantes, con claro predominio de las sibilantes y alveolares. Así las «risas» de la primera parte del poema son producidas por la actividad aliterativa del poema que se concentra en el verbo «ríe» como un modo de «espacio sonoro concentrador»: «ríe, ríe, ríe la divina Eulalia» (v. 26), «la divina Eulalia ríe, ríe, ríe» (v. 32 y 60); la misma implicación productiva intencionada del ritmo, de la sugerencia y de la imagen, puede encontrarse en la sonoridad del nombre de «Eulalia» (Noé Jitrik, «Contar, cantar y decir» en *Las contradicciones del modernismo,* México, El Colegio de México, 1978, págs. 41-62). Sugerencia y musicalidad se combinan también en la explicación de Darío: en él «sigo el precepto del Arte Poética de Verlaine: *De la musique avant tout de chose* [...] Escribí como escuchando los violines del rey. Poseyeron mi sensibilidad Rameau y Lulli» *(Historia de mis libros, Obras completas,* tomo I, *op. cit.,* pág. 207).

Parece claro que, tras la explotación de una temática de frívolo erotismo, el poema marca en sus seis primeras cuartetas el espacio del pasado, que viene a ser también el espacio del libro y el recinto modernista por excelencia: el jardín, el privilegiado *locus amoenus,* ambientado con toda su ornamentación vegetal, con su música y su ritmo evocadores de profundo erotismo. Estamos en el mundo francés de las fiestas galantes que recogen las referencias actualizadas del mundo clásico, el «hada Harmonía» (v. 2), hija de Ares y Afrodita, es para Darío una personificación de la música; «Término barbudo» (v. 14) es la divinidad que velaba por los límites en los campos, pero es evidente que Darío sugiere las fiestas de libaciones que se realizaban en su honor en el mes de febrero; el mismo sentido erótico tiene la inserción de Diana (v. 16); «el Mercurio de Juan de Bolonia» hace referencia a la obra del escultor renacentista (1529-1608) del mismo nombre.

A partir del verso 25 el poema se vuelca más intensamente en la figura de Eulalia y convierte en centro su persona y su risa. Su imagen es el paradigma de la seductora y perversa mujer finisecular amparada por Eros, Cipria (Venus) y Onfalia, reina de Lidia que compró a Hércules por esclavo con lo que hubo de realizar tareas feminiles, pero seducida por su valentía se casó con él; además: «Tiene azules ojos, es maligna y bella» (v. 33). En cuanto a posibles conexiones literarias de esta marquesa Eulalia, Alberto Forcadas, contradiciendo a Dámaso Alonso, cree que hay rasgos de la Galatea gongorina en la marquesa verlainiana: «El caso es que todas las "marquesas verlainianas" de Darío son, de un modo u otro Galateas» («Notas sobre la Galatea gongorina y la marquesa verlainiana en Rubén Darío», en *La Torre,* XXIV, 91-92 [1976], pág. 130).

Las estrofas finales se proyectan en insistentes preguntas retóricas que suspenden, desdibujan y acaban generalizando la figura de los versos anteriores para insistir en el espacio alcanzado de la Francia versallesca (las «divinas Tirsis de Versalles» son las fingidas damas pastoras de la época). El verso final, «¡y es cruel y eterna su risa de oro!», generaliza el tópico finisecular: la eterna, seductora y cruel imagen femenina.

*

DIVAGACIÓN

¿Vienes? Me llega aquí, pues que suspiras,
un soplo de las mágicas fragancias
que hicieran los delirios de las liras
en las Grecias, las Romas y las Francias.

¡Suspira así! Revuelen las abejas
al olor de la olímpica ambrosía,
en los perfumes que en el aire dejas;
y el dios de piedra se despierte y ría,

y el dios de piedra se despierte y cante
la gloria de los tirsos florecientes
en el gesto ritual de la bacante
de rojos labios y nevados dientes;

en el gesto ritual que en las hermosas
ninfalias guía a la divina hoguera,
hoguera que hace llamear las rosas
en las manchadas pieles de pantera.

Y pues amas reír, ríe, y la brisa
lleve el son de los líricos cristales
de tu reír, y haga temblar la risa
la barba de los Términos joviales.

Mira hacia el lado del boscaje, mira
blanquear el muslo de marfil de Diana,
y después de la Virgen, la Hetaíra
diosa, su blanca, rosa y rubia hermana,

pasa en busca de Adonis; sus aromas
deleitan a las rosas y los nardos;
síguela una pareja de palomas
y hay tras ella una fuga de leopardos.

*

¿Te gusta amar en griego? Yo las fiestas
galantes busco, en donde se recuerde
al suave son de rítmicas orquestas
la tierra de la luz y el mirto verde.

(Los abates refieren aventuras
a las rubias marquesas. Soñolientos
filósofos defienden las ternuras
del amor, con sutiles argumentos,

mientras que surge de la verde grama,
en la mano el acanto de Corinto,
una ninfa a quien puso un epigrama
Beaumarchais, sobre el mármol de su plinto.

Amo más que la Grecia de los griegos
la Grecia de la Francia, porque en Francia
el eco de las risas y los juegos,
su más dulce licor Venus escancia.

Demuestran más encantos y perfidias
coronadas de flores y desnudas,
las diosas de Clodión que las de Fidias.
Unas cantan francés, otras son mudas.

Verlaine es más que Sócrates; y Arsenio
Houssaye supera al viejo Anacreonte.

En París reinan el Amor y el Genio:
ha perdido su imperio el dios bifronte.

Monsieur Prudhomme y Homais no saben nada.
Hay Chipres, Pafos, Tempes y Amatuntes,
donde al amor de mi madrina, un hada,
tus frescos labios a los míos juntes.)

Sones de bandolín. El rojo vino
conduce un paje rojo. ¿Amas los sones
del bandolín, y un amor florentino?
Serás la reina en los decamerones.

(Un coro de poetas y pintores
cuenta historias picantes. Con maligna
sonrisa alegre aprueban los señores.
Clelia enrojece. Una dueña se signa.)

¿O un amor alemán? —que no han sentido
jamás los alemanes—: la celeste
Gretchen; claro de luna; el aria; el nido
del ruiseñor; y en una roca agreste,

la luz de nieve que del cielo llega
y baña a una hermosura que suspira,
la queja vaga que a la noche entrega
Loreley en la lengua de la lira.

Y sobre el agua azul el caballero
Lohengrín; y su cisne, cual si fuese
un cincelado témpano viajero,
con su cuello enarcado en forma de S.

Y del divino Enrique Heine un canto,
a la orilla del Rhin; y del divino
Wolfgang la larga cabellera, el manto;
y de la uva teutona el blanco vino.

O amor lleno de sol, amor de España,
amor lleno de púrpuras y oros;

amor que da el clavel, la flor extraña
regada con la sangre de los toros;

flor de gitanas, flor que amor recela,
amor de sangre y luz, pasiones locas;
flor que trasciende a clavo y a canela,
roja cual las heridas y las bocas.

*

¿Los amores exóticos acaso?...
Como rosa de Oriente me fascinas:
me deleitan la seda, el oro, el raso.
Gautier adoraba a las princesas chinas.

¡Oh bello amor de mil genuflexiones;
torres de kaolín, pies imposibles,
trazas de té, tortugas y dragones,
y verdes arrozales apacibles!

Ámame en chino, en el sonoro chino
de Li-Tai-Pe. Yo igualaré a los sabios
poetas que interpretan el destino;
madrigalizaré junto a tus labios.

Diré que eres más bella que la luna;
que el tesoro del cielo es menos rico
que el tesoro que vela la importuna
caricia de marfil de tu abanico.

*

Ámame, japonesa, japonesa
antigua, que no sepa de naciones
occidentales: tal una princesa
con las pupilas llenas de visiones,

que aun ignorase en la sagrada Kioto,
en su labrado camarín de plata,
ornado al par de crisantemos y loto,
la civilización de Yamagata.

O con amor hindú que alza sus llamas
en la visión suprema de los mitos,
y hace temblar en misteriosas bramas
la iniciación de los sagrados ritos,

en tanto mueven tigres y panteras
sus hierros, y en los fuertes elefantes
sueñan con ideales bayaderas
los rajahs constelados de brillantes.

O negra, negra como la que canta
en su Jerusalem el rey hermoso,
negra que haga brotar bajo su planta
la rosa y la cicuta del reposo...

Amor, en fin, que todo diga y cante,
amor que encante y deje sorprendida
a la serpiente de ojos de diamante
que está enroscada al árbol de la vida.

Ámame así, fatal, cosmopolita,
universal, inmensa, única, sola
y todas; misteriosa y erudita:
ámame mar y nube, espuma y ola.

Sé mi reina de Saba, mi tesoro;
descansa en mis palacios solitarios.
Duerme. Yo encenderé los incensarios.
Y junto a mi unicornio cuerno de oro,
tendrán rosas y miel tus dromedarios.

Tigre Hotel, diciembre 1894

Publicado por primera vez en *La Nación* de Buenos Aires el 7 de diciembre de 1894, se le ha considerado como uno de los poemas más representativos de *Prosas profanas.* La apelación al diálogo supone una incitación erótica, que tiene que ver con el poema precedente, «Era un aire suave...», y que se despliega en sucesivas y fugitivas experiencias espaciales y temporales. El mismo Rubén Darío había comentado que «diríase un curso de geografía erótica; la invitación al amor bajo todos los soles, la pasión de todos los colores y de todos los tiempos» *(Historia de mis libros,* en *Obras completas, op. cit.,* págs. 207-208). Los primeros versos que marcan el tono del poema dan paso a un cuadro vivo de las fiestas galantes del siglo XVIII francés de acuerdo con los cuadros de Watteau; en este contexto se prefiere «la Grecia de la Francia» (v. 42) y Claude-Michel Clodion (1738-1814) (v. 47), autor de esculturas decorativas de la tradición galante, resulta más interesante que Fidias; «Verlaine es más que Sócrates» (v. 49) y Arsenio Houssaye (1815-1896) novelista naturalista, autor de *Les filles d'Eve* (1852) y *Les femmes du diable* (1876) entre otros títulos, es más apreciado que el «viejo Anacreonte» (v. 50). Acerca de Houssaye escribió que «tuvo el don de la belleza, como su maestro y rey Apolo: pudo soñar y "hacer" muchos de sus sueños [...] Amó a las cortesanas como un griego de los gloriosos tiempos. Y si se extasía en las mil-y-una-noches de su poesía en la contemplación de vagas princesas imaginarias, se dio al placer de cortejar y besar a verdaderas princesas de carne» *(Escritos inéditos..., op. cit.,* pág. 93). En todos los casos se exaltan los valores sensuales relacionados con el valor del eros. Por eso también Monsieur Prudhomme y Homais (v. 53) ejemplifican la vulgaridad más aplastante; Homais es el personaje de *Madame Bovary* (1856) de Gustave Flaubert, y Prudhomme responde a un personaje de Henry-Bonaventure Monnier (1805-1877) autor de las *Memorias de M. Joseph Prudhomme* (1857), retrato del denostado burgués de la época que se convirtió en emblemático en los poemas del propio Verlaine («Monsieur Prudhomme» en *Poemes saturniens,* 1866). El amor de las fiestas galantes da paso al amor florentino, y a los amores alemanes representados por la Margarita de Goethe (Gretchen), la leyenda de Loreley, el cisne del Lohengrín de Wagner, los poemas de Heine y la referencia a Wolfgang Von Eschenbach (siglos XII-XIII) —«del divino Wolfgang la larga cabellera» (vv. 78-79)—, que se asocia con la leyenda de Perceval. Siguiendo esta línea exótica se referirá a España por medio de los tópicos más generalizados, para continuar con el exotismo oriental que le llegaría a través de la lectura de los hermanos Goncourt y de Pierre Loti (1850-1923); en esta misma línea alude a la poesía del poeta chino del siglo VIII, Li-Tai-Pe, cuya lectura, según Marasso provendría del *Livre de jade* de Judith Gautier (Arturo Marasso, *Rubén Darío y su creación poética,* Universidad de La Plata, 1934, págs. 7-15). Otras notas de exotismo se evidencian en el entusiasmo por el japonesismo, por la referencia a la India junto con la amada morena del *Cantar de los Cantares.*

Alberto J. Carlos («Divagación: La geografía erótica de Rubén Darío», en *Revista Iberoamericana,* XXXII, 64 [1967] págs. 293-313) amplía la opinión expresada por Salinas —que creyó que en el poema se intenta apresar a la única mujer en muchos espejos fugitivos, *(op. cit.,* pág. 133)— en el sentido de que se invita a recorrer a la «eterna Venus» a través de imágenes ideales provenientes de la literatura. Sería una búsqueda de la mujer esencial identificada con Venus en un contexto en el que prima el dios de piedra, es decir, el gozo de Dionisos; Chipre, Pafos, Amatuntes y Tempes en el poema (v. 54), corresponderían a lugares relacionados con el culto de Venus los tres primeros, y el último haría referencia a los misterios de Dionisos. Venus y Baco propiciarían este viaje amoroso en el que al bagaje literario se une la exaltación imaginativa de lo sensual. No hay que olvidar el valor de sorpresa que tales temas tenían en la época en nuestra literatura, y el trabajo consciente de Darío al desarrollarlos en las obras literarias. A ello se une la desacralización de lo religioso implícita en las alusiones al *Cantar de los Cantares,* lo que propicia el misticismo envolvente, la fusión cósmica, erótica e íntima. (Véase también: Alonso Zamora Vicente, «Divagación: aclaración sobre el modernismo», en *El comentario de textos I,* Madrid, Castalia, 1973, págs. 167-193).

*

SONATINA

La princesa está triste... ¿qué tendrá la princesa?
Los suspiros se escapan de su boca de fresa,
que ha perdido la risa, que ha perdido el color.
La princesa está pálida en su silla de oro,
está mudo el teclado de su clave sonoro;
y en un vaso olvidada se desmaya una flor.

El jardín puebla el triunfo de los pavos-reales.
Parlanchina, la dueña dice cosas banales,
y, vestido de rojo, piruetea el bufón.
La princesa no ríe, la princesa no siente;
la princesa persigue por el cielo de Oriente
la libélula vaga de una vaga ilusión.

¿Piensa acaso en el príncipe de Golconda o de China,
o en el que ha detenido su carroza argentina
para ver de sus ojos la dulzura de luz?
¿O en el rey de las Islas de las Rosas fragantes,
o en el que es soberano de los claros diamantes,
o en el dueño orgulloso de las perlas de Ormuz?

¡Ay! La pobre princesa de la boca de rosa
quiere ser golondrina, quiere ser mariposa,
tener alas ligeras, bajo el cielo volar,
ir al sol por la escala luminosa de un rayo,
saludar a los lirios con los versos de mayo,
o perderse en el viento sobre el trueno del mar.

Ya no quiere el palacio, ni la rueca de plata,
ni el halcón encantado, ni el bufón escarlata,
ni los cisnes unánimes en el lago de azur.
Y están tristes las flores por la flor de la corte;
los jazmines de Oriente, los nelumbos del Norte,
de Occidente las dalias y las rosas del Sur.

¡Pobrecita princesa de los ojos azules!
Está presa en sus oros, está presa en sus tules,
en la jaula de mármol del palacio real,
el palacio soberbio que vigilan los guardas,
que custodian cien negros con sus cien alabardas,
un lebrel que no duerme y un dragón colosal.

¡Oh quién fuera hipsipila que dejó la crisálida!
(La princesa está triste. La princesa está pálida)
¡Oh visión adorada de oro, rosa y marfil!
¡Quién volara a la tierra donde un príncipe existe
(La princesa está pálida. La princesa está triste)
más brillante que el alba, más hermoso que abril!

—¡Calla, calla princesa —dice el hada madrina—,
en caballo con alas, hacia acá se encamina,
en el cinto la espada y en la mano el azor,
el feliz caballero que te adora sin verte,
y que llega de lejos, vencedor de la Muerte,
a encenderte los labios con su beso de amor!

Nada más conocido y parodiado entre los textos de Darío que este poema que toma como centro el personaje de la princesa. Publicado en *La Nación* de Buenos Aires, el 17 de junio de 1895, tiene en su primera lectura una apariencia de cuento de hadas, a ello contribuyó el propio autor al explicar en *Historia de mis libros* que «contiene el sueño cordial de toda adolescente, de toda mujer que aguarda el instante amoroso» *(Obras completas, op. cit.*, pág. 208).

Fue Arturo Marasso quien apuntó que el poeta utiliza el tema medieval del ideal inaccesible expresado en la princesa lejana, motivo que reaparece en los poetas europeos del siglo XIX, y que en concreto el asunto le fue inspirado por la lectura de los *Fabliaux* de Bédier cuyo comentario inserta en la revista *La Biblioteca* el año siguiente *(Rubén Darío y su creación poética, op. cit.*, págs. 16 y sigs.); a todo ello se añade una decoración inspirada en el mundo medieval recibida a través de ilustraciones y miniaturas contemporáneas y sobre todo de la pintura prerrafaelita de Dante Gabriel Rosetti. En el mismo sentido Francisco López Estrada asocia el poema con «la ilustración poética de una estampa prerrafaelista que representase una doncella ensimismada» y cita cuadros como *Réverie* o *Música en la mañana* de Rosetti para destacar el fondo musical que propicia el título y que conlleva la visión interior de la princesa *(Rubén Darío y la Edad Media*, Barcelona, Planeta, 1971, págs. 129-133).

Y sin embargo, estos sextetos en alejandrinos que en esa primera lectura, con sus recurrencias aliterativas, evidencian una historia de ensoñadora musicalidad, tienen también una segunda lectura que, como ha destacado Anderson Imbert, «provoca una reflexión sobre el poetizar y se convierte en alegoría», y así la frivolidad se desvanece ante quien, como la princesa, quiere despertar a una vida plena de belleza y de amor; ese caballero salvador sería así el poeta, y la princesa «la belleza que el poeta busca; pero también es ella quien busca al poeta. Mutua busca [...] Y así un poema tan aparentemente ligero [...] se carga de intenciones: es el encuentro del sueño con su poeta, del poeta con su sueño» (Enrique Anderson Imbert, *La originalidad de Rubén Darío, op. cit.*, págs. 85-86. Véase también: Miguel Enguidanos, «Sonatina oída desde lejos», en *Ínsula*, 248-49 [1967], pág. 7; María Salgado, «El alma de la "Sonatina"», en *Anales de Literatura Hispanoamericana*, IV [1975], págs. 405-411).

Otras referencias culturales: (v. 13) «príncipe de Golconda»: ciudad de la India de legendaria riqueza; (v. 18) «perlas de Ormuz»: isla del golfo Pérsico en la ruta de la India, conocida por su comercio en perlas; (v. 37) «quién fuera hipsipila»: Hipsipila, personaje de la mitología griega, que con Jasón tuvo dos hijos pero fue abandonada, y cuyas quejas refiere Ovidio; llegó a convertirse en símbolo del alma humana ansiosa de amor.

*

BLASÓN

Para la marquesa de Peralta

El olímpico cisne de nieve
con el ágata rosa del pico
lustra el ala eucarística y breve
que abre al sol como un casto abanico.

En la forma de un brazo de lira
y del asa de un ánfora griega
es su cándido cuello que inspira
como prora ideal que navega.

Es el cisne, de estirpe sagrada,
cuyo beso, por campos de seda,
ascendió hasta la cima rosada
de las dulces colinas de Leda.

Blanco rey de la fuente Castalia,
su victoria ilumina el Danubio;
Vinci fue su barón en Italia;
Lohengrín es su príncipe rubio.

Su blancura es hermana del lino,
del botón de los blancos rosales
y del albo toisón diamantino
de los tiernos corderos pascuales.

Rimador de ideal florilegio,
es de armiño su lírico manto,
y es el mágico pájaro regio
que el morir rima el alma en un canto.

El alado aristócrata muestra
lises albos en campo de azur,
y ha sentido en sus plumas la diestra
de la amable y gentil Pompadour.

Boga y boga en el lago sonoro
donde el sueño a los tristes espera,
donde aguarda una góndola de oro
a la novia de Luis de Baviera.

Dad, Marquesa, a los cisnes cariño,
dioses son de un país halagüeño
y hechos son de perfume, de armiño,
de luz alba, de seda y de sueño.

Escrito en Madrid durante las fiestas del aniversario del Descubrimiento, fue publicado en esta misma capital, y a fines de año, en *El Siglo XX* y en *La Revista Ilustrada de Nueva York* en agosto de 1893 (Rubén Darío, *Poesía,* notas Ernesto Mejía Sánchez, *op. cit.,* p. LXII). Es éste un poema que configura, según Marasso *(op. cit.,* pág. 28), el «blasón» del propio poeta, el ave heráldica de su poesía. Se trata del cisne de la Leda de la mitología clásica, del Renacimiento, del cisne de Leonardo, del mito de Luis de Baviera, el cisne de Wagner (Lohengrín) (v. 16); elementos que aparecen sugeridos a lo largo del poema. Lo cierto es que el cisne había tenido una larga trayectoria en la cultura clásica, en la europea, y en la de lengua española (Esperanza Figueroa-Amaral, «El cisne modernista», en Homero Castillo [Coord], *Estudios críticos sobre el modernismo,* Madrid, Gredos, 1968, págs. 299-315), pero en nuestro idioma será el poeta nicaragüense quien lo convertirá en centro y emblema del nuevo arte. Por eso conviene superar la aparente frivolidad del comentario de su autor: «En "Blasón" celebro el cisne, pues esos versos fueron escritos en el álbum de una marquesa de Francia propicia a los poetas» *(Historia de mis libros, Obras completas* I, *op. cit.,* pág. 208) y enfocarlo dentro de la significación fundamental que Pedro Salinas apuntaba en su estudio conectándola de forma clara con el ambiguo erotismo que emerge de la aventura amorosa de Júpiter y Leda, a quien posee en forma de cisne *(op. cit.,* págs. 95-96). Sin embargo, a pesar de sus aciertos, hoy día resulta insuficiente este comentario algo escandalizado de Salinas: «quizá no convenga tomar al pie de la letra esa orgía laudatoria de Rubén, en la que llega hasta el calificativo de eucarístico» *(ibíd.),* pues ello refleja que Salinas no logró desentrañar la transgresora significación del poema en el que los matices de blancura con todas sus implicaciones, unidos a las alusiones mitológicas, y sugerencias varias como la cita del mundo aristocrático de Luis de Baviera, se implican con el efecto secularizador de lo religioso, característico del fin de siglo, y presente en versos como «lustra el ala eucarística y breve» (v. 3), o la referencia expresa a su carácter sagrado (v. 9), o la conexión con los «tiernos corderos pascuales» (v. 20). Por otra parte, hay que tener en cuenta que a partir de Baudelaire la figura del cisne se convierte en el símbolo del destino del propio poeta, condenado a arrastrar sus dones por el polvo de la ciudad, a soportar la vulgaridad y mediocridad burguesa. Véase al respecto el trabajo de Ricardo Gullón, «Simbolismo y modernismo», en *El simbolismo,* J. Olivio Jiménez ed., Madrid, Taurus, 1979, sobre todo en el apartado dedicado al cisne, págs. 32-37. En este sentido, el símbolo del cisne dariano, aquí desarrollado en la musicalidad del decasílabo, evolucionará y se irá cargando, de forma progresiva, de numerosas e intensas significaciones.

*

ALABA LOS OJOS NEGROS DE JULIA

¿Eva era rubia? No. Con negros ojos
vio la manzana del jardín: con labios
rojos probó su miel; con labios rojos
que saben hoy más ciencia que los sabios.

Venus tuvo el azur en sus pupilas,
pero su hijo no. Negros y fieros
encienden a las tórtolas tranquilas
los dos ojos de Eros.

Los ojos de las reinas fabulosas,
de las reinas magníficas y fuertes,
tenían las pupilas tenebrosas
que daban los amores y las muertes.

Pentesilea, reina de amazonas.
Judith, espada y fuerza de Betulia,
Cleopatra, encantadora de coronas,
la luz tuvieron de tus ojos, Julia.

Luz negra, que es más luz que la luz blanca
del sol, y las azules de los cielos.
Luz que el más rojo resplandor arranca
al diamante terrible de los celos.

Luz negra, luz divina, luz que alegra
la luz meridional, luz de las niñas
de las grandes ojeras, ¡oh luz negra
que hace cantar a Pan bajo las viñas!

Publicado en *El Tiempo* en Buenos Aires, el 25 de mayo de 1895 con el epígrafe «En el álbum de la Srta. Julia Gari». Al incluirlo en *Prosas profanas* le suprime cuatro estrofas que reducen con acierto el aspecto discursivo. El juego erótico del poema enlaza el episodio bíblico de Eva con personajes mitológicos como Eros, el hijo de Venus (vv. 5-9) y las reinas legendarias y bíblicas, Pentesilea, Judith y Cleopatra (vv. 14-15), en las que se potencia el motivo del color de los ojos. El poema se concentra después con persistente fuerza en las dos últimas estrofas, en la imagen de la «luz negra» (v. 17), oxímoron que en su insistencia anafórica se carga de la divinidad omnipresente y pánica del amor. Una cita de Leopoldo Lugones en su «Ensayo de una cosmogonía en diez lecciones» incluido en *Las fuerzas extrañas* (1906) puede aclarar la procedencia de la imagen: «La ciencia habla ahora de *luz negra,* exactamente como el *Zohar,* libro hebreo más antiguo que la Biblia, y esta luz negra parece ser la forma más sutil del éter, teniendo una absoluta fuerza de penetración» (Leopoldo Lugones, *Las fuerzas extrañas,* Buenos Aires, Gleizer, 1926, pág. 179).

En cuanto a la ocasión del poema dice Darío: «¿Qué Julia? Lo ignoro ahora. Sed benévolos ante tamaña ingratitud con la belleza» *(Autobiografía, Obras completas* I, *op. cit.,* pág. 120).

*

MÍA

Mía: así te llamas.
¿Qué más harmonía?
Mía: luz del día;
mía: rosas, llamas.

¡Qué aroma derramas
en el alma mía
si sé que me amas!
¡Oh Mía! ¡Oh Mía!

Tu sexo fundiste
con mi sexo fuerte,
fundiendo dos bronces.

Yo triste, tú triste...
¿No has de ser entonces
mía hasta la muerte?

Lo publica por primera vez en la revista semanal ilustrada *Buenos Aires*, el 3 de enero de 1897, el libro apareció al público cuatro días después. Pedro Salinas lo considera como «la sublimación de la posesión erótica» fundado en el pronombre posesivo que el poeta convierte en nombre sustantivo, —«pasa a ser un nombre de mujer»— en el arrebato posesivo *(op. cit.*, págs. 67-68). Se ha destacado la intensa relación que existe entre la forma adoptada de soneto hexasílabo y la expresión del poema (Joseph A. Feustle Jr., «Mía», en Francisco A. Porrata y Jorge A. Santana [eds.], *Antología comentada del modernismo*, en *Explicación de textos literarios*, anejo I, California State University, 1974, págs. 266-270). Dentro de la novedad que supone el poema en tanto que entroniza el tema del amor físico, hay que destacar también otro de los sentidos indispensables, la interiorización de la mujer por la potencia melódica del alma (Jaime Concha, «El tema del alma en Rubén Darío», en *Atenea*, CLXV [1967], 415-416, pág. 56).

*

ITE, MISSA EST

A Reynaldo de Rafael

Yo adoro a una sonámbula con alma de Eloísa,
virgen como la nieve y honda como la mar;
su espíritu es la hostia de mi amorosa misa,
y alzo al son de una dulce lira crepuscular.

Ojos de evocadora, gestos de profetisa,
en ella hay la sagrada frecuencia del altar:
su risa es la sonrisa suave de Monna Lisa;
sus labios son los únicos labios para besar.

Y he de besarla un día con rojo beso ardiente;
apoyada en mi brazo como convaleciente
me mirará asombrada con íntimo pavor;

la enamorada esfinge quedará estupefacta;
apagaré la llama de la vestal intacta
¡y la faunesa antigua me rugirá de amor!

Fechado en 1896, destaca en este poema la presencia de la desacralización modernista desde el mismo título —las palabras finales del rito de la misa católica—. Arturo Marasso recuerda el uso de elementos litúrgicos parecidos en poemas como «La misa de las flores» del mexicano Manuel Gutiérrez Nájera (1859-1895), y cómo tales precedimientos no son ajenos a la tradición literaria española, pero matiza en seguida que la inspiración primera proviene de *Los grandes iniciados: Un estudio de la historia secreta de las religiones* (1889) de Édouard Schuré, en concreto de la historia de la joven Teoclea, sacerdotisa de Apolo; de ahí el verso: «virgen como la nieve y honda como la mar» *(op. cit.*, págs. 29-32). Véase también: Hugo Montes, «Rubén Darío o la fuerza poética», en *Ensayos estilísticos,* Madrid, Gredos, 1975, págs. 76-78.

La ambigüedad desacralizadora presente en el soneto —erotismo, esoterismo, catolicismo— arranca en el fin de siglo de la poesía de Baudelaire en la confusión de los actos amorosos y los ritos religiosos; aquí ese rito de comunión se oficia con el espíritu de la mujer que «es la hostia de mi amorosa misa», ofreciendo una pauta de larga utilización secularizante en los poetas venideros.

*

COLOQUIO DE LOS CENTAUROS

A Paul Groussac

En la isla en que detiene su esquife el argonauta
del inmortal Ensueño, donde la eterna pauta
de las eternas liras se escucha —isla de oro
en que el tritón elige su caracol sonoro
y la sirena blanca va a ver el sol— un día
se oye un tropel vibrante de fuerza y de harmonía.

Son los Centauros. Cubren la llanura. Les siente
la montaña. De lejos, forman son de torrente
que cae; su galope al aire que reposa
despierta, y estremece la hoja del laurel-rosa.

Son los Centauros. Unos enormes, rudos; otros
alegres y saltantes como jóvenes potros;
unos con largas barbas como los padres-ríos;
otros imberbes, ágiles y de piafantes bríos,
y de robustos músculos, brazos y lomos aptos
para portar las ninfas rosadas en los raptos.

Van en galope rítmico. Junto a un fresco boscaje,
frente al gran Océano, se paran. El paisaje
recibe de la urna matinal luz sagrada
que el vaso azul suaviza con límpida mirada.
Y oyen seres terrestres y habitantes marinos
la voz de los crinados cuadrúpedos divinos.

QUIRÓN

Calladas las bocinas a los tritones gratas,
calladas las sirenas de labios escarlatas,
los carrillos de Eolo desinflados, digamos
junto al laurel ilustre de florecidos ramos
la gloria inmarcesible de las Musas hermosas
y el triunfo del terrible misterio de las cosas.
He aquí que renacen los lauros milenarios;
vuelven a dar su lumbre los viejos lampadarios;
y anímase en mi cuerpo de Centauro inmortal
la sangre del celeste caballo paternal.

RETO

Arquero luminoso, desde el Zodiaco llegas;
aun presas en las crines tienes abejas griegas;
aun del dardo herakleo muestras la roja herida
por do salir no pudo la esencia de la vida.
¡Padre y Maestro excelso! Eres la fuente sana
de la verdad que busca la triste raza humana:
aun Esculapio sigue la vena de tu ciencia;

siempre el veloz Aquiles sustenta su existencia
con el manjar salvaje que le ofreciste un día,
y Herakles, descuidando su maza, en la harmonía
de los astros, se eleva bajo el cielo nocturno...

QUIRÓN

La ciencia es la flor del tiempo: mi padre fue Saturno.

ABANTES

Himnos a la sagrada Naturaleza; al vientre
de la tierra y al germen que entre las rocas y entre
las carnes de los árboles, y dentro humana forma,
es un mismo secreto y es una misma norma,
potente y sutilísimo, universal resumen
de la suprema fuerza, de la virtud del Numen.

QUIRÓN

¡Himnos! Las cosas tienen un ser vital; las cosas
tienen raros aspectos, miradas misteriosas;
toda forma es un gesto, una cifra, un enigma;
en cada átomo existe un incógnito estigma;
cada hoja de cada árbol canta un propio cantar
y hay un alma en cada una de las gotas del mar;
el vate, el sacerdote, suele oír el acento
desconocido; a veces enuncia el vago viento
un misterio; y revela una inicial la espuma
o la flor; y se escuchan palabras de la bruma;
y el hombre favorito del Numen, en la linfa
o la ráfaga encuentra mentor —demonio o ninfa.

FOLO

El biforme ixionida comprende de la altura,
por la materna gracia, la lumbre que fulgura,
la nube que se anima de luz y que decora
el pavimento en donde rige su carro Aurora,
y la banda de Iris que tiene siete rayos
cual la lira en sus brazos siete cuerdas, los mayos
en la fragante tierra llenos de ramos bellos,
y el Polo coronado de cándidos cabellos.

El ixionida pasa veloz por la montaña
rompiendo con el pecho de la maleza huraña
los erizados brazos, las cárceles hostiles;
escuchan sus orejas los ecos más sutiles:
sus ojos atraviesan las intrincadas hojas
mientras sus manos toman para sus bocas rojas
las frescas bayas altas que el sátiro codicia;
junto a la oculta fuente su mirada acaricia
las curvas de las ninfas del séquito de Diana;
pues en su cuerpo corre también la esencia humana
unida a la corriente de la savia divina
y a la salvaje sangre que hay en la bestia equina.
Tal el hijo robusto de Ixión y de la Nube.

QUIRÓN

Sus cuatro patas bajan; su testa erguida sube.

ORNEO

Yo comprendo el secreto de la bestia. Malignos
seres hay y benignos. Entre ellos se hacen signos
de bien y mal, de odio o de amor, o de pena
o gozo: el cuervo es malo y la torcaz es buena.

QUIRÓN

Ni es la torcaz benigna, ni es el cuervo protervo:
son formas del Enigma la paloma y el cuervo.

ASTILO

El Enigma es el soplo que hace cantar la lira.

NESO

¡El Enigma es el rostro fatal de Deyanira!
Mi espalda aún guarda el dulce perfume de la bella;
aún mis pupilas llaman su claridad de estrella.
¡Oh aroma de su sexo! ¡O rosas y alabastros!
¡Oh envidia de las flores y celos de los astros!

QUIRÓN

Cuando del sacro abuelo la sangre luminosa
con la marina espuma formara nieve y rosa,
hecha de rosa y nieve nació la Anadiomena.
Al cielo alzó los brazos la lírica sirena,
los curvos hipocampos sobre las verdes ondas
levaron los hocicos; y caderas redondas,
tritónicas melenas y dorsos de delfines
junto a la Reina nueva se vieron. Los confines
del mar llenó el grandioso clamor; el universo
sintió que un nombre harmónico sonoro como un verso
llenaba el hondo hueco de la altura; ese nombre
hizo gemir la tierra de amor: fue para el hombre
más alto que el de Jove; y los números mismos
lo oyeron asombrados; los lóbregos abismos
tuvieron una gracia de luz. ¡VENUS impera!
Ella es entre las reinas celestes la primera,
pues es quien tiene el fuerte poder de la Hermosura.
¡Vaso de miel y mirra brotó de la amargura!
Ella es la más gallarda de las emperatrices;
princesa de los gérmenes, reina de las matrices,
señora de las savias y de las atracciones,
señora de los besos y de los corazones.

EURITO

¡No olvidaré los ojos radiantes de Hipodamia!

HIPEA

Yo sé de la hembra humana la original infamia.
Venus anima artera sus máquinas fatales;
tras sus radiantes ojos ríen traidores males;
de su floral perfume se exhala sutil daño;
su cráneo obscuro alberga bestialidad y engaño.
Tiene las formas puras del ánfora, y la risa
del agua que la brisa riza y el sol irisa;
mas la ponzoña ingénita su máscara pregona:
mejores son el águila, la yegua y la leona.
De su húmeda impureza brota el calor que enerva

los mismos sacros dones de la imperial Minerva;
y entre sus duros pechos, lirios del Aqueronte,
hay un olor que llena la barca de Caronte.

ODITES

Como una miel celeste hay en su lengua fina;
su piel de flor aún húmeda está de agua marina.
Yo he visto de Hipodamia la faz encantadora,
la cabellera espesa, la pierna vencedora;
ella de la hembra humana fuera ejemplar augusto;
ante su rostro olímpico no habría rostro adusto;
las Gracias junto a ella quedarían confusas,
y las ligeras Horas y la sublimes Musas
por ella detuvieran sus giros y su canto.

HIPEA

Ella la causa fuera de inenarrable espanto:
por ella el ixionida dobló su cuello fuerte.
La hembra humana es hermana del Dolor y la Muerte.

QUIRÓN

Por suma ley un día llegará el himeneo
que el soñador aguarda: Cenis será Ceneo;
claro será el origen del femenino arcano:
la Esfinge tal secreto dirá a su soberano.

CLITO

Naturaleza tiende sus brazos y sus pechos
a los humanos seres; la clave de los hechos
conócela el vidente; Homero con su báculo,
en su gruta Deifobe, la lengua del Oráculo.

CAUMANTES

El monstruo expresa un ansia del corazón del Orbe,
en el Centauro el bruto la vida humana absorbe,
el sátiro es la selva sagrada y la lujuria,
une sexuales ímpetus a la harmoniosa furia.
Pan junta la soberbia de la montaña agreste
al ritmo de la inmensa mecánica celeste;

la boca melodiosa que atrae en Sirenusa
es de la fiera alada y es de la suave musa;
con la bicorne bestia Pasifae se ayunta,
Naturaleza sabia formas diversas junta,
y cuando tiende al hombre la gran Naturaleza,
el monstruo, siendo el símbolo, se viste de belleza.

GRINEO

Yo amo lo inanimado que amó el divino Hesiodo.

QUIRÓN

Grineo, sobre el mundo tiene un ánima todo.

GRINEO

He visto, entonces, raros ojos fijos en mí:
los vivos ojos rojos del alma del rubí;
los ojos luminosos del alma del topacio
y los de la esmeralda que del azul espacio
la maravilla imitan; los ojos de las gemas
de brillos peregrinos y mágicos emblemas.
Amo el granito duro que el arquitecto labra
y el mármol en que duermen la línea y la palabra...

QUIRÓN

A Deucalión y a Pirra, varones y mujeres
las piedras aún intactas dijeron: «¿Qué nos quieres?».

LÍCIDAS

Yo he visto los lemures flotar, en los nocturnos
instantes, cuando escuchan los bosques taciturnos
el loco grito de Atis que su dolor revela
o la maravillosa canción de Filomena.
El galope apresuro, si en el boscaje miro
manes que pasan, y oigo su fúnebre suspiro.
Pues de la Muerte el hondo, desconocido Imperio,
guarda el pavor sagrado de su fatal misterio.

ARNEO

La Muerte es de la Vida la inseparable hermana.

QUIRÓN

La Muerte es la victoria de la progenie humana.

MEDÓN

¡La Muerte! Yo la he visto. No es demacrada y mustia
ni ase corva guadaña, ni tiene faz de angustia.
Es semejante a Diana, casta y virgen como ella;
en su rostro hay la gracia de la núbil doncella
y lleva una guirnalda de rosas siderales.
En su siniestra tiene verdes palmas triunfales,
y en su diestra una copa con agua del olvido.
A sus pies, como un perro, yace un amor dormido.

AMICO

Los mismos dioses buscan la dulce paz que vierte.

QUIRÓN

La pena de los dioses es no alcanzar la Muerte.

EURITO

Si el hombre —Prometeo— pudo robar la vida,
la clave de la muerte seréle concedida.

QUIRÓN

La virgen de las vírgenes es inviolable y pura.
Nadie su casto cuerpo tendrá en la alcoba obscura,
ni beberá en sus labios el grito de victoria,
ni arrancará a su frente las rosas de su gloria...

*

Mas he aquí que Apolo se acerca al meridiano.
Sus truenos prolongados repite el Océano.
Bajo el dorado carro del reluciente Apolo
vuelve a inflar sus carrillos y sus odres Eolo.

A lo lejos, un templo de mármol se divisa
entre laureles-rosa que hace cantar la brisa.

Con sus vibrantes notas de Céfiro desgarra
la veste transparente la helénica cigarra,
y por el llano extenso van en tropel sonoro
los Centauros, y al paso, tiembla la Isla de Oro.

*

Aparecido en *La Biblioteca* —la revista bonaerense fundada y dirigida por Paul Groussac— en julio de 1896, es uno de sus poemas más profundos y revela una larga e intensa elaboración.

El gusto por lo griego en el fin de siglo había puesto de moda también la figura del centauro, «la fascinación ante lo ambiguo y lo híbrido forma parte de la mentalidad del fin de siglo» (Hans Hinterhäuser, *Fin de siglo: Figuras y mitos,* Madrid, Taurus, 1980, pág. 170). Naturalezas dobles, hombres-animales, y de instintos primitivos llenaban de salvajismo la mitología griega; apasionados de la embriaguez y del rapto de mujeres eran considerados una amenaza para la cultura y ello les llevó a la destrucción. Sólo Folo, y sobre todo Quirón, se salvaron por su nobleza de carácter. Quirón, centauro sabio y profético, según Píndaro, era consejero de Apolo.

Varios trabajos se ocupan de rastrear la procedencia del tema de este poema. Desde Arturo Marasso que citó la *Mitología* de Louis Ménard, *Le Centaure* de Maurice de Guerin, *La centauresse* de Heredia, junto a *Los grandes iniciados* de Édouard Schuré *(op. cit.,* págs. 33-77); María Teresa Maiorana que estudió la presencia de ideas, personajes e imágenes, aunque con desarrollos diferentes, de *Le Centaure* de Guérin y de «La mort du centaure» de Luis Rouchaud («El Coloquio de los centauros» de Rubén Darío, en *Boletín de la Academia Argentina de Letras,* XXIII [1958], págs. 192 y sigs., y 227 y sigs.); a Marie Josèphe Faurie *(Le modernisme hispano-américain et ses sources françaises,* París, Centre de Recherches de l'Institut d'Études Hispaniques, 1966, págs. 49-69) que insiste en la procedencia de Louis Ménard —tal y como indica Marasso—, en un desarrollo del diálogo a la manera platónica.

El sentido del poema fue aclarado en parte por el autor: «es otro "mito" que exalta las fuerzas naturales, el misterio de la vida universal, la ascensión perpetua de Psique, y luego plantea el arcano fatal y pavoroso de nuestra ineludible finalidad. Mas renovando un concepto pagano, Thanatos no se presenta como en la visión católica, armado de su guadaña, larva o esqueleto, de la medieval reina de la peste y emperatriz de la guerra; antes bien, surge bella, casi atrayente, sin rostro angustioso, sonriente, pura, casta, y con el Amor dormido a sus pies. Y bajo un principio pánico, exalto la unidad del universo en la ilusoria Isla de Oro, ante la vasta mar» *(Historia de mis libros,* en *Obras completas* I, *op. cit.,* pág. 209). Parece claro que el poeta presentó en la figura del centauro la dual condición humana, animal y racional con sus tentaciones y sus abismos. Al mismo tiempo enmarca el poema en una isla imaginaria, lugar primigenio y ensoñador (vv. 1-6) —que desrealiza aún más en los últimos versos: «y por el llano extenso van el tropel sonoro / los Centauros, y al paso, tiembla la Isla de Oro» (vv. 211-212)—, y en la que por medio del diálogo, y propiciado por el sabio Quirón, se intentan desentrañar algunos misterios o enigmas del universo: «el triunfo del terrible misterio de las cosas» (v. 28). El poema avanza en alejandrinos pareados en un doble desarrollo dramático y narrativo en los que cada centauro recuerda o alude a episodios cruciales de sus vidas. Así Reto recuerda el origen de Quirón y su sabiduría (vv. 33-43); el mismo Quirón exalta hímnicamente a la naturaleza en la que «toda forma es un gesto, una cifra, un enigma» (v. 53), y de la que el poeta es vate o sacerdote que oye el acento desconocido; Folo alude al origen de Quirón descendiente de Ixión y de la nube o falsa Hera que Zeus conformó (vv. 63-83); en él está representada la doble y contradictoria naturaleza del hombre y del mundo. Pero Quirón se verá en la necesidad de aclarar: «Ni es la torcaz benigna, ni es el cuervo protervo: / son formas del Enigma la paloma y el cuervo» (vv. 89-90). Justamente esta contradicción en la que se funda lo viviente es lo que hace continuar el mundo: «El Enigma es el soplo que hace cantar la lira» (v. 91) según la sentencia de Astilo. Pero ese enigma está asociado en algunos centauros a algunas experiencias de amor o de lujuria: Neso recuerda a Deyanira, a quien trató de violar arrebatándosela a Heracles (vv. 91-96), Eurito introduce la historia de Hipodamia, que arrebató a su esposo Pirítoo (v. 119). Por eso el poema se afianza en un canto a Venus desde su nacimiento del mar —es la diosa «Anadiomena»—, que realiza Quirón (vv. 97-117); como diosa del amor tiene la fuerza de la hermosura y es reina más poderosa que Júpiter, por eso: «¡VENUS impera!» (v. 111), exclamación en la que se resuelve la dualidad de la vida y de la muerte. Nuevas intervenciones trenzan las referencias: Hipea comenta la perversidad de todas las mujeres, mientras Odites continúa con el tema de Hipodamia y concluye Hipea que «La hembra humana es hermana del Dolor y la Muerte» (v. 144). Quirón, con su constante sabiduría sugiere la llegada del día en que se pueda desvelar el misterio de la vida simbolizado en el enigma de la esfinge: «claro será el origen del femenino arcano: / la Esfinge tal secreto dirá a su soberano» (vv. 147-148). Este misterio implica en su profundidad, no sólo el erotismo y la vida, sino la otra cara de la dualidad: la muerte. Éste es el tema que se desarrolla al final del poema a partir de la intervención de Lícidas (v. 183). La muerte se integra en el decurso de la existencia humana, como una gozosa figura: «Es semejante a Diana, casta y virgen como ella» (v. 189), y como una victoria de la especie humana ambicionada por los dioses. Se trata, en efecto, como dice Darío de una muerte que significa una integración cósmica, el triunfo del espíritu dionisíaco y a la vez la exaltación de la muerte como rito previo para el renacimiento a la vida, expreso en las ceremonias de iniciación esotéricas, y muy lejana de la trágica concepción cristiana. Véase también: Arturo Echavarría, «Estructura y sentido pictórico del Coloquio de los centauros», en *La Torre,* LXV (1969), págs. 95-130; Joseph A. Feustle Jr., «La muerte. La deseada-deseante de Rubén Darío», en *Anales de Literatura Hispanoamericana,* IV (1976), págs. 493-498.

*

EL POETA PREGUNTA POR STELLA

Lirio divino, lirio de las Anunciaciones;
lirio, florido príncipe,
hermano perfumado de las estrellas castas,
joya de los abriles.

A ti las blancas Dianas de los parques ducales;
los cuellos de los cisnes,
las místicas estrofas de cánticos celestes
y en el sagrado empíreo la mano de las vírgenes.

Lirio, boca de nieve donde sus dulces labios
la primavera imprime:
en tus venas no corre la sangre de las rosas pecadoras,
sino el ícor excelso de las flores insignes.

Lirio real y lírico
que naces con la albura de las hostias sublimes,
de las cándidas perlas
y del lino sin mácula de las sobrepellices:
¿Has visto acaso el vuelo del alma de mi Stella,
la hermana de Ligeia, por quien mi canto a veces es tan triste?

Fue publicado en *La Tribuna* de Buenos Aires, el 9 de octubre de 1893, con el título de «Lilial». Destaca Arturo Marasso que «el título de esta poesía prerrafaelita está escrita a la manera de Catulle Mendès» y en ella la visión celeste de la dama elegida de Dante Gabriel Rosetti se une al recuerdo de Poe, cuya obra *Ligeia* (1828) evoca también *(op. cit.,* págs. 77-79). La mujer, siguiendo esta inclinación, es asociada a variados elementos que sugieren una sinfonía en blanco marcada muy especialmente por la anafórica recurrencia del «lirio» (vv. 1-2, 9 y 13) que encarna no sólo la blancura, sino la castidad y la sacralidad. El «ícor excelso» hace referencia a la serosidad viscosa que producen ciertas heridas, y que aquí cobra un valor hiperbólico.

Stella era el nombre literario utilizado por su esposa, Rafaela Contreras, que Darío evoca aquí y en otros lugares de su obra: «¿Por qué vino tu imagen a mi memoria, Stella, Alma, dulce reina mía, tan presto ida para siempre, el día en que después de recorrer el hirviente Broadway me puse a leer los versos de Poe...? [...] Es porque tú eres hermana de las liliales vírgenes cantadas en brumosa lengua inglesa por el soñador infeliz, príncipe de los poetas malditos. Tú como ellas eres llama del infinito amor» (*Los raros*, en *Obras completas,* vol. II, *op. cit.,* págs. 259-260).

VERLAINE

A Ángel Estrada, poeta

RESPONSO

Padre y maestro mágico, liróforo celeste
que al instrumento olímpico y a la siringa agreste
diste tu acento encantador;
¡Panida! Pan tú mismo, que coros condujiste
hacia el propíleo sacro que amaba tu alma triste,
¡al son del sistro y del tambor!

Que tu sepulcro cubra de flores Primavera,
que se humedezca el áspero hocico de la fiera
de amor si pasa por allí;
que el fúnebre recinto visite Pan bicorne;
que de sangrientas rosas el fresco abril te adorne
y de claveles de rubí.

Que si posarse quiere sobre la tumba el cuervo,
ahuyenten la negrura del pájaro protervo
el dulce canto de cristal

que Filomela vierta sobre tus tristes huesos,
o la harmonía dulce de risas y de besos
de culto oculto y florestal.

Que púberes canéforas te ofrenden el acanto,
que sobre tu sepulcro no se derrame el llanto,
sino rocío, vino, miel;
que el pámpano allí brote, las flores de Citeres,
y que se escuchen vagos suspiros de mujeres
¡bajo un simbólico laurel!

Que si un pastor su pífano bajo el frescor del haya,
en amorosos días, como en Virgilio, ensaya,
tu nombre ponga en la canción;
y que la virgen náyade, cuando ese nombre escuche
con ansias y temores entre las linfas luche,
llena de miedo y de pasión.

De noche, en la montaña, en la negra montaña
de las Visiones, pase gigante sombra extraña,
sombra de un Sátiro espectral;
que ella al centauro adusto con su grandeza asuste;
de una extra-humana flauta la melodía ajuste
a la harmonía sideral.

Y huya el tropel equino por la montaña vasta;
tu rostro de ultratumba bañe la luna casta
de compasiva y blanca luz;
y el Sátiro contemple sobre un lejano monte
una cruz que se eleve cubriendo el horizonte
¡y un resplandor sobre la cruz!

Publicado en *Argentina,* el 15 de enero de 1896, siete días después de la muerte de Verlaine, fue un poema que despertó sorpresa y enojo de lectores y críticos —entre ellos Unamuno— por el atrevimiento en la combinación de su ritmo y su léxico rebuscado. Darío usa sextetos en alejandrinos cuyos versos tercero y sexto son heptasílabos de rimas agudas.

La gran admiración por Verlaine (1844-1896) fue constante desde su juventud y está expresa en su *Autobiografía* cuando refiere que, en 1893 en su viaje a París, tuvo la oportunidad de saludarlo unos momentos en compañía de Alejandro Sawa. La anécdota no está exenta de humor: «Uno de mis grandes deseos era poder hablar con Verlaine. Cierta noche, en el café D'Harcourt, encontramos al Fauno, rodeado de equívocos acólitos [...] yo murmuré en mal francés toda la devoción que me fue posible y concluí con la palabra gloria... [Verlaine] volviéndose a mí, y sin cesar de golpear la mesa, me dijo en voz baja y pectoral: *¡La gloire!... ¡La gloire!... ¡M...M... encore!* Creí prudente retirarme y esperar para verle de nuevo en una ocasión más propicia» (*Obras completas,* vol. I, *op. cit.,* págs. 103-104).

El «Responso» responde a esa admiración, así como también el texto incluido en *Los raros* («Paul Verlaine», en *Obras completas,* vol. II, *op. cit.,* págs. 292-299). Ya en este último texto, que también está escrito con ocasión de su muerte, Darío marca la dualidad que observa en el carácter del poeta francés: «un viviente símbolo de la grandeza angélica y de la miseria humana», «mitad cornudo flautista de la selva, violador de hamadriadas, mitad asceta del Señor» (*ibíd.,* págs. 295 y 296). La misma dualidad está expresada en esta elegía que reúne elementos arcádicos y de la que ha observado Lilia Dapaz Strout que «compone su poema en una simultaneidad de oposiciones y conjunciones y realiza una verdadera alquimia al admitir la unidad material del mundo que permite todas las transmutaciones» («Un espacio sagrado en *Prosas profanas»,* en Iván A. Schulman [ed.], *Nuevos asedios al modernismo,* Madrid, Taurus, 1987 pág. 187). Se trata, como bien apunta la crítica citada, de un ritual en el que se busca ese renacimiento vital mediante elementos dionisíacos y adherencias de los rituales órficos. La alusión al dios Pan (vv. 4 y 10) cobra sentido al entender a éste como dios de la virilidad y de la fuerza generativa de la Naturaleza. Las exhortaciones anafóricas que abren los sextetos segundo al quinto difunden así un sucesivo efecto de ritual litúrgico o de conjuro de todos los elementos negativos derivados de la muerte para sólo resaltar la parte vitalista y regeneradora. El marco del poema es predominantemente mitológico y pagano, sin embargo, en la misma línea que apuntaba en su homenaje en *Los raros,* la idea cristiana está sugerida, no sólo por la cruz que abre el poema sino por la desafiante imagen de los versos finales: «y el Sátiro contemple sobre un lejano monte / una cruz que se eleve cubriendo el horizonte / ¡y un resplandor sobre la cruz!» (vv. 40-43). Acerca del símbolo de la cruz en la poesía de Darío véase: Jaime Giordano, *La edad del ensueño. Sobre la imaginación poética de Rubén Darío,* Santiago de Chile, Universitaria, 1971, págs. 114-128.

*

EL REINO INTERIOR

A Eugenio de Castro

... with Psychis, my soul
POE

Una selva suntuosa
en el azul celeste su rudo perfil calca.
Un camino. La tierra es de color de rosa,
cual la que pinta fra Doménico Cavalca
en sus Vidas de santos. Se ven extrañas flores
de la flora gloriosa de los cuentos azules,
y entre las ramas encantadas, papemores
cuyo canto extasiara de amor a los bulbules.
(*Papemor:* ave rara; *Bulbules:* ruiseñores).

*

Mi alma frágil se asoma a la ventana obscura
de la torre terrible en que ha treinta años sueña.
La gentil Primavera primavera le augura.
La vida le sonríe rosada y halagüeña.
Y ella exclama: «¡Oh fragante día! ¡Oh sublime día!
Se diría que el mundo está en flor; se diría
que el corazón sagrado de la tierra se mueve
con un ritmo de dicha; luz brota, gracia llueve.
¡Yo soy la prisionera que sonríe y que canta!».
Y las manos liliales agita, como infanta
real en los balcones del palacio paterno.

*

¿Qué son se escucha, son lejano, vago y tierno?
Por el lado derecho del camino adelanta
el paso leve una adorable teoría
virginal. Siete blancas doncellas, semejantes
a siete blancas rosas de gracia y de harmonía
que el alba constelara de perlas y diamantes.
¡Alabastros celestes habitados por astros:
Dios se refleja en esos dulces alabastros!

Sus vestes son tejidos del lino de la luna.
Van descalzas. Se mira que posan el pie breve
sobre el rosado suelo, como una flor de nieve.

Y los cuellos se inclinan, imperiales, en una
manera que lo excelso pregona de su origen.
Como al compás de un verso su suave paso rigen.
Tal el divino Sandro dejara en sus figuras
esos graciosos gestos en esas líneas puras.
Como a un velado son de liras y laúdes,
divinamente blancas y castas pasan esas
siete bellas princesas. Y esas bellas princesas
son las siete Virtudes.

*

Al lado izquierdo del camino y paralela-
mente, siete mancebos —oro, seda, escarlata,
armas ricas de Oriente— hermosos, parecidos
a los satanes verlenianos de Ecbatana,
vienen también. Sus labios sensuales y encendidos,
de efebos criminales, son cual rosas sangrientas;
sus puñales, de piedras preciosas revestidos
—ojos de víboras de luces fascinantes—,
al cinto penden; arden las púrpuras violentas
en los jubones; ciñen las cabezas triunfantes
oro y rosas; sus ojos, ya lánguidos, ya ardientes,
son dos carbunclos mágicos de fulgor sibilino,
y en sus manos de ambiguos príncipes decadentes
relucen como gemas las uñas de oro fino.
Bellamente infernales,
llenan el aire de hechiceros veneficios
esos siete mancebos. Y son los siete vicios,
los siete poderosos pecados capitales.

*

Y los siete mancebos a las siete doncellas
lanzan vivas miradas de amor. Las Tentaciones.
De sus liras melifluas arrancan vagos sones.

Las princesas prosiguen, adorables visiones
en su blancura de palomas y de estrellas.

*

Unos y otras se pierden por la vía de rosa,
y el alma mía queda pensativa a su paso.
—¡Oh! ¿Qué hay en ti, alma mía?
¡Oh! ¿Qué hay en ti, mi pobre infanta misteriosa?
¿Acaso piensas en la blanca teoría?
¿Acaso
los brillantes mancebos te atraen, mariposa?

*

Ella no me responde.
Pensativa se aleja de la obscura ventana
—pensativa y risueña,
de la Bella-durmiente-del-bosque tierna hermana—,
y se adormece en donde
hace treinta años sueña.

*

Y en sueño dice: «¡Oh dulces delicias de los cielos!
¡Oh tierra sonrosada que acarició mis ojos!
—¡Princesas, envolvedme con vuestros blancos velos!
—¡Príncipes, estrechadme con vuestros brazos rojos!».

No se conoce publicación anterior al libro de este magnífico poema en el que se alían temas y lecturas diversas. Se ha hablado de su sabor medieval por esa división de virtuosos y pecadores tan frecuente en la iconografía de esa época y a la vez de varias fuentes literarias contemporáneas, felizmente aunadas por el poeta nicaragüense. El tema está centrado en el alma —presentada como una infanta real cuya idea parece tomar de *Au jardin de l'infante* (1893) de Samain— que, al despertar a la vida, desde su balcón palaciego ve pasar alegóricamente a los mancebos que representan los pecados y a las doncellas que simbolizan las virtudes. El poema de Darío presenta un exacto uso del color, blanco, rosa, azul, rojo, al que se han señalado cualidades de fresco medieval. A partir del estudio de Arturo Marasso se ha considerado a este poema próximo a la *Primavera* de Botticelli, a la pintura del prerrafaelismo, a las *Vite scelte dei Santi Patri* de Fray Domenico Cavalca —a quien Darío incluyó en *Los raros— (op. cit.,* págs. 402-412); por su parte Erwin K. Mapes advirtió que era imposible leer este poema sin recordar el «Crimen amoris» de Verlaine (Erwin K. Mapes, *L'influence française dans l' oeuvre de Rubén Darío,* París, Livrairie Ancienne Honoré Champion, 1925; Edmundo de Chasca, «"El Reino interior" de Rubén Darío y "Crimen Amoris" de Verlaine», en *Revista Iberoamericana,* XXI [1956], págs. 309-317). También se ha hecho notar la dedicatoria al poeta portugués Eugenio de Castro —tan admirado por Darío, e igualmente incluido en *Los raros* (John M. Fein, «Una fuente portuguesa de "El reino interior"» en *Revista Iberoamericana,* XXXII [1967], págs. 359-365) y el epígrafe de Poe *(... with Psychis, my soul)* que aparte del homenaje al autor norteamericano, introduce otra reminiscencia: la de la infanta encerrada en su torre terrible.

El poema destaca por su feliz equilibrio entre el sentido alegórico y su desarrollo, tanto en su plasticidad como en la buscada musicalidad de los alejandrinos punteados por el quiebro de versos más cortos, sobre todo heptasílabos. Es éste un poema sobre todo simbolista en el que se recoge la dramática situación dual del ser humano expresada en la ambigua percepción de lo real y lo soñado. Dos espacios se insinúan en la decoración, la «selva suntuosa» (v. 1) como lugar acotado primigenio y misterioso y la «torre terrible» (v. 11) como asediante prisión pero a la vez como atalaya del mundo desde la que se contempla el desfile de «una adorable teoría / virginal» (teoría: procesión religiosa entre los antiguos griegos), un desfile de doncellas, las Virtudes, seguidas de los mancebos, los Pecados, «satanes verlenianos de Ecbatana» (v. 44) en referencia a esta ciudad persa usada por Verlaine en su «Crimen amoris». Son ellos los que «llenan el aire de hechiceros veneficios» *(veneficio:* del latín *veneficium,* encantamiento, emponzoñamiento, hechizo) y los que atraen a las siete doncellas con sus insistentes miradas de amor. El poema se cierra en la ambigua indecisión que reúne la dualidad del mundo. Por eso tal vez no sea necesario acudir a una personalización excesiva en la propia vida del autor como hace Salinas, y considerarlo «un sistema de alegorización de su reino interior tan perfecto que nada se nos oculta a su mecanismo» *(op. cit.,* pág. 145), ya que de este modo se nos escaparía cuanto de imaginativo propone la poesía de Darío. Véase también: Enrique Rull, «El símbolo de psique en la poesía de Rubén Darío», en *Revista de Literatura,* XXVII (1965), págs. 33-50; Luis Monguió, «En torno a "El reino interior" de Rubén Darío», en *Revista Hispánica Moderna,* XXXIV (1968), págs. 721-728).

*

DEZIR

(A la manera de Johan de Duenyas)

Reina Venus, soberana
capitana
de deseos y pasiones,
en la tempestad humana
por ti mana
sangre de los corazones.
Una copa me dio el sino
y en ella bebí tu vino
y me embriagué de dolor,
pues me hizo experimentar
que en el vino del amor
hay la amargura del mar.

Di al olvido el turbulento
sentimiento,
y hallé un sátiro ladino
que dio a mi labio sediento
nuevo aliento,
nueva copa y nuevo vino.
Y al llegar la primavera,
en mi roja sangre fiera
triple llama fue encendida;
yo al flamante amor entrego
la vendimia de mi vida
bajo pámpanos de fuego.

En la fruta misteriosa,
ámbar, rosa,
su deseo sacia el labio,
y en viva rosa se posa,
mariposa,
beso ardiente o beso sabio.
¡Bien haya el sátiro griego
que me enseñó el dulce juego!
En el reino de mi aurora

no hay ayer, hoy ni mañana;
danzo las danzas de ahora
con la música pagana.

FFINIDA

Bella a quien la suerte avara
ordenara
martirizarme a ternuras,
dio una negra perla rara
Luzbel para
tu diadema de locuras.

OTRO DEZIR

Ponte el traje azul que más
conviene a tu rubio encanto.
Luego, Mía, te pondrás
otro, color de amaranto,
y el que rima con tus ojos
y aquel de reflejos rojos
que a tu blancor sienta tanto.

En el obscuro cabello
por las perlas que conquistas;
en el columbino cuello
pon el collar de amatistas,
y ajorcas en los tobillos
de topacios amarillos
y esmeraldas nunca vistas.

Un camarín te decoro
donde sabrás la lección
que dio a Angélica Medoro
y a Belkiss dio Salomón;
arderá mi sangre loca,
y en el vaso de tu boca
te sorberé el corazón.

Luz de sueños, flor de mito,
tu admirable cuerpo canta
la gracia de Hermafrodito
con lo aéreo de Atalanta;
y de tu beldad ambigua
la evocada musa antigua
su himno de carne levanta.

Del ánfora en que está el viejo
vino anacreóntico bebe;
Febe arruga el entrecejo
y Juno arrugarlo debe,
mas la joven Venus ríe
y Eros su filtro deslíe
en los cálices de Hebe.

QUE EL AMOR NO ADMITE CUERDAS REFLEXIONES

(A la manera de Santa Fe)

Señora, Amor es violento,
y cuando nos transfigura
nos enciende el pensamiento
la locura.

No pidas paz a mis brazos
que a los tuyos tienen presos:
son de guerra mis abrazos
y son de incendio mis besos;
y sería vano intento
el tornar mi mente obscura
si me enciende el pensamiento
la locura.

Clara está la mente mía
de llamas de amor, señora,
como la tienda del día
o el palacio de la aurora.

Y al perfume de tu ungüento
te persigue mi ventura,
y me enciende el pensamiento
la locura.

Mi gozo tu paladar
rico panal conceptúa,
como en el santo Cantar:
Mel et lac sub lingua tua.
La delicia de tu aliento
en tan fino vaso apura,
y me enciende el pensamiento
la locura.

COPLA ESPARÇA

(A la manera del mismo)

¡La gata blanca! En el lecho
maya, se encorva, se extiende.
Un rojo rubí se enciende
sobre los globos del pecho.
Los desatados cabellos
la divina espalda aroman.
Bajo la camisa asoman
dos cisnes de negros cuellos.

TORNADA LIBRE

Princesa de mis locuras,
que tus cabellos desatas,
di ¿por qué las blancas gatas
gustan de sedas obscuras?

Los cuatro títulos forman parte de las siete composiciones que reunió bajo el título común de «Dezires, layes y canciones» y que se incluyeron —como los poemas que seleccionamos a continuación— en la segunda edición de *Prosas profanas* (1901). Se publicaron por primera vez en la *Revista Nueva* de Madrid, el 25 de junio de 1899 y el 5 de julio del mismo año.

Rubén Darío ensaya aquí la imitación de formas medievales, pero su intento se queda, como cabía esperar, en una imitación estrófica. Estudios de Pedro Henríquez Ureña y de José María de Cossío han aclarado bien estos extremos. Sus modelos proceden de la colección de poesías de un cancionero inédito del siglo XV que existía en la Biblioteca Real y que publicó con notas y apéndice A. Pérez Nieva en Madrid, en 1884. De sus modelos tomó Darío «apenas la versificación, y, de tarde en tarde, vagas *resonancias* de estilo, las que suelen acompañar a toda forma métrica», por eso «la versificación es "muy siglo XV", pero la materia es, por lo general, "muy siglo XVIII", muy llena de "la Grecia de la Francia"». Pedro Henríquez Ureña, «Rubén Darío y el siglo XV», en *Revue Hispanique,* L [1920] , págs. 324-327); véase también: José María de Cossío, «El modelo estrófico de los "Dezires, layes y canciones" de Rubén Darío», en *RFE,* XIX (1932), págs. 283-287; y Pedro Henríquez Ureña, «El modelo estrófico de los "Dezires, layes y canciones" de Rubén Darío», en *RFE,* XIX (1932), págs. 421-422.

*

LA FUENTE

Joven, te ofrezco el don de esta copa de plata
para que un día calmar la sed ardiente,
la sed que con su fuego más que la muerte mata.
Mas debes abrevarte tan sólo en una fuente.

Otra agua que la suya tendrá que serte ingrata;
busca su oculto origen en la gruta viviente
donde la interna música de su cristal desata,
junto al árbol que llora y la roca que siente.

Guíete el misterioso eco de su murmullo;
asciende por los riscos ásperos del orgullo,
baja por la constancia y desciende al abismo

cuya entrada sombría guardan siete panteras;
son los Siete Pecados, las siete bestias fieras.
Llena la copa y bebe: la fuente está en ti mismo.

Forma parte de la sección «Las ánforas de Epicuro» de la segunda edición de *Prosas profanas.* Once de las trece composiciones que la forman fueron publicadas en el mismo orden en la *Revista Nueva* de Madrid, el 5 y el 15 de agosto de 1899, excluyéndose «Alma mía» y «Yo persigo una forma».

El símbolo de la fuente, tan usado por los románticos, alcanza en este poema de Darío un valor interiorizante y filosófico de la búsqueda de la verdad y la sabiduría. A ello se une otro símbolo significativo, el de la copa de plata que representa el don poético, mediante la cual se calma «la sed ardiente» (v. 2) de la belleza y del conocimiento. El agua de la fuente que calma esa sed procede del primigenio orden natural, lo que implica también su lenguaje musical. El final del poema (vv. 9-14) vuelve a aludir al motivo presente en «El reino interior», esta vez sin la contrapartida de las siete virtudes, aunque con una más nítida interiorización: «la fuente está en ti mismo». Hay que recordar las palabras del autor que destacó en este poema «el autoconocimiento y la exaltación de la personalidad» *(Historia de mis libros, op. cit.*, pág. 213). Véase también: Concha Zardoya, «Rubén Darío y la fuente», en *Asomante,* XXIII (1967), págs. 24-37; Humberto Mario Rasi, «Las ánforas de Epicuro: frontera entre dos Daríos», en *Anales de Literatura Hispanoamericana,* IV (1976), págs. 485-491; Cathy Login Jrade, *Rubén Darío y la búsqueda romántica de la unidad,* México, FCE, 1986, págs. 34-36.

*

AMA TU RITMO...

Ama tu ritmo y ritma tus acciones
bajo su ley, así como tus versos;
eres un universo de universos
y tu alma una fuente de canciones.

La celeste unidad que presupones
hará brotar en ti mundos diversos,
y al resonar tus números dispersos
pitagoriza en tus constelaciones.

Escucha la retórica divina
del pájaro del aire y la nocturna
irradiación geométrica adivina;

mata la indiferencia taciturna
y engarza perla y perla cristalina
en donde la verdad vuelca su urna.

Arturo Marasso relaciona este poema con la iniciación pitagórica y con la lectura del libro de Schuré, aunque no deja de añadir el eco de la «Oda a Salinas» de Fray Luis de León *(op. cit.,* págs. 134-137). En la primera deuda insiste Cathy L. Jrade resaltando la solución de lo Uno y lo Plural y la relación del poeta con esa unidad divina cuya proporción es el número *(op. cit.,* págs. 67-69). Pedro Salinas señala que «el poeta ha de escucharse por dentro para dar con su propio ritmo» así como «la música divina, visible en las estrellas, audible en el pájaro, la ajustará a su ritmo» *(op. cit.,* pág. 269; véase también: Guillermo Sucre, *La máscara, la transparencia, op. cit.,* págs. 39-40). En todo caso se trata de una poética, en la que Darío volcó su concepción analógica del mundo y su convicción de la correspondencia del ritmo poético individual con el de la naturaleza, así como su concepción de la belleza.

*

ALMA MÍA

Alma mía, perdura en tu idea divina;
todo está bajo el signo de un destino supremo;
sigue en tu rumbo, sigue hasta el ocaso extremo
por el camino que hacia la Esfinge te encamina.

Corta la flor al paso, deja la dura espina;
en el río de oro lleva a compás el remo;
saluda el rudo arado del rudo Triptolemo,
y sigue como un dios que sus sueños destina...

Y sigue como un dios que la dicha estimula,
mientras la retórica del pájaro te adula
y los astros del cielo te acompañan, y los

ramos de la Esperanza surgen primaverales,
atraviesa impertérrita por el bosque de males
sin temer las serpientes, y sigue, como un dios...

Dentro de la noción órfica de iniciación que le proporcionó el libro de Schuré, Arturo Marasso explica que debió inspirarse en una ilustración de la *Mitología* de Ménard, «El retorno de Perséfone al Olimpo» que Darío relaciona con el mito de Psiquis, y añade, «Pero también es muy probable que Darío haya pensado en el viaje del alma del *Libro de los muertos,* de Egipto [...] En este caso la barca es la de Isis» *(op. cit.,* págs. 147-150). Esta persistencia en el carácter divino del alma cuya esencia es una chispa del ser divino proviene también de tradiciones románticas y esotéricas, idea que desarrolla Cathy L. Jrade en su trabajo *(op. cit.,* págs. 81-84), donde también destaca el grado de madurez poética alcanzada por Darío en el manejo del ritmo y la perfección del soneto en alejandrinos. El poema presenta la trayectoria del alma cuyo destino reside en el significado oculto de la Esfinge. Para el desarrollo y evolución de este símbolo en el poeta, véase: Carmen Ruiz Barrionuevo, «Enigma, deseo y escritura en Rubén Darío», en Trinidad Barrera (ed.), *Modernismo y modernidad en el ámbito hispánico,* Sevilla, Universidad Internacional de Andalucía / Asociación Española de Estudios Literarios Hispanoamericanos, 1998, págs. 97-102. Este itinerario del alma continúa en el segundo cuarteto donde la alusión en el verso 7 a Triptolemo —héroe griego que introdujo el arado y el cultivo de los cereales por inspiración y enseñanza de Deméter, diosa de los cultivos— parece presentar en el poema un obstáculo que debe salvarse en ese camino del alma cuyo destino es más alto: «y sigue como un dios que sus sueños destina...» (v. 8).

*

YO PERSIGO UNA FORMA...

Yo persigo una forma que no encuentra mi estilo,
botón de pensamiento que busca ser la rosa;
se anuncia con un beso que en mis labios se posa
al abrazo imposible de la Venus de Milo.

Adornan verdes palmas el blanco peristilo;
los astros me han predicho la visión de la Diosa;
y en mi alma reposa la luz como reposa
el ave de la luna sobre un lago tranquilo.

Y no hallo sino la palabra que huye,
la iniciación melódica que de la flauta fluye
y la barca del sueño que en el espacio boga;

y bajo la ventana de mi Bella-Durmiente,
el sollozo continuo del chorro de la fuente
y el cuello del gran cisne blanco que me interroga.

De nuevo se trata del tema de la creación poética cuyo desarrollo se articula mediante las correspondencias entre las imágenes que remiten a su vez a otros poemas de Darío: la rosa, Venus, el templo o altar interior, el lago, la flauta, la Bella-Durmiente de «El reino interior», el chorro de la fuente y «el cuello del gran cisne blanco que me interroga» (v. 14). Como aclara Enrique Anderson Imbert, que realiza un análisis de las correspondencias interiores y exteriores del poema, «en el lenguaje poético, que está entre la Música y el Álgebra, la palabra no es sólo sonido, también es sentido [y] el análisis semántico [de "Yo persigo una forma..."] revela la misma perfección formal del análisis acústico» *(La originalidad de Rubén Darío,* Buenos Aires, Centro Editor de América Latina, 1967, pág. 98).

La imagen de la Diosa en el templo en la obra de Darío como enigma y objetivo, como Belleza absoluta, culmina en este poema tal y como ha analizado Alfonso García Morales («El templo de la diosa, una imagen sobre la religión del arte en Rubén Darío», en Luis Gómez Canseco [ed.], *Las formas del mito en las Literaturas Hispánicas del siglo XX,* Universidad de Huelva, Servicio de Publicaciones, 1994, págs. 23-51), «es un poema de la antesala, de la esperanza y la frustración: el botón que no llega a ser la rosa, el beso que no culmina en abrazo, la visión que no se cumple».

CANTOS DE VIDA Y ESPERANZA. LOS CISNES Y OTROS POEMAS

I

Yo soy aquel que ayer no más decía
el verso azul y la canción profana,
en cuya noche un ruiseñor había
que era alondra de luz por la mañana.

El dueño fui de mi jardín de sueño,
lleno de rosas y de cisnes vagos;
el dueño de las tórtolas, el dueño
de góndolas y liras en los lagos;

y muy siglo diez y ocho y muy antiguo
y muy moderno; audaz, cosmopolita;
con Hugo fuerte y con Verlaine ambiguo,
y una sed de ilusiones infinita.

Yo supe de dolor desde mi infancia,
mi juventud... ¿fue juventud la mía?
Sus rosas aún me dejan su fragancia...
una fragancia de melancolía...

Potro sin freno se lanzó mi instinto,
mi juventud montó potro sin freno;
iba embriagada y con puñal al cinto;
si no cayó, fue porque Dios es bueno.

En mi jardín se vio una estatua bella;
se juzgó mármol y era carne viva;
una alma joven habitaba en ella,
sentimental, sensible, sensitiva.

Y tímida ante el mundo, de manera
que encerrada en silencio no salía,
sino cuando con la dulce primavera
en la hora de la melodía...

Hora de ocaso y de discreto beso;
hora crepuscular y de retiro;
hora de madrigal y de embeleso,
de «te adoro», y de «¡ay!» y de suspiro.

Y entonces era en la dulzaina un juego
de misteriosas gamas cristalinas,
un renovar de notas del Pan griego
y un desgranar de músicas latinas.

Con aire tal y con ardor tan vivo,
que a la estatua nacían de repente
en el muslo viril patas de chivo
y dos cuernos de sátiro en la frente.

Como la Galatea gongorina
me encantó la marquesa verleniana,
y así juntaba a la pasión divina
una sensual hiperestesia humana;

todo ansia, todo ardor, sensación pura
y vigor natural; y sin falsía,
y sin comedia y sin literatura...:
si hay una alma sincera, ésa es la mía.

La torre de marfil tentó mi anhelo;
quise encerrarme dentro de mí mismo,
y tuve hambre de espacio y sed de cielo
desde las sombras de mi propio abismo.

Como la esponja que la sal satura
en el jugo del mar, fue el dulce y tierno
corazón mío, henchido de amargura
por el mundo, la carne y el infierno.

Más, por gracia de Dios, en mi conciencia
el Bien supo elegir la mejor parte;
y si hubo áspera hiel en mi existencia,
melificó toda acritud el Arte.

Mi intelecto libré de pensar bajo,
bañó el agua castalia el alma mía,
peregrinó mi corazón y trajo
de la sagrada selva la harmonía.

¡Oh, la selva sagrada! ¡Oh, la profunda
emanación del corazón divino
de la sagrada selva! ¡Oh, la fecunda
fuente cuya virtud vence al destino!

Bosque ideal que lo real complica,
allí el cuerpo arde y vive y Psiquis vuela;
mientras abajo el sátiro fornica,
ebria de azul deslíe Filomela.

Perla de ensueño y música amorosa
en la cúpula en flor del laurel verde,
Hipsipila sutil liba en la rosa,
y la boca del fauno el pezón muerde.

Allí va el dios en celo tras la hembra,
y la caña de Pan se alza del lodo;
la eterna vida sus semillas siembra,
y brota la armonía del gran Todo.

El alma que entra allí debe ir desnuda,
temblando de deseo y fiebre santa,
sobre cardo heridor y espina aguda:
así sueña, así vibra y así canta.

Vida, luz y verdad, tal triple llama
produce la interior llama infinita.
El Arte puro como Cristo exclama:
Ego sum lux et veritas et vita!

Y la vida es misterio, la luz ciega
y la verdad inaccesible asombra;
la adusta perfección jamás se entrega,
y el secreto ideal duerme en la sombra.

Por eso ser sincero es ser potente;
de desnuda que está, brilla la estrella;
el agua dice el alma de la fuente
en la voz de cristal que fluye de ella.

Tal fue mi intento, hacer del alma pura
mía, una estrella, una fuente sonora,
con el horror de la literatura
y loco de crepúsculo y de aurora.

Del crepúsculo azul que da la pauta
que los celestes éxtasis inspira,
bruma y tono menor —¡toda la flauta!,
y Aurora, hija del Sol —¡toda la lira!

Pasó una piedra que lanzó una honda;
pasó una flecha que aguzó un violento.
La piedra de la honda fue a la onda,
y la flecha del odio fuese al viento.

La virtud está en ser tranquilo y fuerte;
con el fuego interior todo se abrasa;
se triunfa del rencor y de la muerte,
y hacia Belén... ¡la caravana pasa!

Fechado en París en 1904, fue publicado por vez primera en la revista *Alma Española,* el 7 de febrero de 1904, a solicitud de Azorín. El poema abre *Cantos de vida y esperanza* marcando un tono distinto, de más continuada reflexión, manifestando cierto quiebro con la primera edición de *Prosas profanas*. La primera mitad del poema (vv. 1-56) —todo realizado en endecasílabos agrupados en cuartetos— pasa revista con alguna melancolía a su vida anterior, y como vida y literatura se dan siempre imbricadas, dominan los valores metapoéticos de definición de su estética. Darío comenta el carácter introductor y de revisión de su arte y de su vida anterior en *Historia de mis libros (Obras completas, op. cit.,* pág. 215). Por eso la interpretación de Pedro Salinas —«Y como está allí esa su verdad, allí tiene que estar la trágica verdad suya del tema erótico, la constante oposición, el dualismo lidiador, distintivo de su modo de vida» *(op. cit.* pág. 259)— en exceso apegada a su tesis de la agonía erótica, tan sólo ofrece validez en cuanto destaca la importancia de su doctrina estética. La segunda parte del poema está marcada por el verso «melificó toda acritud el arte» (v. 60) y sobre todo por la referencia al «agua castalia» (v. 62) —de la fuente Castalia que brotaba en el monte Parnaso, sede de Apolo y las musas, cuya agua inspiraba a los poetas— y por estos otros versos: «peregrinó mi corazón y trajo / de la sagrada selva la armonía» (vv. 63-64). Ángel Rama ha sabido destacar cómo en ellos la preeminencia del arte constituye la idea central, y resalta la segunda parte que desarrolla el ámbito de la *selva sagrada:* «la selva es lo real, es el universo de la materia y de las construcciones que con ella hace el hombre, pero emana del espíritu divino» y añade cómo la descripción subraya las parejas de opuestos abusando de las ideas católicas «pero con una distorsión que parece apuntar a las fuentes gnósticas del ocultismo renaciente a fines del siglo XIX», es decir, cómo los contrarios restituyen la unidad en el universo (Ángel Rama, prólogo a Rubén Darío, *Poesía, op. cit.,* págs. XXXIII-XXXIV). La selva sagrada, cuyas raíces podemos encontrar en poemas como «El reino interior» constituye una potente creación simbolista de Darío, en ella se afincan los elementos decisivos de su estética, el agua, la fuente, el azul, Psiquis o el alma, Filomela o el ruiseñor, y toda la imaginería mitológica; además constituye un centro de peregrinación mística: «El alma que entra allí debe ir desnuda, / temblando de deseo y fiebre santa» (vv. 81-82), que culmina en la referencia religiosa a Cristo mediante la frase latina «Yo soy la luz, la verdad y la vida» (v. 88) y en la convicción del misterio de la vida que cierra el poema en la seguridad de la fuerza interior: «con el fuego interior todo se abrasa» (v. 110); versos que marcan en su sincera proyección una nueva etapa en la poesía dariana.

*

SALUTACIÓN DEL OPTIMISTA

Ínclitas razas ubérrimas, sangre de Hispania fecunda,
espíritus fraternos, luminosas almas, ¡salve!
Porque llega el momento en que habrán de cantar nuevos
[himnos
lenguas de gloria. Un vasto rumor llena los ámbitos;

mágicas ondas de vida van renaciendo de pronto:
retrocede el olvido, retrocede engañada la muerte;
se anuncia un reino nuevo, feliz sibila sueña
y en la caja pandórica de que tantas desgracias surgieron
encontramos de súbito, talismánica, pura, riente,
cual pudiera decirla en sus versos Virgilio divino,
la divina reina de luz, ¡la celeste Esperanza!

Pálidas indolencias, desconfianzas fatales que a tumba
o a perpetuo presidio condenasteis al noble entusiasmo,
ya veréis el salir del sol en un triunfo de liras,
mientras dos continentes, abonados de huesos gloriosos,
del Hércules antiguo la gran sombra soberbia evocando,
digan al orbe: la alta virtud resucita
que a la hispana progenie hizo dueña de siglos.

Abominad la boca que predice desgracias eternas,
abominad los ojos que ven sólo zodíacos funestos,
abominad las manos que apedrean las ruinas ilustres,
o que la tea empuñan o la daga suicida.

Siéntense sordos ímpetus en las entrañas del mundo,
la inminencia de algo fatal hoy conmueve la Tierra;
fuertes colosos caen, se desbandan bicéfalas águilas,
y algo se inicia como vasto social cataclismo
sobre la faz del orbe. ¿Quién dirá que las savias dormidas
no despierten entonces en el tronco del roble gigante
bajo el cual se exprimió la ubre de la loba romana?
¿Quién será el pusilánime que al vigor español niegue
[músculos
y que al alma española juzgase áptera y ciega y tullida?
No es Babilonia ni Nínive enterrada en olvido y en polvo
ni entre momias y piedras reina que habita el sepulcro,
la nación generosa, coronada de orgullo inmarchito,
que hacia el lado del alba fija las miradas ansiosas,
ni la que tras los mares en que yace sepultada la Atlántida,
tiene su coro de vástagos, altos, robustos y fuertes.

Únanse, brillen, secúndense tantos vigores dispersos;
formen todos un solo haz de energía ecuménica.
Sangre de Hispania fecunda, sólidas, ínclitas razas,
muestren los dones pretéritos que fueron antaño su triunfo.
Vuelva el antiguo entusiasmo, vuelva el espíritu ardiente
que regará lenguas de fuego en esa epifanía.
Juntas las testas ancianas ceñidas de líricos lauros
y las cabezas jóvenes que la alta Minerva decora,
así los manes heroicos de los primitivos abuelos,
de los egregios padres que abrieron el surco pristino,
sientan los soplos agrios de primaverales retornos
y el rumor de espigas que inició la labor triptolémica.
Un continente y otro renovando las viejas prosapias,
en espíritu unidos, en espíritu y ansias y lengua,
ven llegar el momento en que habrían de cantar nuevos
[himnos.

La latina estirpe verá la gran alba futura,
y en un trueno de música gloriosa, millones de labios
saludarán la espléndida luz que vendrá del Oriente,
Oriente augusto en donde todo lo cambia y renueva
la eternidad de Dios, la actividad infinita.
Y así sea esperanza la visión permanente en nosotros.
¡Ínclitas razas ubérrimas, sangre de Hispania fecunda!

*

Apareció por primera vez en la *Revista Hispano-Americana,* en Madrid, en abril de 1905, con la siguiente nota que se refiere a un acto celebrado el 28 de marzo anterior: «En la sesión celebrada en el Ateneo por la Liga Hispanoamericana leyó el ilustre escritor nicaragüense Rubén Darío la siguiente composición que publicamos, agradeciendo al poeta el honor que concede a la *Revista Hispano-Americana,* brindándola el original, cuya lectura fue recibida con inequívocas muestras de entusiasmo». Juan Ramón Jiménez fue testigo de la impresión que causó esta lectura así como de la redacción del poema en Madrid, en las pausas de su ebriedad, usando como secretario a «(un pobre funcionario cesante, muy pintoresco, que se daba gran importancia porque había leído algo de Vicente Blasco Ibáñez), otras [veces a] quien estuviera en la habitación, la criada, yo, el pupilero, algún poeta joven de la bohemia madrileña» *(Mi Rubén Darío, op. cit.,* pág. 138).

Este poema, en su exaltación de himno, como otros incluidos en este libro, siguen la inclinación hispanizante que había abierto en el fin de siglo el acabamiento del colonialismo español y que poéticamente se traducirá en la corriente llamada *Mundonovismo*. Esta temática, que no es más que la manifestación poética de otra tendencia, el *Arielismo* —más compleja y argumentada en el plano del pensamiento y de la cultura, y que habría de tener gran difusión en los centros intelectuales hispanoamericanos de las primeras décadas del siglo—. De ahí la temática del poema, que es, desde luego, una optimista salutación, que conjura los males del pasado (v. 19) y también emprende un canto exaltatorio y lleno de esperanza hacia la raza hispana (vv. 38 y sigs.), para cerrar al final: «La latina estirpe verá la gran alba futura» (v. 53). (Véase también: Alberto Julián Pérez, *La poética de Rubén Darío*, Madrid, Orígenes, 1992, págs. 67 y 139).

Gran importancia tiene la parte métrica de este poema pues responde al propósito que Darío se había planteado en el «Prefacio» de *Cantos de vida y esperanza*: «En todos los países cultos de Europa se ha usado el hexámetro absolutamente clásico, sin que la mayoría letrada y, sobre todo, la minoría leída, se asustasen de semejante manera de cantar» *(Poesía, op. cit.*, pág. 243). Siguiendo esta intención Darío adapta aquí el hexámetro clásico basándose en la intensidad del acento para sustituir a la cantidad en el verso clásico. El efecto logrado es de gran eficacia y sonoridad; como dice Salinas «La ocasión del poema y su métrica casan perfectamente» y advierte cómo «Darío ha recobrado el antiguo sentido de una poesía cantada a una multitud de hombres que aguardan sus palabras» *(op. cit.*, pág. 233; véase también: Antonio Oliver Belmás, «Los hexámetros» en *Este otro Rubén Darío,* Barcelona, Aedos, 1960, págs. 397-403).

*

A ROOSEVELT

¡Es con voz de la Biblia, o verso de Walt Whitman,
que habría que llegar hasta ti, Cazador!
¡Primitivo y moderno, sencillo y complicado,
con un algo de Wáshington y cuatro de Nemrod!

Eres los Estados Unidos,
eres el futuro invasor
de la América ingenua que tiene sangre indígena,
que aún reza a Jesucristo y aún habla en español.

Eres soberbio y fuerte ejemplar de tu raza;
eres culto, eres hábil; te opones a Tolstoy.
Y domando caballos, o asesinando tigres,
eres un Alejandro-Nabucodonosor.
(Eres un profesor de energía,
como dicen los locos de hoy.)

Crees que la vida es incendio,
que el progreso es erupción;
en donde pones la bala
el porvenir pones.
No.

Los Estados Unidos son potentes y grandes.
Cuando ellos se estremecen hay un hondo temblor
que pasa por las vértebras enormes de los Andes.
Si clamáis, se oye como el rugir del león.
Ya Hugo a Grant lo dijo: «Las estrellas son vuestras».
(Apenas brilla, alzándose, el argentino sol
y la estrella chilena se levanta...) Sois ricos.
Juntáis al culto de Hércules el culto de Mammón;
y alumbrando el camino de la fácil conquista,
la Libertad levanta su antorcha en Nueva-York.

Mas la América nuestra, que tenía poetas
desde los viejos tiempos de Netzahualcoyotl,
que ha guardado las huellas de los pies del gran Baco,
que el alfabeto pánico en un tiempo aprendió;
que consultó los astros, que conoció la Atlántida,
cuyo nombre nos llega resonando en Platón,
que desde los remotos momentos de su vida
vive de luz, de fuego, de perfume, de amor,
la América del grande Moctezuma, del Inca,
la América fragante de Cristóbal Colón,
la América católica, la América española,
la América en que dijo el noble Guatemoc:
«Yo no estoy en un lecho de rosas»; esa América
que tiembla de huracanes y que vive de Amor;
hombres de ojos saltones y alma bárbara, vive.

Y sueña. Y ama, y vibra; y es la hija del Sol.
Tened cuidado. ¡Vive la América española!,
hay mil cachorros sueltos del León Español.
Se necesitaría, Roosevelt, ser por Dios mismo,
el Riflero terrible y el fuerte Cazador,
para poder tenernos en vuestras férreas garras.

Y, pues contáis con todo, falta una cosa: ¡Dios!

*

Este poema está datado en Málaga en 1904 y publicado por primera vez en *Helios* de Madrid en febrero del mismo año.

El propio Darío indicó que en él «se preconizaba la solidaridad del alma hispanoamericana ante las posibles tentativas imperialistas de los hombres del Norte» (*Historia de mis libros*, *op. cit.*, pág. 217). El poema, como «Salutación del optimista», se encuentra ya dentro de esa fase crepuscular del modernismo que se ha denominado *Mundonovismo* y la antítesis que lo rige, dentro de su simplicidad y final efectista, presenta enorme maestría. En palabras de Juan Ramón Jiménez: «Esas estrofas de bronce y de rosas que el gran poeta dice a Roosevelt, están aprendidas en el trueno espumoso de las olas. Hay dentro de ellas una marina apoteosis de gloria, presidida por Dios, en un fondo de cielo abierto, entre guirnaldas de lirios, con trompetas sonoras, alegres clamores y cánticos celestes de niños y vírgenes» (Juan Ramón Jiménez, *Mi Rubén Darío*, *op. cit.*, págs. 169-170. Véanse también págs. 175-179). Los contradictorios sentimientos que el poeta tenía respecto a Roosevelt pueden verse, por ejemplo, en «El arte de ser presidente de la república. Roosevelt» (*La Nación*, 13 de noviembre de 1904): «Se sabe que Roosevelt junta, entre otras dos condiciones que se creerían contrarias: el ser hombre de letras y hombre de *sports*. Hace libros y caza osos y tigres». Termina diciendo: «Es digno de su pueblo. Es un yanqui representativo. Tiene en su cerebro grandes cosas. Tengamos cuidado» (*Escritos dispersos de Rubén Darío recogidos de periódicos de Buenos Aires*, ed. Pedro Luis Barcia, La Plata, Universidad Nacional de La Plata, 1977, tomo II, págs. 214-217). Un análisis de sus contradicciones puede verse en Jaime Concha, *Rubén Darío*, Madrid, Júcar, 1975, en el apartado titulado «Dos poemas ante los Estados Unidos», págs. 48-54.

Roosevelt fue presidente de los Estados Unidos de 1901 a 1909 y propició una política de expansión imperialista cuyo sentido fue la separación de Panamá de Colombia con objeto de favorecer la construcción del canal transoceánico. Estas acciones despertaron rechazo de los intelectuales del continente. Darío va asociando en el poema nombres bíblicos como el ejemplar cazador Nemrod (v. 4); Alejandro-Nabucodonosor (v. 12), Alejandro Magno y Nabucodonosor el Grande que conquistó Jerusalem y sometió a sus habitantes. Hace también una referencia al presidente Grant (1822-1885) que parece provenir, como dice el poema, de una frase de Victor Hugo que en 1877 se enfrentó en varios artículos al presidente norteamericano en su visita a París, una de cuyas frases se refirió a las estrellas de la bandera norteamericana: «Las estrellas son vuestras» (v. 23). Una pista al respecto la dio Darío en «El triunfo de Calibán» aparecido en *El Tiempo* de Buenos Aires el 20 de mayo de 1898 (Rubén Darío, *Escritos inéditos,* notas E. K. Mapes, *op. cit.,* págs. 160-161; véase también la nota aclaratoria de Ernesto Mejía Sánchez en Rubén Darío, *Poesía,* Bib. Ayacucho, pág. LXIX). «Juntáis al culto de Hércules el culto de Mammón» (v. 26) hace referencia al uso de la fuerza y del dinero, Mammón, dios de las riquezas para los fenicios.

La última parte del poema se centra en los valores de «la América nuestra» (v. 29), con cuya expresión rinde homenaje a José Martí, que acuñó el término de «Nuestra América», difundido muy pronto por todo el continente, sobre todo gracias a su ensayo del mismo título *(El Partido Liberal,* de México, 30 de enero de 1891). La «América nuestra» combina en estos versos los valores hispanos junto con los autóctonos indígenas: Netzahualcóyotl, rey-poeta de Texcoco muerto hacia 1470, una de las figuras más importantes de la cultura autóctona de los antiguos mexicanos; Moctezuma; el Inca, y Guatemoc, o Cuauhtémoc (1495-1522), el último emperador azteca que pronunció esa frase mientras los soldados españoles lo torturaban.

*

¡Torres de Dios! ¡Poetas!
¡Pararrayos celestes,
que resistís las duras tempestades,
como crestas escuetas,
como picos agrestes,
rompeolas de las eternidades!

La mágica esperanza anuncia un día
en que sobre la roca de armonía
expirará la pérfida sirena.
¡Esperad, esperemos todavía!

Esperad todavía.
El bestial elemento se solaza

en el odio a la sacra poesía
y se arroja baldón de raza a raza.

La insurrección de abajo
tiende a los Excelentes.
El caníbal codicia su tasajo
con roja encía y afilados dientes.

Torres, poned al pabellón sonrisa.
Poned ante ese mal y ese recelo
una soberbia insinuación de brisa
y una tranquilidad de mar y cielo...

Está fechado en París en 1903 y fue escrito en un ejemplar de la segunda edición de *Prosas profanas* enviado por Juan Ramón Jiménez a fines de 1902 y devuelto por Darío con el manuscrito el 4 de julio del siguiente año (Juan Ramón Jiménez, *Mi Rubén Darío, op. cit.*, pág. 136).

En acertada interpretación de Pedro Salinas, se conjugan las dos concepciones, la victorhuguesca y la del arte por el arte, de tal modo que la sucesión metafórica pertenece a la visión de la primera *(op. cit.*, pág. 280). A su vez Ricardo Gullón encuentra en el poema «conciencia de misión y aristocratismo intelectual, ligado y como derivado éste de aquélla» y a la vez la presencia de la serenidad, más que la rebeldía, como consecuencia de la convicción de sus ideas («Esteticismo y modernismo», en *Cuadernos Hispanoamericanos*, 212-213 [1967], págs. 373-387). El símbolo de la torre de indudable procedencia bíblica, significa defensa y fortaleza y se erige aquí en un notable símbolo modernista que habrá de tener también su descendencia. Ante la torre «el bestial elemento se solaza» (v. 12), es decir, cuantos no entienden la verdadera razón de la poesía, entre ellos el despreciable burgués.

*

CANTO DE ESPERANZA

Un gran vuelo de cuervos mancha el azul celeste.
Un soplo milenario trae amagos de peste.
Se asesinan los hombres en el extremo Este.

¿Ha nacido el apocalíptico Anticristo?
Se han sabido presagios y prodigios se han visto
y parece inminente el retorno del Cristo.

La tierra está preñada de dolor tan profundo
que el soñador, imperial meditabundo,
sufre con las angustias del corazón del mundo.

Verdugos de ideales afligieron la tierra,
en un pozo de sombra la humanidad se encierra
con los rudos molosos del odio y de la guerra.

¡Oh, Señor Jesucristo!, por qué tardas, qué esperas
para tender tu mano de luz sobre las fieras
y hacer brillar al sol tus divinas banderas!

Surge de pronto y vierte la esencia de la vida
sobre tanta alma loca, triste o empedernida
que amante de tinieblas tu dulce aurora olvida.

Ven, Señor, para hacer la gloria de ti mismo,
ven con temblor de estrellas y horror de cataclismo,
ven a traer amor y paz sobre el abismo.

Y tu caballo blanco, que miró el visionario,
pase. Y suene el divino clarín extraordinario.
Mi corazón será brasa de tu incensario.

Dice el poeta: «En "Canto de esperanza" vuelvo mis ojos al inmenso resplandor de la figura de Cristo, y grito por su retorno como salvación ante los desastres de la tierra envenenada por las pasiones de los hombres» *(Historia de mis libros, op. cit.*, pág. 218). Apunta Arturo Marasso que debió ser escrita en 1904 probablemente impresionado por los rumores de una guerra mundial *(op. cit.*, págs. 177-178), pero no tenemos testimonios que lo confirmen. Lo que sí parece evidente es que recoge motivos como el del caballo blanco que procede del Apocalipsis. VI, 2, y que a su vez trata el conocido tópico finisecular del «retorno de Cristo» que responde al despertar de las exigencias espirituales y metafísicas en estos años (Hans Hinterhauser, *Fin de siglo, op. cit.*, pág. 20). De acuerdo con ello el poema expresa la oposición de dos reinos, el del Anticristo o del Mal, y el de Jesucristo o del Bien. De acuerdo con estas premisas puede verse el análisis de Dante Barrientos Tecún, «Una lectura contemporánea de Rubén Darío: "Canto de esperanza"», en Jacques Issorel (coord.), *El cisne y la paloma. Once estudios sobre Rubén Darío reunidos por Jacques Issorel*, Presses Universitaires de Perpignan, 1995, págs. 12-18.

*

SPES

Jesús, incomparable perdonador de injurias,
óyeme; Sembrador de trigo, dame el tierno
pan de tus hostias; dame, contra el sañudo infierno,
una gracia lustral de iras y lujurias.
Dime que este espantoso horror de la agonía
que me obsede, es no más de mi culpa nefanda,
que al morir hallaré la luz de un nuevo día
y que entonces oiré mi «¡Levántate y anda!».

Se suele fechar este poema hacia 1905 y no tenemos testimonios de su publicación en revistas. Presenta la faceta cristiana de su autor y de nuevo la obsesión por la figura de Cristo tal y como aparece en otras varias obras finiseculares (Hans Hinterhäuser, *op. cit.*, págs. 15-39). El uso del latín, *spes,* esperanza, era signo frecuente de prestigio y aristocracia que venía propiciado también por el uso que de esta lengua se hacía en los rituales católicos.

*

MARCHA TRIUNFAL

¡Ya viene el cortejo!
¡Ya viene el cortejo! Ya se oyen los claros clarines.
La espada se anuncia con vivo reflejo;
ya viene, oro y hierro, el cortejo de los paladines.

Ya pasa debajo los arcos ornados de blancas Minervas y Martes,
los arcos triunfales en donde las Famas erigen sus largas
[trompetas,
la gloria solemne de los estandartes
llevados por manos robustas de heroicos atletas.
Se escucha el ruido que forman las armas de los caballeros,
los frenos que mascan los fuertes caballos de guerra,
los cascos que hieren la tierra
y los timbaleros,
que el paso acompasan con ritmos marciales.
¡Tal pasan los fieros guerreros
debajo los arcos triunfales!

Los claros clarines de pronto levantan sus sones,
su canto sonoro,
su cálido coro,
que envuelve en un trueno de oro
la augusta soberbia de los pabellones.
Él dice la lucha, la herida venganza,
las ásperas crines,
los rudos penachos, la pica, la lanza,
la sangre que riega de heroicos carmines
la tierra;
los negros mastines
que azuza la muerte, que rige la guerra.

Los áureos sonidos
anuncian el advenimiento
triunfal de la Gloria;
dejando el picacho que guarda sus nidos,
tendiendo sus alas enormes al viento,
los cóndores llegan. ¡Llegó la victoria!

Ya pasa el cortejo.
Señala el abuelo los héroes al niño:
ved cómo la barba del viejo
los bucles de oro circunda de armiño.

Las bellas mujeres aprestan coronas de flores,
y bajo los pórticos vense sus rostros de rosa;
y la más hermosa
sonríe al más fiero de los vencedores.
¡Honor al que trae cautiva la extraña bandera;
honor al herido y honor a los fieles
soldados que muerte encontraron por mano extranjera!
¡Clarines! ¡Laureles!

Las nobles espadas de tiempos gloriosos,
desde sus panoplias saludan las nuevas coronas y lauros:
las viejas espadas de los graneros, más fuertes que osos,
hermanos de aquellos lanceros que fueron centauros.
Las trompas guerreras resuenan;
de voces los aires se llenan...

—A aquellas antiguas espadas,
a aquellos ilustres aceros,
que encarnan las glorias pasadas...
Y al sol que hoy alumbra las nuevas victorias ganadas,
y al héroe que guía su grupo de jóvenes fieros,
al que ama la insignia del suelo materno,
al que ha desafiado, ceñido el acero y el arma en la mano,
los soles del rojo verano,
las nieves y vientos del gélido invierno,
la noche, la escarcha
y el odio y la muerte, por ser por la patria inmortal,
¡saludan con voces de bronce las tropas de guerra que
[tocan la marcha
triunfal!...

Escrita y fechada en la isla de Martín García, en mayo 1895, aparece en el número extraordinario de *La Nación*, el 25 de mayo del mismo año con ocasión de la fiesta patria argentina. Darío vuelve a realizar un ejercicio poético, de estirpe musical al resolver el ritmo del poema en pies métricos; se trata de una cláusula prosódica anfibráquica, oóo, que adquiere ritmo dactílico en el desenvolvimiento del verso (T. Navarro Tomás, *Arte del verso,* México, Compañía General de Ediciones, 1959, pág. 67). Él mismo confiesa en *Historia de mis libros* que este poema «es un "triunfo" de la decoración y de la música» *(Obras completas,* vol. I, *op. cit.,* pág. 218) y Arturo Marasso añade que «es también un triunfo en la acepción pictórica del Renacimiento» porque «sugiere bajorrelieves de evocación romana que magnifican la vuelta de los vencedores, el simulacro triunfal de épocas pretéritas y renovadas, la apoteósis» *(op. cit.,* pág. 191). También este mismo autor ha señalado los ecos de Hugo, de Verlaine y de la música de Wagner. Las anáforas, los paralelismos, las recurrencias aliterativas y rítmicas del poema son constantes, desde el comienzo marcado por isotopías vocálicas y consonánticas que alcanzan un valor onomatopéyico: «¡Ya viene el cortejo! Ya se oyen los claros clarines» (v. 2) desarrollado más adelante en los versos 16 y sigs.: «su canto sonoro, / su cálido coro, / que envuelve en un trueno de oro». Es evidente que un poema como éste lo contemplamos hoy como un brillante ejercicio poético desligado de cualquier anécdota ocasional, sea real o no, como en un caso se ha apuntado acerca de la posible dedicatoria al ejército argentino o como refiere Alejandro Sux que le confesó Darío que improvisó el poema en la madrugada, después de haber visto en la ópera *Aída* de Verdi el retorno triunfante de Radamés (E. Mejía Sánchez, en *Poesía, op. cit.,* pág. LXVII; Anderson Imbert, *La originalidad..., op. cit.,* pág. 117).

*

LOS CISNES

A Juan R(amón) Jiménez

I

¿Qué signo haces, oh Cisne, con tu encorvado cuello
al paso de los tristes y errantes soñadores?
¿Por qué tan silencioso de ser blanco y ser bello,
tiránico a las aguas e impasible a las flores?

Yo te saludo ahora como en versos latinos
te saludara antaño Publio Ovidio Nasón.
Los mismos ruiseñores cantan los mismos trinos,
y en diferentes lenguas es la misma canción.

A vosotros mi lengua no debe ser extraña.
A Garcilaso visteis, acaso, alguna vez...
Soy un hijo de América, soy un nieto de España...
Quevedo pudo hablaros en verso en Aranjuez...

Cisnes, los abanicos de vuestras alas frescas
den a las frentes pálidas sus caricias más puras
y alejen vuestras blancas figuras pintorescas
de nuestras mentes tristes las ideas obscuras.

Brumas septentrionales nos llenan de tristezas,
se mueren nuestras rosas, se agostan nuestras palmas,
casi no hay ilusiones para nuestras cabezas,
y somos los mendigos de nuestras pobres almas.

Nos predican la guerra con águilas feroces,
gerifaltes de antaño revienen a los puños,
mas no brillan las glorias de las antiguas hoces,
ni hay Rodrigos ni Jaimes, ni hay Alfonsos ni Nuños.

Faltos del alimento que dan las grandes cosas,
¿qué haremos los poetas sino buscar tus lagos?
A falta de laureles son muy dulces las rosas,
y a falta de victorias busquemos los halagos.

La América Española como la España entera
fija está en el Oriente de su fatal destino;
yo interrogo a la Esfinge que el porvenir espera
con la interrogación de tu cuello divino.

¿Seremos entregados a los bárbaros fieros?
¿Tantos millones de hombres hablaremos inglés?
¿Ya no hay nobles hidalgos ni bravos caballeros?
¿Callaremos ahora para llorar después?

He lanzado mi grito, Cisnes, entre vosotros,
que habéis sido los fieles en la desilusión,
mientras siento una fuga de americanos potros
y el estertor postrero de un caduco león...

... Y un Cisne negro dijo: «La noche anuncia el día».
Y uno blanco: «¡La aurora es inmortal, la aurora
es inmortal!». ¡Oh tierras de sol y de armonía,
aún guarda la Esperanza la caja de Pandora!

II

EN LA MUERTE DE RAFAEL NÚÑEZ

Que sais-je?

El pensador llegó a la barca negra;
y le vieron hundirse
en las brumas del lago del Misterio
los ojos de los Cisnes.

Su manto de poeta
reconocieron los ilustres lises
y el laurel y la espina entremezclados
sobre la frente triste.

A lo lejos alzábanse los muros
de la ciudad teológica, en que vive
la sempiterna Paz. La negra barca

llegó a la ansiada costa, y el sublime
espíritu gozó la suma gracia;
y ¡oh Montaigne! Núñez vio la cruz erguirse,
y halló al pie de la sacra Vencedora
el helado cadáver de la Esfinge.

III

Por un momento, oh Cisne, juntaré mis anhelos
a los de tus dos alas que abrazaron a Leda,
y a mi maduro ensueño, aún vestido de seda,
dirás, por los Dioscuros, la gloria de los cielos.

Es el otoño. Ruedan de la flauta consuelos.
Por un instante, oh Cisne, en la obscura alameda
sorberé entre dos labios lo que el Pudor me veda,
y dejaré mordidos Escrúpulos y Celos.

Cisne, tendré tus alas blancas por un instante,
y el corazón de rosa que hay en tu dulce pecho
palpitará en el mío con su sangre constante.

Amor será dichoso, pues estará vibrante
el júbilo que pone al gran Pan en acecho
mientras un ritmo esconde la fuente de diamante.

IV

¡Antes de todo, gloria a ti, Leda!,
tu dulce vientre cubrió de seda
el Dios. ¡Miel y oro sobre la brisa!
Sonaban alternativamente
flauta y cristales, Pan y la fuente.
¡Tierra era canto, Cielo sonrisa!

Ante el celeste, supremo acto,
dioses y bestias hicieron pacto.
Se dio a la alondra la luz del día,
se dio a los búhos sabiduría,

y mediodías al ruiseñor.
A los leones fue la victoria,
para las águilas toda la gloria,
y a las palomas todo el amor.

Pero vosotros sois los divinos
príncipes. Vagos como las naves,
inmaculados como los linos,
maravillosos como las aves.

En vuestros picos tenéis las prendas,
que manifiestan corales puros.
Con vuestros pechos abrís las sendas
que arriba indican los Dïoscuros.

Las dignidades de vuestros actos,
eternizadas en lo infinito,
hacen que sean ritmos exactos,
voces de ensueño, luces de mito.

De orgullo olímpico sois el resumen,
¡oh, blancas urnas de la harmonía!
Ebúrneas joyas que anima un numen
con su celeste melancolía.

¡Melancolía de haber amado,
junto a la fuente de la arboleda,
el luminoso cuello estirado
entre los blancos muslos de Leda!

Este título corresponde a toda una sección de *Cantos de vida y esperanza,* que consta de cuatro poemas y está dedicada a Juan Ramón Jiménez. El primero, *¿Qué signo haces, oh Cisne, con tu encorvado cuello...,* el tercero, *Por un momento, oh Cisne, juntaré mis anhelos,* y el cuarto, *¡Antes de todo, gloria a ti, Leda!* parece que no fueron publicados con anterioridad, en cambio el segundo, «En la muerte de Rafael Núñez» se publicó en octubre de 1894 en la *Revista de América,* en el tercer número. Rafael Núñez (1825-1894) fue poeta colombiano —sus *Poesías* (1889) gozaron de gran fama— y al mismo tiempo también presidente de su país desde 1880 hasta su muerte; tuvo amistad con Darío al que le proporcionó alguna ayuda en forma de empleos diplomáticos, y también fue colaborador de la *Revista de América*.

En «¿Qué signo haces, oh Cisne, con tu encorvado cuello...» construido en alejandrinos agrupados en cuartetos, el tema del cisne olímpico de origen clásico, tan cantado por Ovidio (v. 6), que atraviesa el Siglo de Oro español (vv. 10-12), que universaliza la música de Wagner y que se carga en Darío de expresivo erotismo, adopta en este poema un contenido distinto. Salinas se sorprende de este radical cambio y comenta: «El ave de Leda se engrandece, medra hasta proporciones inusitadas en su historia. Su cuello arqueado no lo contemplan melancólicos enamorados, a la margen del lago de azur; lo miran estremecidos y asombrados millares de almas» (Salinas, *La poesía de Rubén Darío, op. cit.*, pág. 232). En efecto, este cisne preciosista, símbolo erótico, que a veces, como hemos señalado, también hace referencia al aislamiento del poeta en la sociedad burguesa, se carga aquí de una nueva significación: el cisne que conlleva la pregunta y a la vez la capacidad de conjuro de los negros pensamientos (v. 16); la clave se comienza a desvelar en el verso 17: «Brumas septentrionales nos llenan de tristezas» y se desarrolla mediante alusiones históricas a las «águilas feroces» (v. 21) del poderío estadounidense y a la decadencia de los héroes de antaño (v. 24). El poema alcanza su máxima tensión en los versos 33 al 36 mediante preguntas retóricas, y se cierra con una luz de esperanza.

El poema segundo de la sección «En la muerte de Rafael Núñez» incluye un epígrafe del mismo autor colombiano que se valió en uno de sus poemas del escéptico *Que sais-je?* de Montaigne, cuyo nombre cita al final del poema. También es real la anécdota de la posterior religiosidad del poeta (vv. 14-16) que se expresa mediante la cruz vencedora de la esfinge.

El tercer poema, «Por un momento, oh Cisne, juntaré mis anhelos...», es un soneto en alejandrinos que hace referencia a la unión de Leda y el cisne, y a cuanto ello implica de erotismo y de carácter divino, pues hay que recordar que Zeus, bajo la forma de cisne, hace madre a Leda de los Dioscuros, los gemelos Cástor y Pólux. La anécdota implica también una exaltación de la unión sexual, cuyo acto se entiende como propiciador del ritmo que «esconde la fuente de diamante» (v. 14). La misma línea sigue el cuarto poema, «¡Antes de todo, gloria a ti, Leda!...», que toma un carácter de exaltación del acto sexual císnico como origen de todas las cosas (vv. 7-14), para encerrar en su emblema «ritmos exactos, / voces de ensueño, luces de mito» (vv. 25-26).

Un interesante estudio genético y semiológico de estos poemas, y al mismo tiempo una interpretación de la poesía de Darío, puede verse en Iris M. Zavala, *Rubén Darío bajo el signo del cisne*, Editorial de la Universidad de Puerto Rico, 1989. Zavala llega a la conclusión de que el ciclo de «Los Cisnes» se cierra «con una alegoría de la escritura como atrevimiento amoroso-intelectual» porque «El coito del cisne es, en definitiva, una alegoría del trabajo poético, de la creación y de sus invenciones lingüísticas» *(ibíd.*, pág. 127).

*

LA DULZURA DEL ÁNGELUS...

La dulzura del ángelus matinal y divino
que diluyen ingenuas campanas provinciales,
en un aire inocente a fuerza de rosales,
de plegaria, de ensueño de virgen y de trino

de ruiseñor, opuesto todo al rudo destino
que no cree en Dios... El áureo ovillo vespertino
que la tarde devana tras opacos cristales
por tejer la inconsútil tela de nuestros males

todos hechos de carne y aromados de vino...
Y esta atroz amargura de no gustar de nada,
de no saber adónde dirigir nuestra prora

mientras el pobre esquife en la noche cerrada
va en las hostiles olas huérfano de la aurora...
(¡Oh, suaves campanas entre la madrugada!)

Escrito en Madrid en 1905 apareció con variantes en la *Revista Hispano-Americana* en abril de 1905. De él dijo Darío: «hay como un místico ensueño, y presento como verdadero refugio la creencia en la Divinidad y la purificación del alma, y hasta de la naturaleza, por la íntima gracia de la plegaria» *(Historia de mis libros, op. cit.*, pág. 219). Arturo Marasso por su parte *(op. cit.*, págs. 204-205) recuerda el parecido de este poema con el lienzo consagrado al mismo tema por Millet.

Hay que destacar la perfección del soneto construido en alejandrinos en el que los motivos religiosos (el toque del ángelus, la barquilla en la tempestad), y los motivos clásicos (la tela que tejen las Parcas) están hábilmente combinados en relación con la evanescencia de lo temporal que se representa simbólicamente en el transcurso del día, de la luz a la oscuridad. Además hay que resaltar la distribución y la eficacia de los adjetivos, como por ejemplo: «matinal y divino» (v. 1), «rudo destino» (v. 5), «áureo ovillo vespertino» (v. 6), «inconsútil tela de nuestros males»; la musicalidad aliterativa de los versos con un predominio de sibilantes y nasales, y los encabalgamientos sorprendentemente abruptos y arriesgados: «y de trino / de ruiseñor» (vv. 4-5).

*

NOCTURNO

Quiero expresar mi angustia en versos que abolida
dirán mi juventud de rosas y de ensueños,
y la desfloración amarga de mi vida
por un vasto dolor y cuidados pequeños.

Y el viaje a un vago Oriente por entrevistos barcos,
y el grano de oraciones que floreció en blasfemia,
y los azoramientos del cisne entre los charcos
y el falso azul nocturno de inquerida bohemia.

Lejano clavicordio que en silencio y olvido
no diste nunca al sueño la sublime sonata,
huérfano esquife, árbol insigne, obscuro nido
que suavizó la noche de dulzura de plata...

Esperanza olorosa a hierbas frescas, trino
del ruiseñor primaveral y matinal,
azucena tronchada por un fatal destino,
rebusca de la dicha, persecución del mal...

El ánfora funesta del divino veneno
que ha de hacer por la vida la tortura interior,
la conciencia espantable de nuestro humano cieno
y el horror de sentirse pasajero, el horror

de ir a tientas, en intermitentes espantos,
hacia lo inevitable, desconocido, y la
pesadilla brutal de este dormir de llantos
¡de la cual no hay más que Ella que nos despertará!

Al parecer nunca fue publicado antes de ser incluido en el libro. Forma parte de los poemas metafísicos de los últimos años con apoyaturas en motivos bíblicos y cristianos. El autor indicó que exteriorizaba «en versos transparentes, sencillos y musicales, de música interior, los secretos de mi combatida existencia, los golpes de la fatalidad, las inevitables disposiciones del destino», añadía también que «quizá hay demasiada desesperanza en algunas partes» y que en él vertía «las verdades de mi vida» *(Historia de mis libros, op. cit.*, págs. 219-220).

Bernardo Gicovate señala con acierto que «el aparente desorden del alejandrino se aparta de las reglas comunes del verso para cuajar en armonías que responden a las necesidades del pensamiento atormentado», y «a la sutileza técnica le corresponde la vaguedad de sugerencia de un terror que no se puede nombrar en el que se suman la muerte, futuro necesario, y la imaginación de lo pavoroso posible e imposible anterior a la vida» («Lectura de un poema de Rubén Darío», en *Asomante,* XXIII (1967), págs. 38-42. Véase también: Julio Ycaza Tigerino, *Los nocturnos de Rubén Darío y otros ensayos,* Madrid, Cultura Hispánica, 1964, págs. 20 y sigs.).

*

CANCIÓN DE OTOÑO EN PRIMAVERA

A [Gregorio] Martínez Sierra

Juventud, divino tesoro,
¡ya te vas para no volver!
Cuando quiero llorar, no lloro...
y a veces lloro sin querer...

Plural ha sido la celeste
historia de mi corazón.
Era una dulce niña, en este
mundo de duelo y aflicción.

Miraba como el alba pura;
sonreía como una flor.
Era su cabellera obscura
hecha de noche y de dolor.

Yo era tímido como un niño.
Ella, naturalmente, fue,
para mi amor hecho de armiño,
Herodías y Salomé...

Juventud, divino tesoro,
¡ya te vas para no volver!
Cuando quiero llorar, no lloro...
y a veces lloro sin querer...

Y más consoladora y más
halagadora y expresiva,
la otra fue más sensitiva
cual no pensé encontrar jamás.

Pues a su continua ternura
una pasión violenta unía.
En un peplo de gasa pura
una bacante se envolvía...

En sus brazos tomó mi ensueño
y lo arrulló como a un bebé...
y le mató, triste y pequeño,
falto de luz, falto de fe...

Juventud, divino tesoro,
¡te fuiste, para no volver!
Cuando quiero llorar, no lloro...
y a veces lloro sin querer...

Otra juzgó que era mi boca
el estuche de su pasión;
y que me roería, loca,
con sus dientes el corazón.

Poniendo en un amor de exceso
la mira de su voluntad,
mientras eran abrazo y beso
síntesis de la eternidad;

y de nuestra carne ligera
imaginar siempre un Edén,
sin pensar que la Primavera
y la carne acaban también...

Juventud, divino tesoro,
¡ya te vas para no volver!
Cuando quiero llorar, no lloro...
y a veces lloro sin querer.

¡Y las demás! En tantos climas,
en tantas tierras siempre son,
si no pretextos de mis rimas
fantasmas de mi corazón.

En vano busqué a la princesa
que estaba triste de esperar.
La vida es dura. Amarga y pesa.
¡Ya no hay princesa que cantar!

Mas a pesar del tiempo terco,
mi sed de amor no tiene fin;
con el cabello gris, me acerco
a los rosales del jardín...

Juventud, divino tesoro,
¡ya te vas para no volver!
Cuando quiero llorar, no lloro...
y a veces lloro sin querer...
¡Más es mía el Alba de oro!

Parece que no fue publicado con anterioridad a su aparición en libro. Se conserva un manuscrito autógrafo que pasó de Juan Ramón Jiménez al doctor Gregorio Marañón y que hoy se guarda en la Real Academia Española. Está dedicado a Gregorio Martínez Sierra (1881-1947), conocido poeta, dramaturgo y ensayista español, fundador de las revistas *Vida Moderna, Helios* y *Renacimiento.*

Se ha señalado el tono melancólico de las estrofas, que van desarrollando un recuento de su vida y de sus obsesiones literarias, lo que lleva a Pedro Salinas a precisar que «apenas ingresa el tiempo en el ámbito erótico, y señala al poeta la vanidad de sus ilusiones», aparece un continuado pesimismo vital, *(op. cit.,* pág. 153). Sobre el mismo tema interesa el trabajo de Alberto J. Carlos, «El alba de oro en "Canción de otoño en primavera"» *(Homenaje a Rubén Darío (1867-1967),* Los Ángeles, Universidad de California, 1970, Memoria del XIII Congreso del IILI, págs. 82-89), que establece la presencia del libro de Édouard Schuré, *Los grandes iniciados*, que sabemos que Darío leía con frecuencia; así el adjetivo *celeste* («Plural ha sido la celeste / historia de mi corazón», vv. 5-6) está usado en el mismo sentido que lo emplea Schuré —y como señala Octavio Paz, es decir, que el corazón del poeta obedece al movimiento de los astros—. De este modo el alba simbolizaría el perpetuo amanecer erótico, porque el poema «reposa sobre la paradójica idea de que las garras del tiempo destrozan nuestra primavera, pero precisamente al consumirnos en el fuego amoroso, renacemos» *(ibíd.*, págs. 88-89), ya que el amor no sufre los estragos del tiempo. Véase también: Joaquina Navarro, «Ritmo y sentido en "Canción de otoño en primavera"», en *Homenaje a Rubén Darío (1867-1967)*, págs. 114-120, donde se estudia el eneasílabo utilizado en el poema, cuya originalidad consiste en usar todas las combinaciones rítmicas del verso de nueve sílabas en el mismo poema y terminar con un verso de diez sílabas.

*

TRÉBOL

1

DE D. LUIS DE GÓNGORA Y ARGOTE
A D. DIEGO DE SILVA VELÁZQUEZ

Mientras el brillo de tu gloria augura
ser en la eternidad sol sin poniente,
fénix de viva luz, fénix ardiente,
diamante parangón de la pintura,

de España está sobre la veste obscura
tu nombre, como joya reluciente;
rompe la Envidia el fatigado diente,
y el Olvido lamenta su amargura.

Yo en equívoco altar, tú en sacro fuego,
miro a través de mi penumbra el día
en que el calor de tu amistad, Don Diego,

jugando de la luz con la armonía,
con la alma luz, de tu pincel el juego
el alma duplicó de la faz mía.

2

DE D. DIEGO DE SILVA VELÁZQUEZ A D. LUIS DE GÓNGORA Y ARGOTE

Alma de oro, fina voz de oro,
al venir hacia mí, ¿por qué suspiras?,
ya empieza el noble coro de las liras
a preludiar el himno a tu decoro;

ya el misterioso son del noble coro
calma el Centauro sus grotescas iras,
y con nueva pasión que les inspiras,
tornan a amarse Angélica y Medoro.

A Teócrito y Poussin la Fama dote
con la corona de laurel supremo;
que en donde da Cervantes el Quijote

y yo las telas con mis luces gemo,
para Don Luis de Góngora y Argote
traerá una nueva palma Polifemo.

3

En tanto «pace estrellas» el Pegaso divino,
y vela tu hipogrifo, Velázquez, la Fortuna,
en los celestes parques al Cisne gongorino
deshoja sus sutiles margaritas la Luna.

Tu castillo, Velázquez, se eleva en el camino
del Arte como torre que de águilas es cuna,
y tu castillo, Góngora, se alza al azul cual una
jaula de ruiseñores labrada en oro fino.

Gloriosa la península que abriga tal colonia.
¡Aquí bronce corintio, y allá mármol de Jonia!
Las rosas a Velázquez, y a Góngora claveles.

De ruiseñores y águilas se pueblan las encinas,
y mientras pasa Angélica sonriendo a las Meninas,
salen las nueve musas de un bosque de laureles.

El poeta residía en España en 1899 y el 15 de junio del mismo año apareció este poema en Madrid, en *La Ilustración Española y Americana.* En él aprovecha algunas lecturas recientes acerca de Velázquez (del que ese año se celebra el aniversario) y parece expresar alguna simpatía por el gongorismo. A la vez, para que el homenaje a las figuras españolas sea completo, toma como modelo los títulos de los poemas de la Primera parte del *Quijote*.

«Trébol» ha sido un poema discutido, desde el estudio realizado por Helmuth Petriconi, «Góngora und Darío», en *Die Neuren Sprachen,* XXXVI (1927) , págs. 261-172, quien llega a la conclusión lógica de que si éste es el único testimonio directo del eco que despertó en él la poesía de Góngora, no cabe hablar de gongorismo a propósito del poeta nicaragüense. En este mismo sentido abunda Dámaso Alonso: «¿Hay algo en la obra de Rubén que pruebe una lectura detenida, un conocimiento de la técnica gongorina, una admiración profunda del poeta de la *Marcha triunfal* por el de las *Soledades?* La respuesta tiene que ser absolutamente negativa» y a continuación señala que en «Trébol», el resultado es muy mediano y no se observa un verdadero conocimiento de la poesía de Góngora» («Góngora y el modernismo», en *Obras completas,* tomo V, Madrid, Gredos, 1978, págs. 745-749). No obstante Gerardo Diego incluyó el poema en su *Antología poética en honor de Góngora* (Madrid, Revista de Occidente, 1927). Sobre el mismo tema han vuelto a trabajar: Ricardo Senabre en «El gongorismo de Rubén Darío», en *Papeles de Son Armadans,* XLVI (1967), págs. 267-284; y Alberto Forcadas, «Más sobre el gongorismo de Rubén Darío», en *Papeles de Son Armadans,* LXVI (1972), págs. 41-55; también de este último autor: «Notas sobre la Galatea gongorina y la marquesa verlainiana en Rubén Darío», en *La Torre,* XXIV (1976), 91-92, págs. 125-144. Ambos críticos demuestran que no conocía tan deficientemente a Góngora, llegando en este último trabajo a la conclusión de que hay rasgos de la Galatea gongorina en la marquesa verlainiana (véase nota a «Era un aire suave...»). En el segundo soneto Angélica y Medoro (v. 22) son los amantes protagonistas del *Orlando furioso* (1532) de Ludovico Ariosto; Teócrito, poeta griego originario de Siracusa, cultivó la lírica bucólica como puede verse en sus *Idilios;* Nicolás Poussin (1594-1665) pintor francés famoso por sus temas mitológicos, entre ellos *Paisaje con Polifemo;* la inserción de «pace estrellas» resulta un homenaje directo a la poesía de Góngora ya que hace referencia a la Soledad I de Góngora: «en campo de zafiro pace estrellas».

*

¡Oh, terremoto mental!
Yo sentí un día en mi cráneo
como el caer subitáneo
de una Babel de cristal.

De Pascal miré el abismo,
y vi lo que pudo ver
cuando sintió Baudelaire
«el ala del idiotismo».

Hay, no obstante, que ser fuerte;
pasar todo precipicio
y ser vencedor del Vicio,
de la Locura y la Muerte.

Parece que no fue publicado antes de su aparición en libro. Señala Arturo Marasso que está inspirado en «Le gouffre» de Baudelaire, a quien cita en el poema, pero transformándolo por completo *(op. cit.,* pág. 219). Darío expresó que por estos versos pasaba «la amenaza de las potencias maléficas» *(Historia de mis libros, op. cit.,* pág. 220).

*

El verso sutil que pasa o se posa
sobre la mujer o sobre la rosa,
beso puede ser, o ser mariposa.

En la fresca flor el verso sutil;
el triunfo de Amor en el mes de Abril:
Amor, verso y flor, la niña gentil.

Amor y dolor. Halagos y enojos.
Herodías ríe en los labios rojos.
Dos verdugos hay que están en los ojos.

Oh, saber amar es saber sufrir,
amar y sufrir, sufrir y sentir,
y el hacha besar que nos ha de herir...

¡Rosa de dolor, gracia femenina;
inocencia y luz, corola divina!
y aroma fatal y cruel espina...

Líbranos, Señor, de Abril y la flor,
y del cielo azul, y del ruiseñor,
de dolor y amor, líbranos, Señor.

Fue publicado en *El Gladiador* de Buenos Aires en 1902, en la *Revista Moderna* de México, en agosto de 1903, y en *El Cojo Ilustrado* de Caracas el 1 de diciembre de ese año. En los tres casos se incluyen otros dos poemas con el título general de «Álbumes y abanicos». El tono intrascendente del villancico que parte de un juego paranomásico: «El verso sutil que pasa o se posa» (v. 1) para insinuar otra más arriesgada paranomasia: «verso», «beso» (vv. 3-4), esta vez sólo sugerida en el poema y presentar el verdadero tema del poema, el par: amor-dolor (v. 6) que cierra el juego con trascendentes e irónicas reflexiones vitales y metapoéticas.

*

FILOSOFÍA

Saluda al sol, araña, no seas rencorosa.
Da tus gracias a Dios, oh sapo, pues que eres.
El peludo cangrejo tiene espinas de rosa
y los moluscos reminiscencias de mujeres.
Sabed ser lo que sois, enigmas siendo formas;
dejad la responsabilidad a las Normas,
que a su vez la enviarán al Todopoderoso...
(Toca, grillo, a la luz de la luna; y dance el oso.)

Dice Darío: «En "Filosofía" se comprende la justeza de la obra natural y de la divina razón contra las feas y dañinas apariencias» *(Historia de mis libros, op. cit.,* pág. 221). La enumeración de estos seres vivos ha hecho pensar a Marasso en el conocimiento que poseía el poeta de los bestiarios medievales y de la erudita enciclopedia *La catedral* de Huysmans *(op. cit.,* págs. 222-224).

*

LEDA

El cisne en la sombra parece de nieve;
su pico es de ámbar, del alba al trasluz;
el suave crepúsculo que pasa tan breve
las cándidas alas sonrosa de luz.

Y luego, en las ondas del lago azulado,
después que la aurora perdió su arrebol,
las alas tendidas y el cuello enarcado,
el cisne es de plata, bañado de sol.

Tal es, cuando esponja las plumas de seda,
olímpico pájaro herido de amor,
y viola en las linfas sonoras a Leda,
buscando su pico los labios en flor.

Suspira la bella desnuda y vencida,
y en tanto que al aire sus quejas se van,
del fondo verdoso de fronda tupida
chispean turbados los ojos de Pan.

Fechada en San José de Costa Rica en 1892, se publicó por primera vez en *Guatemala Ilustrada,* el 15 de septiembre del mismo año. Posteriormente apareció en *La España Moderna* de Madrid, en noviembre de 1899.

Presenta el poema el emblema máximo del modernismo, el cisne, con todas sus cualidades de aristocratismo, pureza, belleza, suavidad, y erotismo, que sugiere aquí el recuerdo mitológico de la unión carnal de Júpiter —bajo la forma de cisne— y Leda. Además aparece también el motivo del lago (v. 5) en el que habita el cisne solitario. Otros atributos del cisne, como su identificación con el poeta o su capacidad de interrogar —expresada en el cuello enarcado (v. 7)— se muestran aquí sugeridas. Es éste un poema que contribuye a fortalecer la tesis que acerca de su poesía plantea Salinas: «La insistencia con que asoman en la lírica de Rubén el cisne y Leda, ya como asuntos de una poesía, ya alusivamente, no deja duda sobre lo obsesivo de esta imagen en el poeta; se la ve como eminente entre todas, dentro del repertorio de su simbolismo erótico» *(op. cit.,* pág. 96).

*

¡Divina Psiquis, dulce mariposa invisible
que desde los abismos has venido a ser todo
lo que en mi ser nervioso y en mi cuerpo sensible
forma la chispa sacra de la estatua de lodo!

Te asomas por mis ojos a la luz de la tierra
y prisionera vives en mí de extraño dueño;
te reducen a esclava mis sentidos en guerra
y apenas vagas libre por el jardín del sueño.

Sabia de la Lujuria que sabe antiguas ciencias,
te sacudes a veces entre imposibles muros,
y más allá de todas las vulgares conciencias
explorar los recodos más terribles y obscuros.

Y encuentras sombra y duelo. Que sombra y duelo encuentres
bajo la viña en donde nace el vino del Diablo.
Te posas en los senos, te posas en los vientres
que hicieron a Juan loco e hicieron cuerdo a Pablo.

A Juan virgen y a Pablo militar y violento,
a Juan que nunca supo del supremo contacto;
a Pablo el tempestuoso que halló a Cristo en el viento,
y a Juan ante quien Hugo se queda estupefacto.

Entre la catedral y las ruinas paganas
vuelas, ¡oh Psiquis, oh alma mía!
—como decía
aquel celeste Edgardo,
que entró en el paraíso entre un son de campanas
y un perfume de nardo—,
entre la catedral
y las paganas ruinas
repartes tus dos alas de cristal,
tus dos alas divinas.
Y de la flor
que el ruiseñor
canta en su griego antiguo, de la rosa,
vuelas, ¡oh, Mariposa!,
a posarte en un clavo de nuestro Señor.

Psiquis se identifica en la poesía de Darío con el alma humana. Para Arturo Marasso está concebida tal y como la presenta Schuré dentro de la tradición gnóstica o pitagórica *(op. cit.,* págs. 224-226). El alma (Psiquis) conduce al espíritu en sus viajes de sucesivas reencarnaciones del cielo a la tierra con una evidente tensión: al encarnarse en el hombre recordaba su origen celestial a la vez que por culpa del cuerpo no alcanzaba la verdad. De ahí su terrible lucha entre lo espiritual y lo corporal. Este dualismo está expreso en el poema en la sensualidad y el sentido religioso —«entre la catedral / y las paganas ruinas». Dualismo, *yo* y el *alma,* que según Anderson Imbert está tomado de Poe, pues de semejante modo que en «El reino interior» se produce el mismo desdoblamiento, pero «la dualidad de carne-placer y espíritu-verdad es aún más misteriosa», y añade que ésta es una de las composiciones más importantes para comprender el drama interior del poeta *(La originalidad de Rubén Darío, op. cit.,* págs. 135-137). En este sentido se entienden las referencias a san Juan, a san Pablo, a Victor Hugo y al «celeste Edgardo», Edgar A. Poe, de quien recoge el nombre de Psiquis, recuérdese el epígrafe de «El reino interior». (Véase Enrique Rull, «El símbolo de Psique en la poesía de Rubén Darío», en *Revista de Literatura,* XXVII [1965], págs. 33-50). Respecto al uso del adjetivo *celeste* y su sentido, puede verse la nota a «Canción de otoño en primavera». Métricamente comienza con cinco cuartetos en alejandrinos para continuar a partir del verso 21 sin ajustarse a ningún paradigma.

*

A PHOCÁS EL CAMPESINO

Phocás el campesino, hijo mío, que tienes,
en apenas escasos meses de vida, tantos
dolores en tus ojos que esperan tantos llantos
por el fatal pensar que revelan tus sienes...

Tarda en venir a este dolor adonde vienes,
a este mundo terrible en duelos y en espantos;
duerme bajo los Ángeles, sueña bajo los santos,
que ya tendrás la Vida para que te envenenes...

Sueña, hijo mío, todavía, y cuando crezcas,
perdóname el fatal don de darte la vida
que yo hubiera querido de azul y rosas frescas;

pues tú eres la crisálida de mi alma entristecida,
y te he de ver en medio del triunfo que merezcas
renovando el fulgor de mi psique abolida.

Dedicado al segundo hijo habido de la relación con Francisca Sánchez, nacido en París en 1903 y de nombre Rubén Darío Sánchez que muere dos años después de bronconeumonía en Navalsauz (Ávila). Su padre le llamará «Phocás el campesino» o «Phocás el jardinero» recordando la obra del mismo título de su admirado Remy de Gourmont, porque el niño se cría en el campo y «como el mismo Phocás bizantino fue el jardinero de su propia muerte» (Antonio Oliver Belmás, *Este otro Rubén Darío, op. cit.*, págs. 95-96; 385-387). El soneto en alejandrinos, pleno de un hondo sentimiento paternal y de un sobrecogedor presentimiento de muerte, tuvo una primera versión que reproduce Oliver Belmás con una significativa variante en el verso 13: «y te he de ver en medio de rosas pintorescas», que demuestra el acierto de la corrección por la versión definitiva: «y te he de ver en medio del triunfo que merezcas / renovando el fulgor de mi psique abolida» *(ibíd.*, pág. 387).

*

¡Carne, celeste carne de mujer! Arcilla
—dijo Hugo—, ambrosía más bien, ¡oh maravilla!,
la vida se soporta,
tan doliente y tan corta,
solamente por eso:
¡roce, mordisco o beso
en ese pan divino
para el cual nuestra sangre es nuestro vino!
En ella está la lira,
en ella está la rosa,
en ella está la ciencia armoniosa,
en ella se respira
el perfume vital de toda cosa.
Eva y Cipris concentran el misterio
del corazón del mundo.
Cuando el áureo Pegaso
en la victoria matinal se lanza
con el mágico ritmo de su paso
hacia la vida y hacia la esperanza,
si alza la crin y las narices hincha

y sobre las montañas pone el casco sonoro
y hacia la mar relincha,
y el espacio se llena
de un gran temblor de oro,
es que ha visto desnuda a Anadiomena.

Gloria, ¡oh Potente a quien las sombras temen!
¡Que las más blancas tórtolas te inmolen!
¡Pues por ti la floresta está en el polen
y el pensamiento en el sagrado semen!

Gloria, ¡oh Sublime que eres la existencia
por quien siempre hay futuros en el útero eterno!
¡Tu boca sabe al fruto del árbol de la Ciencia
y al torcer tus cabellos apagaste el infierno!

Inútil es el grito de la legión cobarde
del interés, inútil el progreso
yankee, si te desdeña.
Si el progreso es de fuego, por ti arde.
¡Toda lucha del hombre va a tu beso,
por ti se combate o se sueña!

Pues en ti existe Primavera para el triste,
labor gozosa para el fuerte,
néctar, Ánfora, dulzura amable.
¡Porque en ti existe
el placer de vivir hasta la muerte
ante la eternidad de lo probable!...

El primer verso está inspirado en Victor Hugo, «Le sacre de la Femme» de la *Leyenda de los siglos*: «Chair de la femme! argile idéa-le! ô merveille!» (Marasso, *op. cit.,* pág. 230), pero Darío lo trasforma con acierto adoptando el adjetivo *celeste* de tanta significación en su poesía; de nuevo hay que recordar la «Canción de otoño en primavera».

Dice Pedro Salinas que el objetivo de su poesía, más que la mujer carnal, es «la cualidad misma de lo adorable —la carne— y aislada de toda personificación, desindividualizada, se la ofrece ante nuestros ojos como un bien precioso» *(op. cit.,* pág. 65). A partir de poemas como éste, Salinas formuló su teoría del panerotismo de la poesía de Darío que lleva a afianzarse en una «alianza extraña de lo carnal y de lo místico, misticismo erótico» *(ibíd.,* pág. 66). Tal teoría es hoy sólo parcialmente sostenible, cuando se ha podido estudiar la presencia del esoterismo en su poesía, sobre todo a través de la lectura de *Los grandes iniciados* de Schuré. En este libro leyó que la manifestación de Dios es la unión de lo doble, de dos principios, masculino y femenino. Por eso la mujer y el amor sexual se convierten en un camino para aproximarse al andrógino primigenio. Respecto al esoterismo de Rubén Darío y su relación con lo sexual, véase Cathy Login Jrade, *Rubén Darío y la búsqueda romántica de la unidad,* donde expresa que «por medio de la intimidad sexual el hombre imita la creación divina y consigue unirse al Vientre de la Creación» y «De forma semejante, por medio de la poesía —concebida sexual y rítmicamente— los humanos también consiguen tocar la carne de la creación» *(op.cit.,* pág. 124).

*

En el país de las Alegorías
Salomé siempre danza,
ante el tiarado Herodes,
eternamente.
Y la cabeza de Juan el Bautista,
ante quien tiemblan los leones,
cae al hachazo. Sangre llueve.
Pues la rosa sexual
al entreabrirse
conmueve todo lo que existe,
con su efluvio carnal
y con su enigma espiritual.

No se conoce publicación anterior de este poema. Destaca Arturo Marasso que aquí alegoría equivale a símbolo: «la catedral es un inmenso símbolo, es como un país de alegorías y de símbolos; puede ser también nuestra alma»; y sugiere a continuación la posible inspiración iconográfica en el tímpano del pórtico de San Juan de la Catedral de Ruán que inspiró a Flaubert la Herodías de los *Tres cuentos* (1877), y que pudo llegar al poeta a través de revistas ilustradas o de volúmenes dedicados a las catedrales góticas *(op. cit.,* págs. 240-241). Tal interpretación resulta evidente en el poema a través de la sugerencia de un ámbito espiritual en el que lo erótico sexual, tal y como le sugiere el esoterismo, domina todo lo existente. Se advierte además el empleo de la figura de Salomé, tan frecuente en el Fin de siglo como emblema y representación de la pérfida mujer fatal. Véase el trabajo de Barbara Kurtz,

«En el país de las alegorías: Alegorización en la poesía de Rubén Darío», en *Revista Iberoamericana*, 52, 137 (1986), págs. 875-893.

*

AUGURIOS

A E(ugenio) Díaz Romero

Hoy pasó un águila
sobre mi cabeza,
lleva en sus alas
la tormenta,
lleva en sus garras
el rayo que deslumbra y aterra.
¡Oh águila!
Dame la fortaleza
de sentirme en el lodo humano
con alas y fuerzas
para resistir los embates
de las tempestades perversas,
y de arriba las cóleras
y de abajo las roedoras miserias.

Pasó un búho
sobre mi frente.
Yo pensé en Minerva
y en la noche solemne.
¡Oh búho!
Dame tu silencio perenne,
y tus ojos profundos en la noche
y tu tranquilidad ante la muerte.
Dame tu nocturno imperio
y tu sabiduría celeste,
y tu cabeza cual la de Jano,
que, siendo una, mira a Oriente y Occidente.

Pasó una paloma
que casi rozó con sus alas mis labios.

¡Oh paloma!
Dame tu profundo encanto
de saber arrullar, y tu lascivia
en campo tornasol; y en campo
de luz tu prodigioso
ardor en el divino acto.
(Y dame la justicia en la naturaleza,
pues, en este caso,
tú serás la perversa
y el chivo será el casto.)

Pasó un gerifalte. ¡Oh gerifalte!
Dame tus uñas largas
y tus ágiles alas cortadoras de viento,
y tus ágiles patas,
y tus uñas que bien se hunden
en las carnes de la caza.
Por mi cetrería
irás en jira fantástica,
y me traerás piezas famosas
y raras,
palpitantes ideas,
sangrientas almas.

Pasa el ruiseñor.
¡Ah divino doctor!
No me des nada. Tengo tu veneno,
tu puesta de sol
y tu noche de luna y tu lira,
y tu lírico amor.
(Sin embargo, en secreto,
tu amigo soy,
pues más de una vez me has brindado,
en la copa de mi dolor,
con el elixir de la luna
celestes gotas de Dios...)

Pasa un murciélago.
Pasa una mosca. Un moscardón.

Una abeja en el crepúsculo.
No pasa nada.
La muerte llegó.

No fue publicado al parecer antes de su inclusión en el libro. Está dedicado al poeta modernista argentino Eugenio Díaz Romero (1877-1927). La enumeración de las diversas aves productoras de diversos sentidos augurales alcanza un valor simbólico diluido por el exceso discursivo. El águila, símbolo martiano por excelencia, es la potencia, la fuerza y la resistencia; y el búho, de acendrada tradición clásica —que para Salinas resulta emblemático de la nueva época de madurez por su conexión con Minerva la diosa de la sabiduría y la inteligencia *(op. cit.*, pág. 162)—. A ellos se unen otros, como la paloma, de ambigua inocencia y potencia erótica, y el ruiseñor, de largo uso literario, y relacionado con el poder celeste del canto, la elegancia y la potencia cazadora del gerifalte, que Darío debió conocer en su contacto con la poesía medieval castellana, para reducir el bestiario en la última estrofa al vuelo agorero del murciélago y su conversión en ínfimos animales que atraen la disolución final de la muerte.

*

MELANCOLÍA

A Domingo Bolívar

Hermano, tú que tienes la luz, dime la mía.
Soy como un ciego. Voy sin rumbo y ando a tientas.
Voy bajo tempestades y tormentas,
ciego de ensueño y loco de armonía.

Ése es mi mal. Soñar. La poesía
es la camisa férrea de mil puntas cruentas
que llevo sobre el alma. Las espinas sangrientas
dejan caer las gotas de mi melancolía.

Y así voy, ciego y loco, por este mundo amargo;
a veces me parece que el camino es muy largo,
y a veces que es muy corto...

Y en este titubeo de aliento y agonía,
cargo lleno de penas lo que apenas soporto.
¿No oyes caer las gotas de mi melancolía?

El poema está dedicado a Domingo Bolívar, quien según Ernesto Mejía Sánchez fue un pintor colombiano que Darío conoció en París; como, no mucho después, en 1903, Domingo Bolívar se suicidó en Washington, apunta Mejía Sánchez que es posible que se haya escrito al saber la noticia de su desaparición: «tú que tienes la luz» (Rubén Darío *Poesía, op. cit.*, pág. LXXII). Darío en *Historia de mis libros* lo confirma: «Un soneto hay que tiene una dolorosa historia: "Melancolía". Está dedicado a un pobre pintor venezolano que tenía el apellido del Libertador. Era un hombre doloroso, poseído de su arte, pero mayormente de su desesperanza» *(op. cit.*, pág. 221), con lo que parece confirmar la opinión de Mejía Sánchez, aunque la nacionalidad no coincida.

El tema es metapoético y presenta al poeta víctima de la poesía y con una concepción romántica de tal maldición irremediable; el halo misticista del itinerario está bien marcado en las sugerencias de luz y oscuridad. En el plano métrico se trata de un soneto polimétrico que incluye alejandrinos, endecasílabos y heptasílabos. Oliver Belmás destaca al respecto la maestría en el ensamblaje de los diversos metros *(Este otro Rubén Darío, op. cit.*, pág. 395).

*

CARACOL

A Antonio Machado

En la playa he encontrado un caracol de oro
macizo y recamado de las perlas más finas;
Europa le ha tocado con sus manos divinas
cuando cruzó las ondas sobre el celeste toro.

He llevado a mis labios el caracol sonoro
y he suscitado el eco de las dianas marinas,
le acerqué a mis oídos y las azules minas
me han contado en voz baja su secreto tesoro.

Así la sal me llega de los vientos amargos
que en sus hinchadas velas sintió la nave Argos
cuando amaron los astros el sueño de Jasón;

y oigo un rumor de olas y un incógnito acento
y un profundo oleaje y un misterioso viento...
(El caracol la forma tiene de un corazón.)

Apareció publicado este soneto en alejandrinos en *Caras y Caretas* de Buenos Aires, el 18 de abril de 1903, fechado en las «Costas normandas, 1903» y sin la dedicatoria a Antonio Machado. En su artículo «Nuevos poetas de España» (1906) emitió su juicio sobre él: «Antonio Machado es quizá el más intenso de todos. La música de su verso es la de un estoico. Sabe decir sus ensueños en frases hondas» *(Opiniones*, en *Obras completas*, vol. I, pág. 414).

El caracol como símbolo lunar de connotación sexual y de fertilidad, pues la espiral está ligada a las fases de la luna, implica movimiento en la permanencia (Jean Chevalier y Alain Gheerbrant, *Diccionario de los símbolos,* Barcelona, Herder, 1986) y alcanza aquí matices de profunda sugerencia metapoética. La comparación que establece en el verso 10 se refiere al héroe griego Jasón que organizó la expedición de los argonautas en su nave *Argos* en busca del Vellocino de oro. De este poema dice Darío en *Historia de mis libros* que, «junto al misterio natural [presento] mi incógnito misterio» *(op. cit.,* pág. 222). Acerca de la interpretación del símbolo corazón-caracol, véase Jaime Giordano, *La edad del ensueño*, *op. cit.*, pág. 139.

*

AMO, AMAS

Amar, amar, amar, amar siempre, con todo
el ser y con la tierra y con el cielo,
con lo claro del sol y lo obscuro del lodo;
Amar por toda ciencia y amar por todo anhelo.

Y cuando la montaña de la vida
nos sea dura y larga y alta y llena de abismos,
amar la inmensidad que es de amor encendida
¡y arder en la fusión de nuestros pechos mismos!

Parece que no se publicó antes de su aparición en libro. De él dice en *Historia de mis libros:* «en "Amo, amas" pongo el secreto del vivir en el sacro incendio universal amoroso» *(op. cit.*, pág. 222), y constituye la mejor explicación del poema si tenemos en cuenta las concepciones esotéricas antes aludidas.

*

SONETO AUTUMNAL AL MARQUÉS DE BRADOMÍN

Marqués (como el Divino lo eres), te saludo.
Es el otoño y vengo de un Versalles doliente.
Había mucho frío y erraba vulgar gente.
El chorro de agua de Verlaine estaba mudo.

Me quedé pensativo ante un mármol desnudo,
cuando vi una paloma que pasó de repente,
y por caso de cerebración inconsciente
pensé en ti. Toda exégesis en este caso eludo.

Versalles otoñal; una paloma; un lindo
mármol; un vulgo errante, municipal y espeso;
anteriores lecturas de tus sutiles prosas;

la reciente impresión de tus triunfos... prescindo
de más detalles para explicarte por eso
cómo, autumnal, te envío este ramo de rosas.

Este soneto en alejandrinos constituye un homenaje a Ramón María del Valle-Inclán a través de su personaje más famoso, el Marqués de Bradomín. Mejía Sánchez, basándose en las investigaciones de Saavedra Molina, da cuenta de su inserción al frente de la *Sonata de primavera,* aparecida en Madrid en 1904, por lo que habría que fecharla en momentos previos (Mejía Sánchez, en *Poesía, op. cit.*, pág. LXXIII).

Poema de dualidades, el Marqués de Bradomín representa el carácter exquisito y cosmopolita frente a la vulgaridad del ambiente social, motivo muy frecuente en los poemas del modernismo. El primer verso parte de una atrevida comparación: «Marqués (como el Divino lo eres), te saludo»; se trata de una referencia al Marqués de Sade que establece el carácter peculiar del personaje para marcar en seguida su aristocratismo versallesco, (vv. 2 y 3) e indicar el fin de la poesía que supone la desaparición de Verlaine, otro poeta cosmopolita y único en el sentir de Darío. El motivo de la paloma asociado a la figura de Bradomín en el segundo cuarteto evoca su carácter sagrado, y por tanto aristocrático, pero sobre todo recuerda cómo en la Grecia clásica la paloma era el pájaro sagrado de Afrodita y el símbolo de los amantes, de ahí la asociación que se establece con Bradomín. Y el homenaje final. Para conocer algunos datos de la relación de Rubén Darío con Valle-Inclán, véase Oliver Belmás, *op. cit.*, págs. 185-187.

*

NOCTURNO

A Mariano de Cavia

Los que auscultasteis el corazón de la noche,
los que por el insomnio tenaz habéis oído
el cerrar de una puerta, el resonar de un coche
lejano, un eco vago, un ligero ruido...

En los instantes del silencio misterioso,
cuando surgen de su prisión los olvidados,
en la hora de los muertos, en la hora del reposo,
¡sabréis leer estos versos de amargor impregnados!...

Como en un vaso vierto en ellos mis dolores
de lejanos recuerdos y desgracias funestas,
y las tristes nostalgias de mi alma, ebria de flores,
y el duelo de mi corazón, triste de fiestas.

Y el pesar de no ser lo que yo hubiera sido,
la pérdida del reino que estaba para mí,
el pensar que un instante pude no haber nacido,
¡y el sueño que es mi vida desde que yo nací!

Todo esto viene en medio del silencio profundo
en que la noche envuelve la terrena ilusión,
y siento como un eco del corazón del mundo
que penetra y conmueve mi propio corazón.

No parece que se publicara anteriormente, pero se conserva un manuscrito en la biblioteca del Congreso en el que no consta la dedicatoria al periodista español Mariano de Cavia (1855-1919). De él dice: «Es el caso rarísimo de un hombre de talento sin enemigos [...] Algunas veces se notará en su prosa cierta acidez pero ella no es dañosa ni aun para aquellos a quienes va destinada. Es una acidez de manzana, de fruto sabroso» *(Letras* en *Obras completas,* vol. I, págs. 598-606).

Darío explicó: «en otro "Nocturno" digo los sufrimientos de los invencibles insomnios, cuando el ánimo tiembla y escucha» *(Historia de mis libros, op. cit.,* pág. 222). Ricardo Gullón al comentar este poema señala que la repetición de la idea fundamenta el ritmo, añadiendo que adolece de poca sistematización aunque presenta un tono de sinceridad y confidencia, así como que resulta ejemplo de la hostilidad contra el positivismo y el cientificismo (Porrata y Santana, *Antología comentada del modernismo, op. cit.,* págs. 326-337; véase también: Julio Ycaza Tigerino, *Los nocturnos de Rubén Darío..., op. cit.,* págs. 27 y sigs.). Los dos cuartetos primeros marcan el tono atormentado y acezante de este poema en su inclinación a las repeticiones paralelísticas y anafóricas (vv. 11, 12, 16 y 19) que vuelven a usarse con tendencia a la paradoja en los versos posteriores y más significativos del poema.

*

LETANÍA DE NUESTRO SEÑOR DON QUIJOTE

A [Francisco] Navarro Ledesma

Rey de los hidalgos, señor de los tristes,
que de fuerza alientas y de ensueños vistes,
coronado de áureo yelmo de ilusión;
que nadie ha podido vencer todavía,
por la adarga al brazo, toda fantasía,
y la lanza en ristre, toda corazón.

Noble peregrino de los peregrinos,
que santificaste todos los caminos
con el paso augusto de tu heroicidad,
contra las certezas, contra las conciencias
y contra las leyes y contra las ciencias,
contra la mentira, contra la verdad...

¡Caballero errante de los caballeros,
varón de varones, príncipe de fieros,
par entre los pares, maestro, salud!
¡Salud, porque juzgo que hoy muy poca tienes,
entre los aplausos o entre los desdenes,
y entre las coronas y los parabienes
y las tonterías de la multitud!

¡Tú, para quien pocas fueran las victorias
antiguas y para quien clásicas glorias
serían apenas de ley y razón,
soportas elogios, memorias, discursos,
resistes certámenes, tarjetas, concursos,
y, teniendo a Orfeo, tienes a orfeón!

Escucha, divino Rolando del sueño,
a un enamorado de tu Clavileño,
y cuyo Pegaso relincha hacia ti;
escucha los versos de estas letanías,
hechas con las cosas de todos los días
y con otras que en lo misterioso vi.

¡Ruega por nosotros, hambrientos de vida,
con el alma a tientas, con la fe perdida,
llenos de congojas y faltos de sol,
por advenedizas almas de manga ancha,
que ridiculizan el ser de la Mancha,
el ser generoso y el ser español!

¡Ruega por nosotros, que necesitamos
las mágicas rosas, los sublimes ramos
de laurel! *Pro nobis ora,* gran señor.
(Tiembla la floresta de laurel del mundo,
y antes que tu hermano vago, Segismundo,
el pálido Hamlet te ofrece una flor.)

Ruega generoso, piadoso, orgulloso,
ruega casto, puro, celeste, animoso;
por nos intercede, suplica por nos,

pues casi ya estamos sin savia, sin brote,
sin alma, sin vida, sin luz, sin Quijote,
sin pieles y sin alas, sin Sancho y sin Dios.

De tantas tristezas, de dolores tantos,
de los superhombres de Nietzsche, de cantos
áfonos, recetas que firma un doctor,
de las epidemias de horribles blasfemias
de las Academias,
líbranos, señor.

De rudos malsines,
falsos paladines,
y espíritus finos y blandos y ruines,
del hampa que sacia
su canallocracia
con burlar la gloria, la vida, el honor,
del puñal con gracia,
¡líbranos, señor!

Noble peregrino de los peregrinos,
que santificaste todos los caminos,
con el paso augusto de tu heroicidad,
contra las certezas, contra las conciencias
y contra las leyes y contra las ciencias,
contra la mentira, contra la verdad...

Ora por nosotros, señor de los tristes,
que de fuerza alientas y de ensueños vistes,
coronado de áureo yelmo de ilusión;
¡que nadie ha podido vencer todavía,
por la adarga al brazo, toda fantasía,
y la lanza en ristre, toda corazón!

Fue escrita especialmente para el homenaje a Cervantes en el III Centenario de la publicación del *Quijote,* que organizó el Ateneo de Madrid en el Paraninfo de la Universidad el 13 de mayo de 1905. Según Vargas Vila, por enfermedad de Darío fue leída por Gregorio Martínez Sierra, pero según el folleto que recoge las intervenciones del acto, parece que la leyó el actor Ricardo Calvo (Ernesto Mejía Sánchez, *Poesía, op. cit.,* pág. LXXIII). El poema, al incluirlo en el libro, lleva una dedicatoria a Francisco Navarro Ledesma (1869-1905), periodista y crítico literario de fama en publicaciones como *La Ilustración Española e Hispanoamericana* y *Blanco y Negro,* desaparecido en el mismo año de la publicación de *Cantos de vida y esperanza.* Esta razón, su amistad con Darío y su vinculación cervantina en dos títulos que también verían la luz en el año de su muerte: la semblanza biográfica *El ingenioso hidalgo Miguel de Cervantes Saavedra* (1905) y un libro de cuentos: *En un lugar de la Mancha...* (1905), debieron ser razones suficientes para dedicarle este poema.

Salinas, con evidente hipérbole, señala que la «Letanía de nuestro señor don Quijote» es «una canonización poética de un nuevo santo hispánico. Santo patrono del idealismo y la heroicidad moral» y añade que «Tan sólo la *Vida de Don Quijote y Sancho* de Unamuno, está a la par de esta poesía, en su encendido anhelo por interpretar a Don Quijote con el alma entera» *(op. cit.,* pág. 223). Sin embargo Darío confiesa en *Historia de mis libros* que este poema «afirma otra vez mi arraigado idealismo, mi pasión por lo elevado y heroico» *(Obras completas,* pág. 222). Este idealismo, en efecto, nace imbricado con la misma corriente arielista que produjeron sus poemas hispanizantes como «Salutación del optimista» ya comentado. Dentro de ese movimiento de defensa de los valores hispanos Don Quijote se convirtió para muchos autores finiseculares en el máximo emblema de la idealidad. La primera parte de este poema (vv. 1-31), escrito en dodecasílabos, consiste en una aproximación exaltatoria de las cualidades del hidalgo de La Mancha imbricando el plano de su trayectoria heroica y una irónica referencia metaliteraria no exenta de humor (vv. 23-25). A partir del verso 32, y después de la *captatio benevolentiae*, comienza la verdadera *letanía* con las recurrentes anáforas que abren los versos 32, 38, 44, 55 y 63 entre otras. Letanía que tampoco excluye el toque desenfadado y crítico acerca de la filosofía y de la cultura de la época (vv. 50-55). Véase también: Alberto Julián Pérez, *La poética de Rubén Darío, op. cit.*, pág. 143.

*

LO FATAL

A René Pérez

Dichoso el árbol que es apenas sensitivo,
y más la piedra dura porque esa ya no siente,
pues no hay dolor más grande que el dolor de ser vivo,
ni mayor pesadumbre que la vida consciente.

Ser, y no saber nada, y ser sin rumbo cierto,
y el temor de haber sido y un futuro terror...
Y el espanto seguro de estar mañana muerto,
y sufrir por la vida y por la sombra y por

lo que no conocemos y apenas sospechamos,
y la carne que tienta con sus frescos racimos,
y la tumba que aguarda con sus fúnebres ramos,
¡y no saber adónde vamos,
ni de dónde venimos!...

No se conoce publicación anterior a su aparición en el libro, pero se conserva un manuscrito en la Biblioteca del Congreso en el que aparece también la dedicatoria a René Pérez, pianista chileno y amigo de Darío en su época de París (Oliver Belmás, *Este otro Rubén Darío, op. cit.*, pág. 359).

El tono pesimista de este poema, uno de los más hondos de su autor, era reconocido por el mismo Darío: «en "Lo fatal", contra mi arraigada religiosidad, y a pesar mío, se levanta como una sombra temerosa un fantasma de desolación y de duda» *(Historia de mis libros, op. cit.*, págs. 222-223). La convicción de que el dolor y el absurdo gobiernan la vida humana domina en el poema llegando a una especie de paroxismo existencial (Miguel Enguídanos, «Tensiones interiores en la obra de Rubén Darío», en *Papeles de Son Armadans,* XLVI [1967], págs. 161-189). Amado Alonso ha estudiado bien la estructura rítmica de este poema en «Estilística de las fuentes literarias: Rubén Darío y Miguel Ángel», en *Materia y forma en poesía,* 3.ª ed., Madrid, Gredos, 1969, págs. 325-338, trabajo en el que lo más discutible resulta la fuente literaria aportada de la cuarteta de Miguel Ángel; en cambio se resalta bien el poderío de los alejandrinos hasta llegar a la ruptura del eneasílabo en «¡y no saber adónde vamos!» (v. 13); «el retorno al paso alejandrino en el último verso [v. 14] no hace más que resaltar el valor expresivo de esta ruptura momentánea del ritmo» *(ibíd.*, pág. 330).

EL CANTO ERRANTE

MOMOTOMBO

O vieux Momotombo, colosse chauve et nu...
V. H.

El tren iba rodando sobre sus rieles. Era
en los días de mi dorada primavera
y era en mi Nicaragua natal.
De pronto, entre las copas de los árboles, vi
un cono gigantesco, «calvo y desnudo», y
lleno de antiguo orgullo triunfal.

Ya había yo leído a Hugo y la leyenda
que Squier le enseñó. Como una vasta tienda
vi aquel coloso negro ante el sol,
maravilloso de majestad. Padre viejo
que se duplica en el armonioso espejo
de un agua perla, esmeralda, col.

Agua de un vario verde y de un gris tan cambiante,
que discernir no deja su ópalo y su diamante,
a la vasta llama tropical.
Momotombo se alzaba lírico y soberano,
yo tenía quince años: ¡una estrella en la mano!
Y era en mi Nicaragua natal.

Ya estaba yo nutrido de Oviedo y de Gomara,
y mi alma florida soñaba historia rara,
fábula, cuento, romance, amor
de conquistas, victorias de caballeros bravos,
incas y sacerdotes, prisioneros y esclavos,
plumas y oro, audacia, esplendor.

Y llegué y vi en las nubes la prestigiosa testa
de aquel cono de siglos, de aquel volcán de gesta,
que era ante mí de revelación.
Señor de las alturas, emperador del agua,
a sus pies el divino lago de Managua,
con islas todas luz y canción.

¡Momotombo! —exclamé— ¡oh nombre de epopeya!
Con razón Hugo el grande en tu onomatopeya
ritmo escuchó que es de eternidad.
Dijérase que fueses para las sombras dique,
desde que oyera el blanco la lengua del cacique
en sus discursos de libertad.

Padre de fuego y piedra, yo te pedí ese día
tu secreto de llamas; tu arcano de armonía,
la iniciación que podías dar;
por ti pensé en lo inmenso de Osas y Peliones,
en que arriba hay titanes en las constelaciones
y abajo dentro la tierra y el mar.

¡Oh Momotombo ronco y sonoro! Te amo
porque a tu evocación vienen a mí otra vez,
obedeciendo a un íntimo reclamo,
perfumes de mi infancia, brisas de mi niñez.

¡Los estandartes de la tarde y de la aurora!
Nunca los vi más bellos que alzados sobre ti,
toda zafir la cúpula sonora
sobre los triunfos de oro, de esmeralda y de rubí.

Cuando las babilonias del Poniente
en purpúreas catástrofes hacia la inmensidad
rodaban tras la augusta soberbia de tu frente,
eras tú como el símbolo de la Serenidad.

En tu incesante hornalla vi la perpetua guerra,
en tu roca unidades que nunca acabarán.
Sentí en tus terremotos la brama de la tierra
y la inmortalidad de Pan.

¡Con un alma volcánica entré en la dura vida,
Aquilón y huracán sufrió mi corazón
y de mi mente mueven la cimera encendida
huracán y Aquilón!

Tu voz escuchó un día Cristóforo Colombo;
Hugo cantó tu gesta legendaria. Los dos
fueron como tú, enormes, Momotombo,
montañas habitadas por el fuego de Dios.

¡Hacia el misterio caen poetas y montañas;
y romperáse el cielo de cristal
cuando luchen sonando de Pan las siete cañas
y la trompeta del Juicio Final!

Fue publicado en la revista *Blanco y Negro* de Madrid, en 17 de octubre de 1907. El epígrafe del poema (¡Viejo Momotombo, coloso calvo y desnudo...!) procede del canto XXVII de *La légende des siècles* de Victor Hugo, texto que leyó muy pronto, tal y como confiesa en el poema y como recuerda en más de una ocasión (Ernesto Mejía Sánchez, *Poesía, op. cit.*, pág. LXXV). En *El viaje a Nicaragua* (1909) dice: «En un feliz amanecer divisé las costas nicaragüenses, la cordillera volcánica, el Cosigüina, famoso en la historia de las erupciones; el volcán del Viejo, el más alto de todos, y más allá el enorme Momotombo, que fue cantado en *La leyenda de los siglos,* de Victor Hugo» (Rubén Darío, *Obras completas,* tomo III, *op. cit.*, pág. 1023).

Es un canto al lugar natal y a la naturaleza americana, que comienza por un recuerdo de la infancia que se asocia a la lectura de los versos de Victor Hugo —al que cita textualmente en el poema: «calvo y desnudo» (v. 5)—, y que desarrolla en los versos siguientes haciendo referencia al epígrafe de E. G. Squier aducido por Hugo (vv. 7-8). Es de destacar en estos versos la descripción paisajística y el carácter afectivo del poema en el que el modernismo canónico se diluye avanzando hacia el tono confidencial y descriptivo de la propia tierra que adoptarán los escritores del postmodernismo (véanse vv. 10-18). A partir de estos versos se acentúa este tono confidencial, surge la anécdota de las lecturas de infancia, los cronistas de Indias, Oviedo y Gómara, y las ensoñaciones acerca del mundo prehispánico y de la conquista. La última parte del poema se centra en el volcán mismo, es una invocación y también una descripción entrañable de cuanto Momotombo significa para ese sujeto poético. No se puede olvidar un ilustre precedente: «En el teocalli de Cholula» del cubano José María Heredia (1803-1839), con algunos de cuyos motivos puede observarse el juego intertextual (José María Heredia, *Poesías completas,* Miami, Universal, 1970, págs. 191-196), sobre todo en la referencia a la grandiosidad del volcán, y la caducidad de todo lo vivo que traslucen los versos finales (vv. 67-70).

*

SALUTACIÓN AL ÁGUILA

... May this grand Union have no end!
FONTOURA XAVIER

Bien vengas, mágica Águila de alas enormes y fuertes
a extender sobre el Sur tu gran sombra continental,
a traer en tus garras, anilladas de rojos brillantes,
una palma de gloria, del color de la inmensa esperanza,
y en tu pico la oliva de una vasta y fecunda paz.

Bien vengas, oh mágica Águila, que amara tanto Walt
[Whitman,
quien te hubiera cantado en esta olímpica jira,
Águila que has llevado tu noble y magnífico símbolo
desde el trono de Júpiter, hasta el gran continente del Norte.

Ciertamente, has estado en las rudas conquistas del orbe.
Ciertamente, has tenido que llevar los antiguos rayos.
Si tus alas abiertas la visión de la paz perpetúan,
en tu pico y en tus uñas está la necesaria guerra.

¡Precisión de la fuerza! ¡Majestad adquirida del trueno!
Necesidad de abrirle el gran vientre fecundo a la tierra
para que en ella brote la concreción del oro de la espiga,
y tenga el hombre el pan con que mueve su sangre.

No es humana la paz con que sueñan ilusos profetas,
la actividad eterna hace precisa la lucha:
y desde tu etérea altura tú contemplas, divina Águila,
la agitación combativa de nuestro globo vibrante.

Es incidencia la historia. Nuestro destino supremo
está más allá del rumbo que marcan fugaces las épocas.

Y Palenke y la Atlántida no son más que momentos soberbios
con que puntúa Dios los versos de su augusto Poema.

Muy bien llegada seas a la tierra pujante y ubérrima,
sobre la cual la Cruz del Sur está, que miró Dante
cuando siendo Mesías, impulsó en su intuición sus bajeles,
que antes que los del sumo Cristóbal supieron nuestro cielo.

E pluribus unum! ¡Gloria, victoria, trabajo!
Tráenos los secretos de las labores del Norte,
y que los hijos nuestros dejen de ser los retores latinos,
y aprendan de los yanquis la constancia, el vigor, el carácter.

¡Dinos, Águila ilustre, la manera de hacer multitudes
que hagan Romas y Grecias con el jugo del mundo presente,
y que, potentes y sobrias, extiendan su luz y su imperio
y que, teniendo el Águila y el Bisonte del Hierro y el Oro,
tengan un áureo día para darles las gracias a Dios!

Águila, existe el Cóndor. Es tu hermano en las grandes alturas.
Los Andes le conocen y saben que, como tú, mira al Sol.
May this grand Union have no end, dice el poeta.
Puedan ambos juntarse, en plenitud de concordia y esfuerzo.

Águila, que conoces desde Jove hasta Zarathustra
y que tienes en los Estados Unidos monumento,
que sea tu venida fecunda para estas naciones
que el pabellón admiran constelado de bandas y estrellas.

¡Águila que estuviste en las horas sublimes de Pathmos,
Águila prodigiosa, que te nutres de luz y de azul,
como una Cruz viviente, vuela sobre estas naciones,
y comunica al globo la victoria feliz del futuro!

Por algo eres la antigua mensajera jupiterina,
por algo has presenciado cataclismos y luchas de razas,
por algo estás presente en los sueños del Apocalipsis,
por algo eres el ave que han buscado los fuertes imperios.

¡Salud, Águila! Extensa virtud a tus inmensos revuelos,
reina de los azures, ¡salud! ¡gloria! ¡victoria y encanto!
¡Que la Latina América reciba tu mágica influencia
y que renazca un nuevo Olimpo, lleno de dioses y héroes!

¡Adelante, siempre adelante! *¡Excélsior!* ¡Vida! ¡Lumbre!
¡Que se cumpla lo prometido en los destinos terrenos,
y que vuestra obra inmensa las aprobaciones recoja
del mirar de los astros, y de lo que Hay más Allá!

Escrita en 1906 con ocasión de la Tercera Conferencia Interamericana en Río de Janeiro a la que asiste como Secretario de la delegación nicaragüense. Darío coloca en el comienzo una cita de Antonio de Fontoura Xavier, amigo y poeta brasileño, cónsul general de su país en Nueva York que había escrito un poema similar. Recuerda Darío su encuentro en Río de Janeiro: «Fontoura Xavier soltó, como un águila, su poema al *Águila Americana,* que inspirara unos hexámetros míos con el mismo tema» *(Semblanzas,* en *Obras completas,* vol. II, pág. 858). Parece que fue publicada en dos ocasiones en *La Nación* de Buenos Aires ese mismo año, el 10 de marzo y el 25 de agosto (Pedro Luis Barcia, *Escritos dispersos de Rubén Darío,* Universidad Nacional de La Plata, 1968).

Contrasta esta actitud panamericana, cuyo símbolo es el águila estadounidense, en quien cantó con anterioridad los valores hispánicos. Más sorprende que solicite que el carácter de esa América se traslade a la América Hispana. Es lógico que tales ideas no satisficieran a sus amigos como Rufino Blanco Fombona o Francisco Contreras. Este último dice que la explicación de cambio tan brusco está «en el carácter de este hombre débil, tímido hasta la puerilidad, y, por tanto, doblegable a todas las sugestiones» *(Rubén Darío. Su vida y su obra,* Barcelona, Agencia Mundial de Librería, 1930, pág. 221). Darío buscaba la concordia, como dice Pedro Salinas: «gracias al pacto de concordia dará a la América Latina paz y poderío para ser lo que ella quiere ser» a la vez que recuerda la «Epístola a la Señora de Leopoldo Lugones» en la que ironizó: «Yo pan-americanicé / con un vago temor y con muy poca fe» *(La poesía de Rubén Darío, op. cit.,* pág. 241). Por su parte Antonio Oliver Belmás analiza esta trayectoria de Darío a través de la utilización de los dos símbolos del águila y del cóndor, aclarando que contra la opinión de Darío que explicó a Blanco Fombona que en este poema declaraba la guerra a los yanquis, en realidad «Lo único que hace es advertir a éstos de la existencia del Cóndor» (vv. 39-42), *(Este otro Rubén Darío, op. cit.,* pág. 58; 51-64). Véase también: José Agustín Balseiro, «Rubén Darío y Estados Unidos», en *Seis estudios sobre Rubén Darío,* Madrid, Gredos, 1967, págs. 117-143; Jaime Concha, *Rubén Darío, op. cit.,* pág. 49.

Respecto a la métrica del poema hay que destacar que una vez más Darío utiliza el hexámetro adaptándolo a la intensidad acentual tal y como se ha explicado anteriormente (véase el capítulo de Oliver Belmás, *op. cit.*, «Los hexámetros» págs. 402-403).

*

A FRANCIA

¡Los bárbaros, Francia! ¡Los bárbaros, cara Lutecia!
Bajo áurea rotonda reposa tu gran Paladín.
Del cíclope al golpe ¿qué pueden las risas de Grecia?
¿Qué pueden las gracias, si Herakles agita su crin?

En locas faunalias no sientes el viento que arrecia,
el viento que arrecia del lado del férreo Berlín,
y allí bajo el templo que tu alma pagana desprecia,
tu vate hecho polvo no puede sonar su clarín.

Suspende, Bizancio, tu fiesta mortal y divina,
¡oh Roma, suspende la fiesta divina y mortal!
Hay algo que viene como una invasión aquilina

que aguarda temblando la curva del Arco Triunfal.
Tannhäuser! Resuena la marcha marcial y argentina,
y vese a lo lejos la gloria de un casco imperial.

Con el título «Frente al Arco de Triunfo» y fechado en «París, julio de 1893» apareció por primera vez en *Artes y Letras* de Buenos Aires, el 21 de enero de 1894. Dentro de un tono hímnico y profético marca la diferencia entre la admirada cultura francesa y la amenaza bélica germana. En realidad está estructurado en la oposición letras y armas. (Véase el comentario del poema de Nelson R. De Vega en Porrata y Santana, *Antología comentada del modernismo, op. cit.*, págs. 354-359). Lo más destacado métricamente es el verso del soneto en pentadecasílabos anfibráquicos, en períodos prosódicos trisilábicos, lo que propicia multitud de acentos en una complicada orquestación. (Véase el comentario de Antonio Oliver Belmás, *Este otro Rubén Darío, op. cit.*, págs. 387-389).

*

EHEU!

Aquí, junto al mar latino,
digo la verdad:
Siento en roca, aceite y vino
yo mi antigüedad.

¡Oh, qué anciano soy, Dios santo,
oh, qué anciano soy!...
¿De dónde viene mi canto?
Y yo, ¿adónde voy?

El conocerme a mí mismo
ya me va costando
muchos momentos de abismo
y el cómo y el cuándo...
Y esta claridad latina,
¿de qué me sirvió
a la entrada de la mina
del yo y el no yo?...

Nefelibata contento,
creo interpretar
las confidencias del viento,
la tierra y el mar...

Unas vagas confidencias
del ser y el no ser,
y fragmentos de conciencias
de ahora y ayer.

Como en medio de un desierto
me puse a clamar;
y miré el sol como muerto
y me eché a llorar.

Apareció en *Renacimiento* de Madrid, en octubre de 1907, en el mismo mes y año que salió el libro. La referencia es al mar Mediterráneo y al invierno de Mallorca. El título «Eheu!» es una interjección latina que expresa lástima y dolor: ¡ay! La fugacidad y el tiempo invaden el poema, y van surgiendo las preguntas y las dudas sobre el origen y el conocimiento de sí mismo, se reconoce una actitud de «Nefelibata» (v. 17), es decir, de alguien excesivamente soñador y que anda por las nubes, lo que le permite por eso ahondar en el conocimiento de las cosas. Salinas indica que el poema «es una soberbia confesión» *(op. cit.,* pág. 173). Y en parecida línea Gerardo Diego destaca la importancia de la palabra *abismo,* lo que inclina al poema hacia una intensa subjetividad («Ritmo y espíritu en Rubén Darío», *op. cit.,* pág. 258). Un interesante comentario de este poema lo realiza Cathy Login Jrade *(Rubén Darío y la búsqueda romántica de la unidad, op. cit.,* págs. 90-92) indicando que «Darío especula, como lo hicieron los idealistas alemanes, si la claridad intelectual es suficiente para distinguir entre el ser y el no ser» llegando a no percibir la presencia del mar en su creciente desesperación.

*

NOCTURNO

Silencio de la noche, doloroso silencio
nocturno... ¿Por qué el alma tiembla de tal manera?
Oigo el zumbido de mi sangre
dentro mi cráneo pasa una suave tormenta.
¡Insomnio! No poder dormir, y, sin embargo,
soñar. Ser la auto-pieza
de disección espiritual, ¡el auto-Hamlet!
Diluir mi tristeza
en un vino de noche
en el maravilloso cristal de las tinieblas...
Y me digo: ¿a qué hora vendrá el alba?
Se ha cerrado una puerta...
Ha pasado un transeúnte...
Ha dado el reloj trece horas... ¡Si será Ella!...

Fue publicado en *Renacimiento* de Madrid, en junio de 1907. Jaime Torres Bodet lo considera «el más dramático de sus "Nocturnos"» *(Rubén Darío. Abismo y cima,* México, UNAM, 1966, pág. 206). Es de destacar el tono entrecortado y conversacional, la sonoridad moderada; es un poema impregnado de misterio y de muerte. Ernesto Mejía Sánchez restablece en su edición las «trece horas» en lugar de las «tres horas» que aparecen en otras ediciones, y cuyo origen procede del «Frisson d'hiver» de los *Poèmes en prose* de Mallarmé (ed. cit., pág. LXXIX). Ha sido muy comentado el estremecedor final. Esa *Ella* es para Salinas «acaso la señora de todos los finales» *(op. cit.*, pág. 164) pero desde luego soñada como una bella mujer en consonancia con otros poemas de Darío. Para Ycaza Tigerino se trata «del alba. Pero aquí el alba no es más que un símbolo, una imagen, *Ella,* con mayúscula, como la escribe el poeta, no es el alba común y cotidiana, es el alba de la muerte» *(Los nocturnos de Rubén Darío, op. cit.*, pág. 32).

*

EPÍSTOLA

A la señora de Leopoldo Lugones

I

Madame Lugones, j'ai commencé ces vers
en écoutant la voix d'un carillon d'Anvers...
¡Así empecé, en francés, pensando en Rodenbach
cuando hice hacia el Brasil una fuga... de Bach!

En Río de Janeiro iba yo a proseguir,
poniendo en cada verso el oro y el zafir
y la esmeralda de esos pájaros-moscas
que melifican entre las áureas siestas foscas
que temen los que temen el cruel vómito negro.
Ya no existe allá fiebre amarilla. ¡Me alegro!
Et pour cause. Yo pan-americanicé
con un vago temor y con muy poca fe
en la tierra de los diamantes y la dicha
tropical. Me encantó ver la vera machicha,
mas encontré también un gran núcleo cordial
de almas llenas de amor, de ensueños, de ideal.
Y si había un calor atroz, también había
todas las consecuencias y ventajas del día,
en panorama igual al de los cuadros y hasta
igual al que pudiera imaginarse... Basta.
Mi ditirambo brasileño es ditirambo
que aprobaría tu marido. *Arcades ambo.*

II

Mas al calor de ese Brasil maravilloso,
tan fecundo, tan grande, tan rico, tan hermoso,
a pesar de Tijuca y del cielo opulento,
a pesar de ese foco vivaz de pensamiento,
a pesar de Nabuco, embajador, y de
los delegados panamericanos que
hicieron lo posible por hacer cosas buenas,
saboreé lo ácido del saco de mis penas;
quiero decir que me enfermé. La neurastenia
es un don que me vino con mi obra primigenia.
¡Y he vivido tan mal, y tan bien, cómo y tánto!
¡Y tan buen comedor guardo bajo mi manto!
¡Y tan buen bebedor tengo bajo mi capa!
¡Y he gustado bocados de cardenal y papa!...
Y he exprimido la ubre cerebral tantas veces,
que estoy grave. Esto es mucho ruido y pocas nueces,
según dicen doctores de una sapiencia suma.
Mis dolencias se van en ilusión y espuma.
Me recetan que no haga nada ni piense nada,
que me retire al campo a ver la madrugada
con las alondras y con Garcilaso, y con
el *sport.* ¡Bravo! Sí. Bien. Muy bien. ¿Y *La Nación?*
¿Y mi trabajo diario y preciso y fatal?
¿No se sabe que soy cónsul como Stendhal?
Es preciso que el médico que eso recete, dé
también libro de cheques para el *Crédit Lyonnais,*
y envíe un automóvil devorador del viento,
en el cual se pasee mi egregio aburrimiento,
harto de profilaxis, de ciencia y de verdad.

III

En fin, convaleciente, llegué a nuestra ciudad
de Buenos Aires, no sin haber escuchado
a míster Root a bordo del *Charleston* sagrado;
mas mi convalecencia duró poco. ¿Qué digo?
Mi emoción, mi entusiasmo y mi recuerdo amigo,

y el banquete de *La Nación*, que fue estupendo,
y mis viejas siringas con su pánico estruendo,
y ese fervor porteño, ese perpetuo arder,
y el milagro de la gracia que brota en la mujer
argentina, y mis ansias de gozar de esa tierra,
me pusieron de nuevo con mis nervios en guerra.
Y me volví a París. Me volví al enemigo
terrible, centro de la neurosis, ombligo
de la locura, foco de todo *surmenage*
donde hago buenamente mi papel de *sauvage*
encerrado en mi celda de la *rue Marivaux*,
confiando sólo en mí y resguardando el yo.
¡Y si lo resguardara, señora, si no fuera
lo que llaman los parisienses una *pera!*
A mi rincón me llegan a buscar las intrigas,
las pequeñas miserias, las traiciones amigas,
y las ingratitudes. Mi maldita visión
sentimental del mundo me aprieta el corazón,
y así cualquier tunante me explotará a su gusto.
Soy así. Se me puede burlar con calma. Es justo.
Por eso los astutos, los listos, dicen que
no conozco el valor del dinero. ¡Lo sé!
Que ando, nefelibata, por las nubes... Entiendo.
Que no soy hombre práctico en la vida... ¡Estupendo!
Sí, lo confieso: soy inútil. No trabajo
por arrancar a otro su pitanza; no bajo
a hacer la vida sórdida de ciertos previsores.
Yo no ahorro ni en seda, ni en champaña, ni en flores.
No combino sutiles pequeñeces, ni quiero
quitarle de la boca su pan al compañero.
Me complace en los cuellos blancos ver los diamantes.
Gusto de gentes de maneras elegantes
y de finas palabras y de nobles ideas.
Las gentes sin higiene ni urbanidad, de feas
trazas, avaros, torpes, o malignos y rudos,
mantienen, lo confieso, mis entusiasmos mudos.
No conozco el valor del oro... ¿Saben esos
que tal dicen lo amargo del jugo de mis sesos,
del sudor de mi alma, de mi sangre y mi tinta,

del pensamiento en obra y de la idea encinta?
¿He nacido yo acaso hijo de millonario?
¿He tenido yo Cirineo en mi Calvario?

IV

Tal continué en París lo empezado en Anvers.
Hoy, heme aquí en Mallorca, *la terra dels foners,*
como dice Mossen Cinto, el gran Catalán.
Y desde aquí, señora, mis versos a ti van,
olorosos a sal marina y azahares,
al suave aliento de las islas Baleares.
Hay un mar tan azul como el Partenopeo.
Y al azul celestial, vasto como un deseo,
su techo cristalino bruñe con sol de oro.
Aquí todo es alegre, fino, sano y sonoro.
Barcas de pescadores sobre la mar tranquila
descubro desde la terraza de mi *villa,*
que se alza entre las flores de su jardín fragante,
con un monte detrás y con la mar delante.

V

A veces me dirijo al mercado, que está
en la Plaza Mayor. (¿Qué Coppée, no es verdá?).
Me rozo con un núcleo crespo de muchedumbre
que viene por la carne, la fruta y la legumbre.
Las mallorquinas usan una modesta falda,
pañuelo en la cabeza y la trenza a la espalda.
Esto, las que yo he visto, al pasar, por supuesto.
Y las que no la lleven no se enojen por esto.
He visto unas payesas con sus negros corpiños,
con cuerpos de odaliscas y con ojos de niños;
y un velo que les cae por la espalda y el cuello,
dejando al aire libre lo obscuro del cabello.
Sobre la falda clara, un delantal vistoso.
Y saludan con un *bon dia tengui* gracioso,
entre los cestos llenos de patatas y coles,
pimientos de corales, tomates de arreboles,

sonrosadas cebollas, melones y sandías,
que hablan de las Arabias y las Andalucías.
Calabazas y nabos para ofrecer asuntos
a Madame Noailles y Francis Jammes juntos.

A veces me detengo en la plaza de abastos
como si respirase soplos de vientos vastos,
como si me entrase con el respiro el mundo.
Estoy ante la casa en que nació Raimundo
Lulio. Y en ese instante mi recuerdo me cuenta
las cosas que le dijo la Rosa a la Pimienta...
¡Oh, cómo yo diría el sublime destierro
y la lucha y la gloria del mallorquín de hierro!
¡Oh, cómo cantaría en un carmen sonoro
la vida, el alma, el numen, del mallorquín de oro!
De los hondos espíritus es de mis preferidos.
Sus robles filosóficos están llenos de nidos
de ruiseñor. Es otro y es hermano del Dante.
¡Cuántas veces pensara su verbo de diamante
delante la Sorbona vieja del París sabio!
¡Cuántas veces he visto su infolio y su astrolabio
en una bruma vaga de ensueño, y cuántas veces
le oí hablar a los árabes cual Antonio a los peces,
en un imaginar de pretéritas cosas
que, por ser tan antiguas, se sienten tan hermosas!

VI

Hice una pausa.
El tiempo se ha puesto malo. El mar
a la furia del aire no cesa de bramar.
El temporal no deja que entren los vapores. Y
un *yacht* de lujo busca refugio en Porto-Pi.
Porto-Pi es una rada cercana y pintoresca.
Vista linda: aguas bellas, luz dulce y tierra fresca.

¡Ah, señora, si fuese posible a algunos el
dejar su Babilonia, su Tiro, su Babel,

para poder venir a hacer su vida entera
en esta luminosa y espléndida ribera!

Hay no lejos de aquí un archiduque austriaco
que las pomas de Ceres y las uvas de Baco
cultiva, en un retiro archiducal y egregio.
Hospeda como un monje —y el hospedaje es regio—.
Sobre las rocas se alza la mansión señorial
y la isla le brinda ambiente imperial.

Es un pariente de Jean Orth. Es un atrida
que aquí ha encontrado el cierto secreto de su vida.
Es un cuerdo. Aplaudamos al príncipe discreto
que aprovecha a la orilla del mar ese secreto.
La isla es florida y llena de encanto en todas partes.
Hay un aire propicio para todas las artes.
En Pollensa ha pintado Santiago Rusiñol
cosas de flor de luz y de seda de sol.
Y hay villa de retiro espiritual famosa:
la literata Sand escribió en Valldemosa
un libro. Ignoro si vino aquí con Musset,
y si la vampiresa sufrió o gozó, no sé *.

¿Por qué mi vida errante no me trajo a estas sanas
costas antes de que las prematuras canas
de alma y cabeza hicieran de mí la mezcolanza
formada de tristeza, de vida y esperanza?
¡Oh, qué buen mallorquín me sentiría ahora!
¡Oh, cómo gustaría sal de mar, miel de aurora,
al sentir como en un caracol en mi cráneo
el divino y eterno rumor mediterráneo!
Hay en mí un griego antiguo que aquí descansó un día,
después que le dejaron loco de melodía
las sirenas rosadas que atrajeron su barca.
Cuanto mi ser respira, cuanto mi vista abarca,

* He leído el libro que hizo Aurora Dupín. Fue Chopin el amante aquí. ¡Pobre Chopin!

es recordado por mis íntimos sentidos;
los aromas, las luces, los ecos, los ruidos,
como en ondas atávicas me traen añoranzas
que forman mis ensueños, mis vidas y esperanzas.

Mas, ¿dónde está aquel templo de mármol, y la gruta
donde mordí aquel seno dulce como una fruta?
¿Dónde los hombres ágiles que las piedras redondas
recogían para los cueros de sus hondas?...

Calma, calma. Esto es mucha poesía, señora.
Ahora hay comerciantes muy modernos. Ahora
mandan barcos prosaicos la dorada Valencia,
Marsella, Barcelona y Génova. La ciencia
comercial es hoy fuerte y lo acapara todo.
Entretanto, respiro mi salitre y mi yodo
brindados por las brisas de aqueste golfo inmenso,
y a un tiempo, como Kant y como el asno, pienso.
Es lo mejor.

VII

Y aquí mi epístola concluye.
Hay un ansia de tiempo que de mi pluma fluye
a veces, como hay veces de enorme economía.
«Si hay, he dicho, señora, alma clara, es la mía».
Mírame transparentemente, con tu marido,
y guárdame lo que tú puedas del olvido.

Anvers-Buenos Aires-París
Palma de Mallorca, MCMVI

Es muy probable que Rubén Darío correspondiera de esta manera en 1906 al poema epistolar de Leopoldo Lugones «A Rubén Darío» aparecido en *Athenas* de Córdoba (Argentina), el 8 de enero de 1903, para ello usó el mismo tono, y rimas pareadas. Lugones respondía a su vez, mediante el poema, a una carta con saludos de su amigo que, según afirma: «Llegan en prosa, porque no hay cosa más hermosa / Que un franco regocijo que canta hablando en prosa», y procede a contestar con humor a la misiva, adoptando un tono prosaico para ironizar sobre su situación económica, aunque destina casi la mitad del poema a darle cuenta del nacimiento de su hijo y de sus primeros días. (Leopoldo Lugones, *Obras poéticas completas,* Madrid, Aguilar, 1952, págs. 1160-1162).

El poema de Rubén Darío es más amplio y de mayor altura que el del argentino, constituye además una obra de madurez y de dominio de unos temas y de una técnica. Sobre la herencia de la epístola que cultivaron los autores de los siglos precedentes, Darío construye una epístola familiar en la que brotan los momentos vivenciales, la confianza amistosa, los coloquialismos, el tono llano y distendido. De sus seis partes —ya que la séptima es un breve cierre de seis versos—, en las tres primeras recorre en un tono conversacional su itinerario reciente desde su vida en París, la asistencia a la Tercera Conferencia Interamericana de Río de Janeiro en 1906 (vv. 11-28), su enfermedad (v. 31), su convalecencia y su estancia en Buenos Aires (vv. 52-62), *(Autobiografía, op. cit.,* págs. 164-166, donde incluso trascribe parte de la epístola por su carácter autobiográfico). Las ironías acerca de su situación financiera (vv. 45-49), la confesión humorística sobre su incapacidad para ser «hombre práctico en la vida» (vv. 78-80), así como las referencias a las intrigas y traiciones de la vida en París frente a la hospitalidad argentina (vv. 55-65). El resto del poema (vv. 99 y sigs.) recoge su presente en la isla de Mallorca: «Aquí todo es alegre, fino, sano y sonoro» (v. 108), cuya descripción alcanza un valor costumbrista y de diario literario y vital. El canto a la vida retirada emerge de las estrofas en clara oposición con las precedentes. Es de resaltar la descripción costumbrista del mercado de la Plaza Mayor (vv. 115-130), la reflexión laudatoria sobre Raimundo Lulio (v. 136), los recuerdos al Archiduque Luis Salvador de Austria (1847-1915) (v. 163), que vivió en Valldemosa, como también la estancia de George Sand y Federico Chopin (v. 179) en la misma Cartuja (1838-1839). Un análisis del poema puede verse en mi trabajo «La epístola y Rubén Darío», en *Formes brèves de l'expression culturelle en Amérique Latine de 1850 à nos jours* en *América, Cahiers du CRICCAL,* 18 (1997), págs. 105-113.

Existió una primera versión del poema publicada en el *Lunes del Imparcial* de Madrid el 7 de enero de 1907, aspecto que trata Enrique Díez-Canedo en «Una digresión de Alomar y unos versos de Darío», en *Letras de América,* México, El Colegio de México, 1944, págs. 92-93.

POEMA DEL OTOÑO Y OTROS POEMAS

POEMA DEL OTOÑO

Tú, que estás la barba en la mano
meditabundo,
¿has dejado pasar, hermano,
la flor del mundo?

Te lamentas de los ayeres
con quejas vanas:
¡aún hay promesas de placeres
en los mañanas!

Aún puedes casar la olorosa
rosa y el lis,
y hay mirtos para tu orgullosa
cabeza gris.

El alma ahíta cruel inmola
lo que la alegra,
como Zingua, reina de Angola,
lúbrica negra.

Tú has gozado de la hora amable,
y oyes después
la imprecación del formidable
Eclesiastés.

El domingo de amor te hechiza;
mas mira cómo
llega el miércoles de ceniza;
Memento, homo...

Por eso hacia el florido monte
las almas van,
y se explican Anacreonte
y Omar Kayam.

Huyendo del mal, de improviso
se entra en el mal,
por la puerta del paraíso
artificial.

Y, no obstante, la vida es bella,
por poseer
la perla, la rosa, la estrella
y la mujer.

Lucifer brilla. Canta el ronco
mar. Y se pierde
Silvano oculto tras el tronco
del haya verde.

Y sentimos la vida pura,
clara, real,
cuando la envuelve la dulzura
primaveral.

¿Para qué las envidias viles
y las injurias,
cuando retuercen sus reptiles
pálidas furias?

¿Para qué los odios funestos
de los ingratos?
¿Para qué los lívidos gestos
de los Pilatos?

¡Si lo terreno acaba, en suma,
cielo e infierno,
y nuestras vidas son la espuma
de un mar eterno!

Lavemos bien de nuestra veste
la amarga prosa;
soñemos en una celeste,
mística rosa.

Cojamos la flor del instante;
¡la melodía
de la mágica alondra cante
la miel del día!

Amor a su fiesta convida
y nos corona.
Todos tenemos en la vida
nuestra Verona.

Aun en la hora crepuscular
canta una voz:
«¡Ruth, risueña, viene a espigar
para Booz!».

Mas coged la flor del instante,
cuando en Oriente
nace el alba para el fragante
adolescente.

¡Oh! Niño que con Eros juegas,
niños lozanos,
danzad como las ninfas griegas
y los silvanos.

El viejo tiempo todo roe
y va de prisa;
sabed vencerle, Cintia, Cloe
y Cidalisa.

Trocad por rosas, azahares,
que suena el son
de aquel Cantar de los Cantares
de Salomón.

Príapo vela en los jardines
que Cipris huella;
Hécate hace aullar los mastines;
mas Diana es bella,

y apenas envuelta en los velos
de la ilusión,
baja a los bosques de los cielos
por Endimión.

¡Adolescencia! Amor te dora
con su virtud;
goza del beso de la aurora,
¡oh juventud!

¡Desventurado el que ha cogido
tarde la flor!
Y ¡ay de aquel que nunca ha sabido
lo que es amor!

Yo he visto en tierra tropical
la sangre arder,
como en un cáliz de cristal,
en la mujer.

Y en todas partes la que ama
y se consume
como una flor hecha de llama
y de perfume.

Abrasaos en esa llama
y respirad
ese perfume que embalsama
la Humanidad.

Gozad de la carne, ese bien
que hoy nos hechiza,
y después se tornará en
polvo y ceniza.

Gozad del sol, de la pagana
luz de sus fuegos;
gozad del sol, porque mañana
estaréis ciegos.

Gozad de la dulce armonía
que a Apolo invoca;
gozad del canto, porque un día
no tendréis boca.

Gozad de la tierra, que un
bien cierto encierra;
gozad, porque no estáis aún
bajo la tierra.

Apartad el temor que os hiela
y que os restringe;
la paloma de Venus vuela
sobre la Esfinge.

Aún vencen muerte, tiempo y hado
las amorosas;
en las tumbas se han encontrado
mirtos y rosas.

Aún Anadiómena en sus lidias
nos da su ayuda;
aun resurge en la obra de Fidias
Friné desnuda.

Vive el bíblico Adán robusto,
de sangre humana,
y aún siente nuestra lengua el gusto
de la manzana.

Y hace de este globo viviente
fuerza y acción
la universal y omnipotente
fecundación.

El corazón del cielo late
por la victoria
de este vivir, que es un combate
y es una gloria.

Pues aunque hay pena y nos agravia
el sino adverso,
en nosotros corre la savia
del universo.

Nuestro cráneo guarda el vibrar
de tierra y sol,
como el ruido de la mar
el caracol.

La sal del mar en nuestras venas
va a borbotones;
tenemos sangre de sirenas
y de tritones.

A nosotros encinas, lauros,
frondas espesas;
tenemos carne de centauros
y satiresas.

En nosotros la Vida vierte
fuerza y calor.
¡Vamos al reino de la Muerte
por el camino del Amor!

Ernesto Mejía Sánchez apunta como fecha probable de composición la de abril o mayo de 1908. Parece que fue publicada en *El Cojo Ilustrado* de Caracas en 1908 *(Poesía,* Biblioteca Ayacucho, *op. cit.,* pág. LXXXII). Antonio Oliver Belmás encontró en manuscrito tres estrofas nuevas de este poema *(Seminario Archivo Rubén Darío,* 1 [1959], págs. 11-14) y las publicó en el «Apéndice poético» que añadió a la décima edición de *Poesías completas* realizada por Méndez Plancarte (Madrid, Aguilar, 1967, pág. 1143).

Señala Pedro Salinas que, al igual que la «Canción de otoño en primavera», este poema confirma ese otro horizonte que hace desaparecer el erotismo intrascendente. Su eje lo constituye el hombre maduro que lucha contra el tiempo y que se aferra al placer y al goce, pero «mirado de cerca es, si no derrota, pacto, triste acomodo impuesto por el mismo poder que se quiere negar, el tiempo» *(op. cit.*, pág. 156; véanse también: Phyllis Rodríguez Peralta, «Las últimas páginas de Rubén Darío», en *Revista Iberoamericana*, 146-147 [1989], págs. 398-400; Jaime Giordano, *La edad del ensueño, op. cit.*, p. 152 y sigs.); aunque en realidad se trata de apresar el tiempo, de no perder la esperanza del futuro: «Aún puedes casar la olorosa / rosa y el lis» (vv. 9-10), referencias míticas, religiosas y cultas —como la dedicada a Omar Kayam (v. 28), poeta y astrónomo persa del siglo XII—, sirven para afianzar el pensamiento positivo acerca del presente (v. 33): «soñemos en una celeste / mística rosa», versos en los que se combinan el adjetivo *celeste* que tan alto significado tiene en su poesía y el simbolismo no exento de ambigüedad de la rosa. A partir de este momento el poema se afianza en el famoso tópico del *collige, virgo rosas*, «Cojamos la flor del instante» (v. 61)), o del *carpe diem* en variadas recurrencias anafóricas, de las cuales la más evidente es el insistente «gozad» anafórico (vv. 117, 121, 125 y 129) en un intento de conjurar el reino de la muerte, que culmina en los versos finales: «¡Vamos al reino de la Muerte / por el camino del Amor!» (vv. 175-176).

*

VESPERAL

Ha pasado la siesta
y la hora del Poniente se avecina,
y hay ya frescor en esta
costa, que el sol del Trópico calcina.
Hay un suave alentar de aura marina,
y el Occidente finge una floresta
que una llama de púrpura ilumina.

Sobre la arena dejan los cangrejos
la ilegible escritura de sus huellas.
Conchas color de rosa y de reflejos
áureos, caracolillos y fragmentos de estrellas
de mar forman alfombra
sonante al paso en la armoniosa orilla.
Y cuando Venus brilla,
dulce, imperial amor de la divina tarde,

creo que en la onda suena
o son de lira, o canto de sirena.
Y en mi alma otro lucero como el de Venus arde.

*

No parece que haya sido publicada con anterioridad a 1909. Forma parte de la sección «Intermezzo tropical» que integró el libro *El viaje a Nicaragua e Intermezzo tropical* (Madrid, Biblioteca Ateneo, 1909). La primera parte del poema es una descripción paisajística del trópico, la segunda (vv. 8 y sigs.) expresa la permanencia del cosmos en su celeste y misteriosa unidad como continuidad divina —tal y como lo afirmaba el pitagorismo esotérico— y está sugerida por la interacción de los elementos naturales, «la ilegible escritura» (v. 9) de los cangrejos en la arena, las conchas que semejan estrellas, o la invasión del Amor en cosas y seres duplicando en ellos y en la propia alma el macrocosmos. La mención a Venus y al cosmos sideral no puede por menos que recordar «Venus» de *Azul...*

CANTO A LA ARGENTINA
Y OTROS POEMAS

CANTO A LA ARGENTINA

¡Argentina! ¡Argentina!
¡Argentina! El sonoro
viento arrebata la gran voz de oro.
Ase la fuerte diestra la bocina,
y el pulmón fuerte, bajo los cristales
del azul, que han vibrado,
lanza el grito: *Oíd, mortales,*
oíd el grito sagrado.

Oíd el grito que va por la floresta
de mástiles que cubre el ancho estuario,
e invade el mar; sobre la enorme fiesta
de las fábricas trémulas de vida;
sobre las torres de la urbe henchida;
sobre el extraordinario
tumulto de metales y de lumbres
activos; sobre el cósmico portento
de obra y de pensamiento
que arde en las poliglotas muchedumbres;
sobre el construir, sobre el bregar, sobre el soñar,
sobre la blanca sierra,
sobre la extensa tierra,
sobre la vasta mar.

¡Argentina, región de la aurora!
¡Oh, tierra abierta al sediento
de libertad y de vida,
dinámica y creadora!

¡Oh barca augusta, de prora
triunfante de doradas velas!
De allá de la bruma infinita,
alzando la palma que agita,
te saluda el divo Cristóbal,
príncipe de las Carabelas.

[...]

Hombres de Emilia y los del agro
romano, ligures, hijos
de la tierra del milagro
partenopeo, hijos todos
de Italia, sacra a las gentes,
familia que sois descendientes
de quienes vieron errantes
a los olímpicos dioses
de los antaños, amadores
de danzas gozosas y flores
purpúreas y del divino
don de la sangre del vino;
hallasteis un nuevo hechizo,
hallasteis otras estrellas,
encontrasteis prados en donde
se siembra, espiga y barbecha,
se canta en la fiesta del grano
y hay un gran sol soberano,
como el de Italia y de Jonia
que en oro el terruño convierte:
el enemigo de la muerte
sus urnas vitales vierte
en el seno de la colonia.

Hombres de España poliforme,
finos andaluces sonoros,
amantes de zambras y toros,
astures que entre peñascos,
aprendisteis a amar la augusta
Libertad, elásticos vascos

como hechos de antiguas raíces,
raza heroica, raza robusta,
rudos brazos y altas cervices,
hijos de Castilla la noble
rica de hazañas ancestrales;
firmes gallegos de roble;
catalanes y levantinos
que heredasteis los inmortales
fuegos de hogares latinos;
iberos de la península
que las huellas del paso de Hércules
visteis en el suelo natal:
¡he aquí la fragante campaña
en donde crear otra España
en la Argentina universal!

¡Helvéticos! La nación nueva
ama el canto del libre. ¡Dad
al pampero, que el trueno lleva,
vuestros cantos de libertad!
El Sol de Mayo os ilumina.
Como en la patria natal
veréis el blancor que culmina
allá donde en la tierra austral
erige una Suiza argentina
sus ventisqueros de cristal.

Llegad, hijos de la astral Francia:
hallaréis en estas campiñas
entre los triunfos de la estancia
las guirnaldas de vuestras viñas.
Hijos del gallo de Galia
cual los de la loba de Italia
placen al cóndor magnífico,
que ebrio de celeste azur
abre sus alas en el sur
desde el Atlántico al Pacífico.

Vástagos de hunos y de godos,
ciudadanos del orbe todos,
cosmopolitas caballeros
que antes fuisteis conquistadores,
piratas y aventureros,
reyes en el mar y en el viento,
argonautas de lo posible,
destructores de lo imposible,
pioneers de la Voluntad:
he aquí el país de la armonía,
el campo abierto a la energía
de todos los hombres. ¡Llegad!

Os espera el reino oloroso
al trébol que pisa el ganado,
océano de tierra sagrado
al agricultor laborioso
que rige el timón del arado.
¡La pampa! La estepa sin nieve,
el desierto sin sed cruenta,
en donde benéfico llueve
riego fecundador que aumenta
las demetéricas savias.
Bella de honda poesía,
suave de inmensidad serena,
de extensa melancolía
y de grave silencio plena;
o bajo el escudo del sol
y la gracia matutina,
sonora de la pastoral
diana de cuerno, caracol
y tuba de la vacada;
o del grito de la triunfal
máquina de la ferro-vía;
o del volar del automóvil
que pasa quemando leguas,
o de las voces del gauchaje,
o del resonar salvaje
del tropel de potros y yeguas.

¡La pampa! Inmolad un corcel
a Hiperión el radiante,
cual canta un dueño del laurel
del Lacio. ¡La pampa fragante!
En la extendida luz del llano
flotaba un ambiente eficaz.
Al forastero, el pampeano
ofreció la tierra feraz;
el gaucho de broncínea faz
encendió su fogón de hermano,
y fue el mate de mano en mano
como el calumet de la paz.

¡Oh, cómo, cisne de Sulmona,
brindaras allí nuevos fastos,
celebrarías nuevos ritos
y ceñirías la corona
lírica por los campos vastos
y los sembrados infinitos!
Otros Evandros de América
juntarán arcádicos lauros
mientras van en fuga quimérica
otros tropeles de centauros.

[...]

¡Oh, Pampa! ¡Oh, entraña robusta,
mina del oro supremo!
He aquí que se vio la augusta
resurrección de Triptolemo.
En maternal continente
una república ingente
crea el granero del orbe,
y sangre universal absorbe
para dar vida al orbe entero.
De ese inexhausto granero
saldrán las hostias del mañana;
el hambre será, si no vana,
menos multiplicada y fuerte,

y será el paso de la muerte
menos cruel con la especie humana.

¡Argentina! Tu ser no abriga
la riqueza tentacular
que a Europa finesecular
incubó la Furia enemiga.
Y si oyes un día explotar
el trágico odio del iluso,
regando ciega desventura,
es que Ananké la bomba puso
en la mano de la Locura.
¡Deméter, tu magia prolífica
del esfuerzo por la bondad
envíe la hostia pacífica
a la boca de la ciudad!

Se agita la urbe, se alza
la Metrópoli reina, viste
el regio manto, se calza
de oro, tiarada de azur
yergue la testa imperiosa
de Basilea del Sur;
es la fecunda, la copiosa,
la bizarra, grande entre grandes;
la que el gran Cristo de los Andes
bendice, y saluda de lejos
entre los vívidos reflejos
del luminar que la corona,
la Libertad anglo-sajona.
Saluda a la Urbe argentina
el Garibaldi romano,
cabalgante en su colina,
en nombre de Roma materna,
vestida de su memoria
y como su decoro eterna.
La saluda Londres que empuña
el gran Tridente de acero
por dominar el mar entero.

La saluda Berlín casqueada
y con égida y espada
como una Minerva bélica.
Y Nueva York la babélica,
y Melbourne la oceánica,
y las viejas villas asiáticas,
y presididas por Lutecia,
todas las hermanas latinas
y hermanas por la libertad.
La saluda toda urbe viva
en donde creyente y activa
va al porvenir la Humanidad.

[...]

Cantaré la paz sobre todo.
Huya el demonio perverso,
huya el demonio beodo
que incendia en mal al universo;
desaparezcan las furias
que con sangre de los ejércitos
empurpuraron las centurias;
que no más rujan los tigres
marciales sino de alegría,
y que a la paz se alce un templo
como aquel que dando un ejemplo
insigne Augusto romano
ordenara elevar un día.
El industrioso ciudadano
el ramo de olivo venere;
que tenga sus armas listas,
no para inhumanas conquistas,
mas por defender su tierra
donde por la patria se muere.

¡Guerra, pues, tan sólo a la guerra!
Paz, para que el pensamiento
domine el globo, y vaya luego,

cual bíblico carro de fuego,
de firmamento en firmamento.
¡Paz para los creadores,
descubridores, inventores,
rebuscadores de verdad;
paz a los poetas de Dios,
paz a los activos y a los
hombres de buena voluntad!
En paz la hora renaciente,
continua y poliformemente,
el movimiento y no la inercia,
legiones dueñas de sus actos,
gente que osa, que comercia,
multiplica los artefactos,
combate la escasez, la negra
miseria y pasa sus revistas
a las usinas y talleres;
y sus horas áureas alegra
con la invención de los artistas
y la beldad de las mujeres.
¿A qué los crueles filósofos?
¿A qué los falsos crisóstomos
de la inquina y de la blasfemia?
¡Al pueblo que busca ideal
ofrezca una nueva academia
sus enseñanzas contra el mal,
su filosofía de luz;
que no más el odio emponzoñe,
y un ramaje de paz retoñe
del madero de la cruz!
¡Argentina! El cantor ha oteado
desde la alta región tu futuro.
Y vio en lo inmemorial del pasado
las metrópolis reinas que fueron,
las que por Dios malditas cayeron
en instante pestífero; el muro
que crujió remordido de llamas
la hervorosa Persépolis, Tiro,
La imperial Babilonia que aún brama,

y las urbes que vieron a Ciro,
a Alejandro, y a todos los fuertes
que escoltaron victorias y muertes.
Y miró a Bizancio y a Atenas,
y a la que, domadora del mundo,
siendo Lupa indomable, fue Roma.
Y vio tronos, suplicios, cadenas,
y con tiaras a tigres y hienas.
Y cien más capitales precitas
donde el hombre fue ciego a la vasta
Libertad, donde fueron escritas
terroríficas y duras leyes,
contra tribus y pueblos y casta,
o las leyes fueron voluntades;
y a través de tragedias y gestas,
derrumbáronse tronos y reyes,
o se hicieron ceniza ciudades
por ensalmos de frases funestas.
Y después otros siglos y luchas,
otra vez lo que arrasa y escombra,
muchos reinos que surgen y muchas
vanidades que caen en la sombra
infinita. Mane, Thecel, Phares.
Y el poeta miró un astro eterno
sobre ruinas y tierras y mares,
que alumbraba con su claridad
nuevos cultos, cultura y gobierno,
y a su brillo quedó deslumbrado:
era el astro de la Libertad.
Argentinos, la inmortal estrella
a vosotros simbólica es Sol;
las naciones son grandes por ella;
lo sabía el abuelo español.
Dad a todas las almas abrigo,
sed nación de naciones hermana,
convidad a la fiesta del trigo,
al domingo del lino y la lana
thanks-giving, yon kipour, romería,
la confraternidad de destinos,

la confraternidad de oraciones,
la confraternidad de canciones,
bajo los colores argentinos.

Argentina, el día que te vistes
de gala, en que brillan tus calles
y no hay aspectos ni almas tristes
en alturas, pampas y valles;
el día en que desde tus fuertes,
tus cruceros y tus cuarteles
salvas lanzas, música viertes
entre las palmas y laureles,
visitada por los príncipes
de reinos y tierras lejanas
y mensajeros de repúblicas,
son las patrias americanas
las que más comparten tu júbilo.
Son las próximas hermanas
las que te proclaman primera
en el decoro familiar,
después de heroica y guerrera,
hospitaliaria y maternal.
Argentina tiarada de ónice
y de mármol, se puede ver
cuál luce sobre tu frente
el diamante refulgente
de las alturas, Lucifer:
pues eres la aurora de América.
Magnifícase tu apoteosis,
regazo de múltiples climas,
preferida del nuevo siglo,
y en sus cláusulas y en sus rimas
te profetizan tus profetas
y te poetizan tus poetas.
Crece el tesoro año por año,
mientras prosigues las tareas
de las por Dios suspendidas
civilizaciones de antaño;
encarnas, produces, creas

cerebro para otras ideas,
útero para nuevas vidas.
Tus hijos llevarán en sí,
por su sangre, el hierro y el rubí

de los cuatro puntos del globo.
Concentración de los varones
de vedas, biblias y coranes,
en el colmo de sus afanes,
en el logro de sus acciones,
tu floración de floraciones
tendrá un perfume latino.
En el primitivo crisol,
Roma influyó en tu destino,
cuando a través del español
puso su enérgico metal.
Y sus históricas llamas
animarán genios y famas
al argentino Arco Triunfal.

¡Y yo, por fin, qué he de decirte,
en voto cordial, Argentina!
Que tu bajel no encuentre sirte,
que sea inexhausta tu mina,
inacabables tus rebaños
y que los pueblos extraños
coman el pan de tu harina.
¡Cómalo yo en postreros años
de mi carrera peregrina,
sintiendo las brisas del Plata!
Que libre de hambre y peste
por tus tesoros y tu ciencia,
jamás enemigas huestes
te combatan. Tu preeminencia
sea siempre mayor, y homérica
voz de tu genio viril
por ti diga el triunfo de América.

Y mi inspiradora, alumna

del Musagetes, al viento
las alas, mi pensamiento
florido da a la columna,
riega junto al monumento;
y en lo solemne del coro,
del himno el acento canoro
une mi amor y mi acento:
¡Argentina tu día ha llegado!
¡Buenos Aires, amada ciudad,
el Pegaso de estrellas herrado
sobre ti vuela en vuelo inspirado!
Oíd, mortales, el grito sagrado:
¡Libertad! ¡Libertad! ¡Libertad!

En la celebración del Primer Centenario de la Independencia argentina, el 25 de mayo de 1910, *La Nación* entregaría a los suscriptores un volumen especial en el que se incluirían poemas conmemorativos, entre ellos la oda «A los ganados y a las mieses» de Leopoldo Lugones y este largo poema de Rubén Darío que había comenzado a componer a finales del año anterior en París.

Es el poema más largo de su autor y como obra de encargo recurre a fuentes tópicas y obligadas, citas clásicas y bíblicas, y sobre todo, a personajes y hechos de la historia argentina. El Buenos Aires de entonces, entre festejos y prosperidad, se aprestaba a reunir a los representantes de la Cuarta Conferencia Panamericana. El poema tiene un tono de himno en el comienzo que luego adquiere caracteres de oda. Guillermo Ara («La Argentina de Darío», en *Homenaje a Rubén Darío,* Memoria del XIII Congreso del IILI, *op. cit.*, págs. 158-166) señala «que el tono de la oda se mantiene con suficiente dignidad y fuerza a lo largo de su millar de versos, pero sin superar del todo la fatiga de sus reiteradas grandilocuencias y las alusiones eruditas de sobrada frecuentación». Desde el comienzo se resalta el carácter abierto del país, tierra de inmigración, de paz y de hermandad continental, para luego elegir tres símbolos de la magnificencia argentina, la pampa, la ciudad y el Río de la Plata con el trabajo comercial e industrial, manantiales que fecundan las tierras de la prosperidad futura. (Véanse: Pedro Salinas, *op. cit.*, págs. 245-252; Mireya Camurati, «Dos cantos al centenario en el marco histórico social del modernismo en la Argentina», en *Revista Iberoamericana,* 146-147 [1989], págs. 103-127.)

POEMAS NO INCLUIDOS EN LIBROS

A AMADO NERVO

La tortuga de oro camina por la alfombra
y traza por la alfombra un misterioso estigma;
sobre su carapacho hay grabado un enigma
y un círculo enigmático se dibuja en su sombra.

Esos signos nos dicen al Dios que no se nombra
y ponen en nosotros su autoritario estigma:
ese círculo encierra la clave del enigma
que a Minotauro mata y a la Medusa asombra.

Ramo de sueños, mazo de ideas florecidas
en explosión de cantos y en floración de vidas,
sois mi pecho suave, mi pensamiento parco.

Y cuando hayan pasado las sedas de la fiesta,
decidme los sutiles efluvios de la orquesta
y lo que está suspenso entre el violín y el arco.

Fechado en París en julio de 1900. El poeta modernista mexicano Amado nervo (1870-1919) fue amigo de Darío en París donde lo conoció, en 1900, con ocasión de la Exposición Universal *(Autobiografía, op. cit.,* pág. 148). Constituyó para Darío una benéfica y fiel amistad; se conservan algunas cartas que dan prueba de esa relación (Antonio Oliver Belmás, *Este otro Rubén Darío, op. cit.,* págs. 195-198; algunos datos de esa amistad y varias cartas pueden leerse en Alberto Ghiraldo, *El archivo de Rubén Darío,* Buenos Aires, Losada, 1945, págs. 147-155).

Este poema es conocido también con el título de «La tortuga de oro» porque destaca en él el simbolismo de la tortuga que es figura del universo por su caparazón redondo, imagen de la bóveda celeste, y por su peto plano que representa la superficie de la tierra (Jean Chevalier y Alain Gheerbrant,

Diccionario de los símbolos, op. cit.); a la vez, a través del símbolo, este soneto en alejandrinos se carga de amplio contenido metafísico que sintoniza con el misterioso origen, de la creación y la armonía del mundo (Anderson Imbert, *op. cit.*, págs. 138-139; y Raymond Skyrme, «The Pythagorean Vision of Rubén Darío in «La tortuga de oro»», en *Comparative Literature* 11 [1974], págs. 233-248).

*

EN LAS CONSTELACIONES

En las constelaciones Pitágoras leía,
yo en las constelaciones pitagóricas leo:
pero se han confundido dentro del alma mía
el alma de Pitágoras con el alma de Orfeo.

Sé que soy, desde el tiempo del Paraíso, reo;
sé que he robado el fuego y robé la armonía;
que es abismo mi alma y huracán mi deseo;
que sorbo el infinito y quiero todavía...

Pero ¿qué voy a hacer, si estoy atado al potro
en que, ganado el premio, siempre quiero ser otro,
y en que, dos en mí mismo, triunfa uno de los dos?

En la arena me enseña la tortuga de oro
hacia dónde conduce de las musas el coro
y en dónde triunfa augusta la voluntad de Dios.

Fechado en el Océano Atlántico en abril de 1908. Recuerda poemas como «Ama tu ritmo...» porque se trata de nuevo de cuestionamientos metapoéticos en los que el esoterismo tiene primacía, para concluir, como explica Cathy L. Jrade, que «Darío aprendió en el pitagorismo esotérico que, en tanto que el universo entero es un desdoblamiento visible de Dios en el espacio y en el tiempo, la vida está en todas partes, hasta en los que suele considerarse materia inerte y muerta» *(Rubén Darío y la búsqueda romántica de la unidad, op. cit.*, págs. 69-72). La identificación de Pitágoras y Orfeo tiene sentido en la imbricación de la música y el número; aspecto que ha estudiado Erika Lorenz en *Rubén Darío «bajo el divino imperio de la música»; estudio sobre la significación de un principio estético,* Managua, Lengua, 1960. El soneto marca desde el comienzo el eje dual, tan característico de su poesía, que se afianza en el segundo cuarteto (v. 7), y se plantea como problema en el primer terceto: «y en que, dos en mí mismo, triunfa uno de los dos?» (v. 11). La tortuga de oro, emblema del universo, concentra el enigma y el orden.

*

TRÍPTICO DE NICARAGUA

1

LOS BUFONES

Recuerdo, allá en la casa familiar, dos enanos,
como los de Velázquez. El uno, varón, era
llamado «el Capitán». Su vieja compañera
era su madre. Y ambos parecían hermanos.

Tenían de peleles, de espectros, de gusanos;
él cojeaba, era bizco, ponía cara fiera;
fabricaba muñecos y figuras de cera
con sus chicas, horribles y regordetas manos.

También fingía ser obispo y bendecía;
predicaba sermones de endemoniado enredo
y rezaba contrito *pater* y avemaría.

Luego, enano y enana se retiraban quedo;
y en tanto que la gente hacendada reía,
yo, silencioso, en un rincón, tenía miedo.

2

EROS

Es en mi juventud, mi juventud que juega
con versos e ilusiones, espada de oro al cinto;
hay en mi mente un sueño siempre vario y distinto,
y mi espíritu ágil al acaso se entrega...

En cada mujer miro como una ninfa griega;
en poemas sonoros sus frescas gracias pinto;
y esto pasa al amor del puerto de Corinto,
o en la rica en naranjas de almíbar, Chinandega.

Tiempo lejano ya. Mas aún veo azahares
en los naranjos verdes impregnados de aromas,
o las viejas fragatas que llegan de los mares

lejanos; o el hicaco, o tupidos manglares;
o tú, rostro adorado en ese tiempo, asomas
con primeros amores y primeros pesares.

3

TERREMOTO

Madrugada. En el silencio reposa la gran villa
donde de niño supe de cuentos y consejas,
o asistí a serenatas de amor junto a las rejas
de alguna novia bella, timorata y sencilla.

El cielo lleno de constelaciones brilla,
y su oriente disputan suaves luces bermejas;
de pronto, un terremoto mueve las casas viejas
y la gente en los patios y calles se arrodilla,

medio desnuda, y clama: «¡Santo Dios! ¡Santo fuerte!
¡Santo inmortal!». La tierra tiembla a cada momento.
¡Algo de apocalíptico mano invisible vierte!...

La atmósfera es pesada como plomo. No hay viento.
Y se diría que ha pasado la muerte
ante la impasibilidad del firmamento.

Estos tres sonetos, fechados en París en 1912, recogen tres motivos ligados a su país natal. «Los bufones» es un recuerdo de infancia ligado a los tempranos y obsesivos terrores del poeta: «la casa era para mí temerosa por las noches. Anidaban lechuzas en los aleros. Me contaban cuentos de ánimas en pena y aparecidos los dos únicos sirvientes: la Serapia y el indio Goyo» (*Autobiografía, op. cit.*, pág. 21). Es de resaltar el cambio temático operado en su poesía, desde el tratamiento de la belleza en *Azul...* y *Prosas profanas*, o la tendencia más trascendente de *Cantos de vida y esperanza*, al motivo usado en este poema en el que irrumpe la cotidianidad y la descripción de la fealdad (vv. 5-8). El titulado «Eros» vuelve a ser evocativo de su juventud y de su concepto amoroso: «En cada mujer miro como una ninfa griega» (v. 19); y el que cierra el tríptico, «Terremoto», vuelve a ser un recuerdo de infancia que está dolorosamente ligado a la geografía nicaragüense y a la vez al cataclismo final.

GUÍA DE LECTURA

por Carmen Ruiz Barrionuevo

Rubén Darío. Foto archivo Espasa

CUADRO CRONOLÓGICO

AÑO	VIDA Y OBRA DE RUBÉN DARÍO	ACONTECIMIENTOS HISTÓRICOS	ACONTECIMIENTOS CULTURALES
1867	Nace el 18 de enero en Metapa (hoy Ciudad Darío), Nicaragua, hijo de Manuel García (Darío) y de Rosa Sarmiento Alemán. Fue bautizado con el nombre de Félix Rubén.	México: Fusilamiento de Maximiliano y presidencia de Benito Juárez. Los Estados Unidos compran Alaska a Rusia. Inglaterra: reforma electoral y derecho al voto obrero.	Jorge Isaacs: *María*. Rufino J. Cuervo: *Anotaciones críticas sobre el lenguaje bogotano*. Tamayo y Baus: *Un drama nuevo*. Marx: *El Capital* (tomo I). Ibsen: *Peer Gynt*. Muerte de Baudelaire.
1868		Cuba: Comienza la Guerra de los Diez Años. Argentina: Presidencia de Domingo F. Sarmiento. Tratado de Estados Unidos con Colombia sobre la construcción del Canal de Panamá; queda inconcluso. España: destronamiento de Isabel II y gobierno de Prim. Disolución de la sección francesa de la Internacional. Primer congreso de Trade Unions.	Dostoievski: *El idiota*. Wagner: *Los maestros cantores*.
1869	Tras la separación de sus padres, es adoptado por el coronel Félix Ramírez y por su mujer, Bernarda Sarmiento, tía y madre adoptiva de Rosa Sarmiento, que vivían en León (Nicaragua). Firmará Félix Rubén Ramírez.	Segundo tratado de Estados Unidos sobre el canal de Panamá, también incompleto. Ecuador: Golpe de estado, García Moreno Jefe Supremo. España: Regencia del general Serrano, Constitución liberal. Apertura del Concilio Vaticano I. Se abre el Canal de Suez.	Ignacio M. Altamirano: *Clemencia*. Lautréamont: *Los Cantos de Maldoror*. Flaubert: *La educación sentimental*. Verlaine: *Fiestas galantes*.

AÑO	VIDA Y OBRA DE RUBÉN DARÍO	ACONTECIMIENTOS HISTÓRICOS	ACONTECIMIENTOS CULTURALES
1870	Infancia en León, en un ambiente colonial, de leyendas y religiosidad. A los tres años sabía leer según confesión propia.	Finaliza con gran destrucción la guerra del Paraguay. Venezuela: primera presidencia de Guzmán Blanco. España: Asesinato de Prim, Amadeo de Saboya rey de España. Guerra franco-prusiana, capitulación en Sedán, caída del II Imperio. Dogma de la infabilidad del Papa en el Concilio Vaticano I.	Lucio V. Mansilla: *Una excursión a los indios ranqueles*. Pérez Galdós: *La fontana de oro.*
1871	Muere el coronel Ramírez y su educación queda a cargo de la tía abuela.	México: Reelección de Juárez y oposición de Porfirio Díaz. Armisticio franco-prusiano: anexión de Alsacia y Lorena por Alemania. La Comuna de París: la Semana Sangrienta.	José Martí: *El presidio político en Cuba*. Fusilamiento en Cuba del poeta Juan Clemente Zenea. Altamirano: *Rimas*. Bécquer: *Rimas*. Zola: *Los Rougon-Macquart*. L. Carroll: *A través del espejo*. Darwin: *El origen del hombre*. Bakunin: *Dios y el Estado*.
1872		México: Muerte de Juárez y presidencia de Lerdo de Tejada. España: Nueva guerra carlista y convenio de Amorebieta.	José Hernández: La «Ida» de *Martín Fierro*. Hilario Ascasubi: *Santos Vega*. Palma: *Tradiciones peruanas*. Núñez de Arce: *El haz de leña*. Campoamor: *Pequeños poemas*. Banville: *Tratado de versificación francesa*. Muere Teofilo Gautier.
1873		Puerto Rico: Abolición de la esclavitud. Tratado secreto entre Perú y Bolivia contra Chile. España: Abdicación de Amadeo de Saboya y comienzo de la I República. Alianza de los tres imperios europeos: Alemania, Austria y Rusia.	José Martí: *La República española ante la Revolución Cubana*. Pérez Galdós comienza los *Episodios Nacionales*. Rimbaud: *Una temporada en el infierno;* Verne: *La vuelta al mundo en ochenta días*.

AÑO	VIDA Y OBRA DE RUBÉN DARÍO	ACONTECIMIENTOS HISTÓRICOS	ACONTECIMIENTOS CULTURALES
1874	Asiste a la escuela pública.	Argentina: Presidencia de Avellaneda. España: Golpe del general Pavía; restauración de Alfonso XII y regencia de Cánovas del Castillo.	Rufino J. Cuervo: Notas a la «*Gramática*» *de Bello*. J. C. Zenea: *Poesías completas*. Valera: *Pepita Jiménez*. Alarcón: *El sombrero de tres picos*. Leconte de Lisle: *Poèmes antiques* (ed. definitiva); Primera exposición impresionista.
1875		Guatemala: Creación de la Universidad. Ecuador: Asesinato de García Moreno. España: Alfonso XII llega a Madrid. Alemania: Conflicto de Bismarck con Francia.	José A. Saco: *Historia de la esclavitud*. Nace Julio Herrera y Reissig. Alarcón: *El escándalo*. Núñez de Arce: *Gritos de combate*. Fundación de la Sociedad Teosófica de M. P. Blavatsky. Tolstoi: *Ana Karenina*.
1876		México: Rebelión de Porfirio Díaz contra Lerdo de Tejada. Argentina: Primer vapor frigorífico que transporta carne a Europa. España: Termina la guerra carlista con la salida de Don Carlos; nueva Constitución liberal.	Pérez Galdós: *Doña Perfecta*. Giner de los Ríos funda la Institución Libre de Enseñanza. Mallarmé: *L'après-midi d' un faune*. Twain: *Las aventuras de Tom Sawyer*.
1877	Comienza las primeras lecturas: El *Quijote*, las obras de Moratín, *Las mil y una noches*, la Biblia, comedias clásicas españolas, etc.	México: Porfirio Díaz presidente. Crisis financiera en Perú y Chile. España: Retorno de Isabel II. Guerra ruso-turca. Reorganización del partido liberal en Inglaterra.	Olegario V. Andrade: «Prometeo». Galdós: *Gloria*. Verdaguer: *La Atlántida*. Zola: *L'Assommoir*. Spencer: *Principios de sociología*. Carducci: *Odas bárbaras*. Edison inventa el fonógrafo.

AÑO	VIDA Y OBRA DE RUBÉN DARÍO	ACONTECIMIENTOS HISTÓRICOS	ACONTECIMIENTOS CULTURALES
1878	Estudia con los jesuitas y comienza a familiarizarse con los clásicos latinos. Compone los primeros versos.	Cuba: Pacto de Zanjón y fin de la guerra de los Diez años. Ecuador: Veintemilla presidente. Humberto I rey de Italia. León XIII elegido papa.	J. T. Medina: *Historia de la literatura colonial de Chile*. J. V. Lastarria: *Recuerdos literarios*. Pérez Galdós: *La familia de León Roch; Marianela*.
1879	Entra en contacto con el ambiente intelectual de León; todos estimulan y celebran sus composiciones.	Cuba: La Guerra Chiquita. Venezuela: Guzmán Blanco, presidente y Supremo Director. Guerra del Pacífico o del Salitre entre Chile, Bolivia y Perú. España: Boda de Alfonso XII con María Cristina de Habsburgo. Alianza austro-alemana. Francia: consolidación de la III República.	M. J. Galván: *Enriquillo*. J. L. Mera: *Cumandá*. J. Hernández: *La vuelta de Martín Fierro*. E. Gutiérrez: *Juan Moreira*. Valera: *Doña Luz*. Ibsen: *Casa de muñecas*. Dostoievsvki: *Los hermanos Karamazov*.
1880	Publica sus primeros versos en un diario local y comienza a ser conocido en su país como «el poeta niño».	Cuba: Abolición gradual de la esclavitud. Colombia: gobierno de Rafael Núñez. Argentina: presidencia de Roca. España: Sagasta en el poder. Inglaterra: elecciones liberales, Gladstone reemplaza a Disraeli.	Juan Montalvo: *Las Catilinarias*. Menéndez Pelayo: *Historia de los heterodoxos españoles*. Mesonero Romanos: *Memorias de un setentón*. Alarcón: *El niño de la bola*. Zola: *Le roman expérimental; Nana*. Maupassant: *Bola de sebo*.
1881	Prepara su primer libro, *Poesías y artículos en prosa*, que por el momento no se llega a imprimir (se editaría en Managua en el cincuentenario de su muerte). Escribe artículos políticos en la prensa. En diciembre se traslada a Managua.	Ocupación chilena de Lima y destrucción de su Biblioteca Nacional. Problemas de fronteras entre México y Guatemala. Tratado de límites entre Argentina y Chile.	Martí funda la *Revista Venezolana*. Cambaceres: *Potpourri*. Echegaray: *El gran galeoto*. Alarcón: *El capitán Veneno*. Nace Juan Ramón Jiménez. Verlaine: *Sagesse*. Flaubert: *Bouvard y Pecuchet*. A. France: *El crimen de Sylvestre Bonnard*. Verga: *Los Malavoglia*.

AÑO	VIDA Y OBRA DE RUBÉN DARÍO	ACONTECIMIENTOS HISTÓRICOS	ACONTECIMIENTOS CULTURALES
1882	El gobierno de Nicaragua propone asumir los gastos de su educación en un colegio de Granada pero no acepta la protección estatal. Sus amigos lo embarcan para El Salvador con el fin de disuadirlo de su matrimonio con Rosario Murillo, la «garza morena».	Veintemilla se proclama de nuevo Jefe Supremo de Ecuador. Reconstrucción de Perú tras la derrota ante Chile. Triple Alianza: Austria, Alemania, Italia. Expulsión de los judíos de Rusia. Inglaterra ocupa Egipto.	José Martí: *Ismaelillo*. M. J. Othón: *Poemas rústicos*. Villaverde: *Cecilia Valdés*. Montalvo: *Siete tratados*. Pérez Galdós: *El amigo Manso*. Pardo Bazán: *La cuestión palpitante*. Wagner: *Parsifal*.
1883	Se integra en la bohemia salvadoreña, conoce a Francisco Gavidia admirador de Hugo y de la literatura francesa. Es maestro de gramática en liceos. Regresa a Nicaragua donde reanuda sus amoríos con Rosario Murillo.	Tratado de Ancón y fin de la ocupación de Lima: fin de la guerra del Pacífico. Chile: el salitre pasa a intereses británicos. Ocupación francesa de Indochina y guerra franco-china.	Gutiérrez Nájera: *Cuentos frágiles*. Menéndez Pelayo: *Historia de las ideas estéticas en España*. Última serie de *La leyenda de los siglos* de Victor Hugo. Verlaine: *Jadis et Naguere*. Stevenson: *La isla del tesoro*. Nietzsche: *Así hablaba Zaratustra*.
1884	Colabora en la prensa y trabaja en la Biblioteca Nacional donde realiza numerosas lecturas, entre ellas la *Biblioteca de Autores Españoles* de Rivadeneyra.	México: Reforma constitucional para reelegir a Porfirio Díaz. Segundo gobierno de Núñez en Colombia. Argentina: ley Avellaneda de enseñanza primaria laica, gratuita y obligatoria. Caída de la bolsa en Nueva York.	Gavidia: *Versos*. L. V. López: *La gran aldea*. Clarín: *La Regenta*. Leconte de Lisle: *Poèmes tragiques*. Huysmans: *A Rebours*. Engels: *El origen de la familia, de la propiedad privada y el Estado*.
1885	Continúa su actividad, escribe poemas y cuentos. Entrega a la Tipografía Nacional su libro *Epístolas y poemas*, que no se publicará hasta 1888, con el título de *Primeras notas*.	Nicaragua, Costa Rica y El Salvador contra Guatemala y la pretensión de Justo Rufino Barrios de rehacer por la fuerza la Unión Centroamericana. España: Muerte de Alfonso XII, regencia de María Cristina.	José Martí: *Amistad funesta (Lucía Jerez)*. G. E. Hudson: *La tierra purpúrea*. Campoamor: *Humoradas*. Pereda: *Sotileza*. Zola: *Germinal*. Muerte de Victor Hugo.

AÑO	VIDA Y OBRA DE RUBÉN DARÍO	ACONTECIMIENTOS HISTÓRICOS	ACONTECIMIENTOS CULTURALES
1886	Enterado de los amores de Rosario Murillo resuelve salir de Nicaragua y el 24 de junio llega a Valparaíso (Chile). Se instala en Santiago en agosto y se incorpora a la redacción de *La Época*, conoce a los intelectuales chilenos y sobre todo a Pedro Balmaceda Toro, hijo del presidente de la República y poseedor de una excelente biblioteca de literatura francesa.	Definitiva abolición de la esclavitud en Cuba. Chile: presidencia de Balmaceda. Argentina: presidencia de Juárez Celman. Colombia: Nueva presidencia de Núñez. Venezuela: última presidencia de Guzmán Blanco.	Díaz Mirón: *Poesías escogidas*. R. J. Cuervo: *Diccionario de construcción y régimen de la lengua castellana*. Pardo Bazán: *Los pazos de Ulloa*. Rimbaud: *Iluminaciones*. Consagración del Simbolismo en Francia con el *Manifiesto simbolista* de Jean Moréas.
1887	Vuelve a Valparaíso donde es nombrado inspector de la Aduana. Se publica *Abrojos*. Participa en el Certamen Varela y obtiene el primer premio con su *Canto épico a las glorias de Chile* y un accésit por las *Rimas*. Comienza a escribir los textos en prosa y en verso que integrarían *Azul...*	México: Instrucción primaria obligatoria. Tratado de límites Ecuador y Perú. Chile: proceso de debilitamiento del poder presidencial y predominio del Parlamento. Primer censo de Buenos Aires: 433.375 habitantes.	J. Rizal: *Noli me tangere*. Pérez Galdós: *Fortunata y Jacinta*.
1888	Colabora en periódicos chilenos. Aparece *Azul...* con prólogo de Eduardo de la Barra que sustituye al fallecido José V. Lastarria. Lo nombran corresponsal de *La Nación* de Buenos Aires.	México: Nueva reelección de Porfirio Díaz. Se suspenden los trabajos del Canal de Panamá por quiebra de la Compañía. Alemania: ascenso al trono de Guillermo II	Leopoldo Díaz: *Sonetos*. Hostos: *Moral social*. Zorrilla de San Martín: *Tabaré*. Nietzsche: *El Anticristo*. Strindberg: *La señorita Julia*.

AÑO	VIDA Y OBRA DE RUBÉN DARÍO	ACONTECIMIENTOS HISTÓRICOS	ACONTECIMIENTOS CULTURALES
1889	Regresa a Nicaragua. Se traslada a El Salvador donde cuenta con la protección del presidente de la República, Francisco Menéndez, que lo nombra director del periódico *La Unión.* Enterado de la muerte de Pedro Balmaceda escribe en su honor *A. de Gilbert* que se publica al año siguiente en El Salvador.	Nicaragua: candidatura a la presidencia de Roberto Sacasa, concluyen los «30 años conservadores». Pacto provisorio de unión entre El Salvador, Honduras y Guatemala. Primera Conferencia de los Estados Americanos de Washington. Fundación de la Segunda Internacional en París: 1 de mayo día de los trabajadores.	Payno: *Los bandidos de Río Frío*. Clorinda Matto de Turner: *Aves sin nido*.
1890	En abril contrae matrimonio civil con Rafaela Contreras, la *Stella* de sus versos. Por la caída del presidente Menéndez se traslada a Guatemala donde dirige *El Correo de la Tarde*. Publica la segunda edición ampliada de *Azul...*, precedida por el estudio de Juan Valera.	Chile: crisis económica y nuevo gabinete de Balmaceda en oposición al Congreso. Argentina: crisis de la Bolsa en Buenos Aires; revuelta contra Juárez Celman y ascenso de Carlos Pellegrini. Creación de la Unión Panamericana en Washington a iniciativa de Estados Unidos. Crisis económica mundial. Conferencia de Berlín sobre la protección al trabajo.	Julián del Casal: *Hojas al viento*. Romerogarcía: *Peonía.* Valéry: *Narciso habla.* E. Dickinson: *Poemas.* Zola: *La bestia humana*. O. Wilde: *El retrato de Dorian Gray.*
1891	En febrero se casa por la iglesia con Rafaela. El gobierno suprime *El Correo de la Tarde*. En agosto se embarca para Costa Rica donde Gavidia lo incorpora a la redacción de *La Prensa Libre,* de la que era director. En este país nace su primogénito Rubén Darío Contreras.	Argentina: suspensión de pagos, creación del Banco de la Nación Argentina. Chile: El congreso contra Balmaceda; renuncia y suicidio de Balmaceda. Sentencia arbitral de España sobre los límites entre Colombia y Venezuela. Construcción del ferrocarril Transiberiano. Encíclica *Rerum Novarum* de León XIII.	José Martí: *Versos sencillos*; «Nuestra América». J. Martel: *La Bolsa*. Muerte de Rimbaud.

AÑO	VIDA Y OBRA DE RUBÉN DARÍO	ACONTECIMIENTOS HISTÓRICOS	ACONTECIMIENTOS CULTURALES
1892	Se tralada de nuevo a Guatemala donde no consigue trabajo. Es nombrado secretario de la delegación que el gobierno de Nicaragua envía a España para las fiestas del IV Centenario del Descubrimiento de América. De paso para España hace escala en La Habana en julio, donde conoce a Julián del Casal. En Madrid se relaciona con Juan Valera, Salvador Rueda, Campoamor, Castelar, Pardo Bazán, etc. Regresa en noviembre.	Colombia: reelección de Núñez. Argentina: fundación del Partido Obrero. Martí funda el Partido Revolucionario Cubano. Argentina: presidencia de Sáenz Peña.	Julián del Casal: *Nieve*. Salvador Rueda: *En tropel*. Nace César Vallejo. C. Doyle: *Las aventuras de Sherlock Holmes*.
1893	Muere en enero, en El Salvador, Rafaela Contreras y dos meses después contrae matrimonio, forzado por Andrés Murillo, con Rosario Murillo. En mayo parte para Nueva York donde tiene un memorable encuentro con José Martí. Realiza un viaje a París donde conoce a su admirado Verlaine. En agosto llega a la Argentina como cónsul de Colombia y se incorpora como periodista a *La Nación* de Buenos Aires.	Nicaragua: fuerzas liberales proclaman a Zelaya presidente. Aumenta la campaña autonomista en Cuba. Estados Unidos: segunda presidencia de Cleveland y caída de la Bolsa.	Julián del Casal: *Bustos y Rimas*. Muerte de Julián del Casal. Nace Vicente Huidobro. Menéndez Pelayo: *Antología de poetas hispanoamericanos*. Heredia: *Los Trofeos*.
1894	En compañía del poeta boliviano Ricardo Jaimes Freyre funda y dirige la *Revista de América* de la que aparecen tres números.	Colombia: Muere Rafael Núñez. Tacna y Arica pasan a poder de Chile sin ningún plebiscito. Guerra entre China y Japón. Nicolás II, zar de Rusia.	José A. Silva. «Nocturno». M. González Prada: *Páginas libres*.

AÑO	VIDA Y OBRA DE RUBÉN DARÍO	ACONTECIMIENTOS HISTÓRICOS	ACONTECIMIENTOS CULTURALES
1895	En mayo muere su madre, Rosa Sarmiento. La supresión del Consulado Colombiano le obliga a vivir del periodismo en *La Nación* y en *La Tribuna*. Visita la isla de Martín García donde escribe varios poemas.	Pacto entre Honduras, Nicaragua y El Salvador para una política exterior común. Cuba: Guerra de independencia, muerte de José Martí. Puerto Rico: virulencia separatista. Ecuador, Perú y Argentina: violentos cambios de gobierno.	Leopoldo Díaz: *Bajorrelieves*. Muere Gutiérrez Nájera. Zeno Gandía: *La charca*. Núñez de Arce: *Poemas cortos*.
1896	Aparecen en Buenos Aires *Los raros*, y a fines de año, *Prosas profanas y otros poemas*, que suponen el triunfo del modernismo. Leopoldo Lugones, otro de los grandes poetas modernistas, llega a Buenos Aires desde su Córdoba natal, y es bien recibido por Darío.	Chile: presidencia de Errázuriz. Fundación del Partido Socialista Argentino. Acuerdo austro-ruso sobre los Balcanes.	Gutiérrez Nájera: *Poesías*. Suicidio de José A. Silva. T. Carrasquilla: *Frutos de mi tierra*. Muerte de Verlaine. M. Schwob: *Vidas imaginarias*. Proust: *Los placeres y los días*.
1897	Publica intensamente en la prensa de Buenos Aires.	Cuba: proclamación de la república en Yara. Puerto Rico: Gobierno autónomo. España: asesinato de Cánovas; Sagasta asume el gobierno. Estados Unidos: MacKinley, presidente.	R. Jaimes Freyre: *Castalia bárbara*. L. Lugones: *Las montañas del oro*. Rodó: *La vida nueva;* Ganivet: *Idearium español*. Unamuno: *Paz en la guerra*. Mallarmé: *Una jugada de dados jamás abolirá el azar*.
1898	Censura en la prensa la intervención de Estados Unidos en la guerra de Cuba. *La Nación* lo envía a fines de año como corresponsal a España para informar de la situación española. Los artículos integrarán luego el volumen *España contemporánea*.	Explosión del *Maine* en La Habana. Desembarco de Estados Unidos en Cuba y Puerto Rico. Argentina: presidencia de Roca. Guatemala: presidencia de Estrada Cabrera. España: guerra con Estados Unidos. Tratado de París: España renuncia a la soberanía sobre Cuba y Puerto Rico. Francia: caso Dreyfus y el *Yo acuso* de Zola	Amado Nervo: *Perlas negras*. Gómez Carrillo: *Tres novelas inmorales: del amor, del dolor y del vicio*. Blasco Ibáñez: *La barraca*. Muerte de Mallarmé. O. Wilde: *Balada de la cárcel de Reading*.

AÑO	VIDA Y OBRA DE RUBÉN DARÍO	ACONTECIMIENTOS HISTÓRICOS	ACONTECIMIENTOS CULTURALES
1899	A comienzos de año llega a Barcelona y luego a Madrid donde se integra en la vida intelectual, trata a Benavente, Maeztu, Manuel Machado, Villaespesa, Juan Ramón Jiménez. Conoce a Francisca Sánchez, una campesina de Navalsauz, Ávila, con la que vivirá varios años.	Nicaragua: la segunda reelección de Zelaya origina otra campaña conservadora. Protectorado estadounidense sobre Cuba. Venezuela: Cipriano Castro asume el poder. Colombia: guerra de los mil días. Fundación de la United Fruit Co. que penetra en Centroamérica. Conferencia de Paz en La Haya. Guerra Anglo-boer.	G. Valencia: *Ritos*. Gómez Carrillo: *Bohemia sentimental*. Díaz Rodríguez: *Cuentos de color*. Zumeta: *Continente enfermo*. Haeckel: *Enigmas del universo*.
1900	Como corresponsal de *La Nación*, se traslada a París para informar de la Exposición Universal. Estos artículos serán recogidos en *Peregrinaciones*. Trata a Gómez Carrillo, Manuel Ugarte, Rufino Blanco Fombona y Amado Nervo. Viaja por Italia.	Estados Unidos: imposición de tratados a Nicaragua y Costa Rica para adquirir la ruta del futuro canal de Panamá. México: nueva reelección de Porfirio Díaz. Colombia: golpe de estado de Marroquín. Tratado de límites argentino-chilenos por la zona de los Andes. Italia: asesinato de Humberto I, le sucede Víctor Manuel III.	Rodó: *Ariel*. J. Sierra: *México: su evolución social*. Villaespesa: *La copa del rey de Thule*. Baroja: *La casa de Aizgorri*. Freud: *La interpretación de los sueños*. Muere O. Wilde.
1901	Publica *España contemporánea* y *Peregrinaciones*. Aparece la segunda edición de *Prosas profanas*. Francisca Sánchez se reúne con él en París. Viaja por Inglaterra y Bélgica. Sufre grandes dificultades económicas.	Cuba: enmienda Platt y derecho de intervención de los Estados Unidos. México: II Conferencia Panamericana. Inglaterra: muerte de la reina Victoria, le sucede Eduardo VII. Estados Unidos: asesinado MacKinley, le sustituye T. Roosevelt.	Díaz Mirón: *Lascas*. González Prada: *Minúsculas*. Chocano: *El fin de Satán y otros poemas*. Altamirano: *El zarco*. Díaz Rodríguez: *Ídolos rotos*. Freud: *Psicopatología de la vida cotidiana*.

AÑO	VIDA Y OBRA DE RUBÉN DARÍO	ACONTECIMIENTOS HISTÓRICOS	ACONTECIMIENTOS CULTURALES
1902	En París conoce a Antonio Machado. Publica *La caravana pasa.*	Nicaragua: reelección de Zelaya. Colombia: fin de la guerra de los mil días. Se resuelve el problema de límites entre Argentina y Chile. España: mayoría de edad de Alfonso XIII, que jura la Constitución.	L. G. Urbina: *Ingenuas*. Díaz Rodríguez: *Sangre patricia.* M. Machado: *Alma.* Valle-Inclán: *Sonata de otoño*. Blasco Ibáñez: *Cañas y barro.* Azorín: *La voluntad.* Baroja: *Camino de perfección.* Loisy: *El Evangelio y la Iglesia.* Gide: *El inmoralista.*
1903	En marzo es nombrado cónsul de Nicaragua en París. En octubre viaja a Barcelona y Málaga. Nace su segundo hijo, a quien llamará «Phocás, el campesino», que morirá en 1905.	Ante la negativa de Colombia de ceder la zona del Canal a los Estados Unidos, el distrito de Panamá se declara Estado independiente y realiza un tratado cediendo a Estados Unidos la zona para la construcción del Canal. Cuba cede Guantánamo como base de los Estados Unidos. Muere León XIII y es elegido Pío X; se condena la obra del modernismo religioso de Loisy.	Florencio Sánchez: *M'hijo el dotor.* Azorín: *Antonio Azorín.* Juan Ramón Jiménez: *Arias tristes*. A. Machado: *Soledades.* Gorki: *Los bajos fondos.*
1904	Viaja por Gilbraltar y Marruecos; Granada, Sevilla y Córdoba; en mayo visitará Alemania, Austria, Hungría e Italia. Aparece en Madrid *Tierras solares.*	Panamá: Constitución y primer presidente, Manuel Amador Guerrero. Argentina: presidencia de Manuel Quintana. Colombia: Rafael Reyes, presidente. Comienza la guerra ruso-japonesa.	Blest Gana: *Los trasplantados*. Juan Ramón Jiménez: *Jardines lejanos*. Valle-Inclán: *Sonata de primavera.* Echegaray premio Nobel. R. de Gourmont: *Paseos literarios*. R. Roland: *Juan Cristóbal.* Pirandello: *El difunto Matías Pascal.*

AÑO	VIDA Y OBRA DE RUBÉN DARÍO	ACONTECIMIENTOS HISTÓRICOS	ACONTECIMIENTOS CULTURALES
1905	En febrero regresa a España con Francisca Sánchez. Aparece *Cantos de vida y esperanza. Los Cisnes y otros poemas* bajo el cuidado de Juan Ramón Jiménez.	Panamá: comienza la construcción del Canal. Guatemala: reelección de Estrada Cabrera. Estados Unidos: segunda presidencia de T. Roosevelt. España: Atentado contra Alfonso XIII. Revolución en Rusia y constitución del primer *soviet.*	Nervo: *Jardines interiores*. Lugones: *Los crepúsculos del jardín.* Pedro Henríquez Ureña: *Ensayos críticos*. Unamuno: *Vida de Don Quijote y Sancho.* Valle-Inclán: *Sonata de invierno*. Falla: *La vida breve*. Muere Juan Valera. Freud: *Teoría de la sexualidad.*
1906	Es nombrado secretario de la delegación de Nicaragua en la Conferencia Panamericana de Río de Janeiro. Aquí escribe «Salutación del águila». Después de una estancia en Buenos Aires, regresa a París. En otoño se instala en Mallorca, donde escribirá *La isla de oro*. Publica *Opiniones* en Madrid.	Laudo arbitral del rey de España sobre los límites fronterizos entre Honduras y Nicaragua. Argentina: presidencia de Figueroa Alcorta. Cuba: dimisión de Estrada Palma y nueva intervención estadounidense. Estados Unidos: terremoto en San Francisco. España: boda de Alfonso XIII con Victoria Eugenia de Battemberg.	Chocano: *Alma América*. Payró: *El casamiento de Laucha.*
1907	Nace en octubre su hijo Rubén Darío Sánchez, «Güicho». En noviembre llega a Nicaragua, es recibido triunfalmente, y aunque se promulga la «Ley Darío» para facilitarle el divorcio de Rosario Murillo, nunca llegará a conseguirlo. Aparece en Madrid, *El canto errante*. Es nombrado ministro de Nicaragua en España.	Guerra entre Nicaragua y Honduras, Nicaragua ocupa la capital hondureña. Conferencia Centroamericana de Washington. Perú y Chile firman tratado de paz. Encíclica *Pascendi* que condena el pensamiento religioso modernista. Segunda Conferencia de La Haya.	Delmira Agustini: *El libro blanco.* R. Blanco Fombona: *El hombre de hierro*. Valle-Inclán: *Águila de blasón.* Benavente: *Los intereses creados*. Gorki: *La madre*. Nace el cubismo: *Las señoritas de Aviñón* de Picasso.

AÑO	VIDA Y OBRA DE RUBÉN DARÍO	ACONTECIMIENTOS HISTÓRICOS	ACONTECIMIENTOS CULTURALES
1908	En junio presenta sus cartas credenciales ante Alfonso XIII. El retraso de su asignación ecónomica lo pone en situación precaria.	Escuadra de guerra norteamericana frente a Nicaragua. Perú: presidencia de Leguía. Venezuela: presidencia y dictadura de Gómez. Inglaterra: se consigue la jornada de ocho horas en las minas. Bélgica se anexa el Congo.	González Prada: *Horas de lucha*. Valle-Inclán: *Romance de lobos*.
1909	Viaja a Italia y a París. La Biblioteca Ateneo de Madrid da a conocer *El viaje a Nicaragua e Intermezzo tropical*.	Nicaragua: revolución conservadora que derroca a Zelaya; le sucede José Madriz. Colombia reconoce la soberanía de Panamá. España: Semana trágica en Barcelona y fusilamiento de Ferrer i Guardia.	Rodó: *Motivos de Proteo*. Lugones: *Lunario sentimental*. González Martínez: *Silenter*. A. Arguedas: *Pueblo enfermo*. Ateneo de la Juventud en México. F.T. Marinetti: *Manifiesto futurista*.
1910	Publica en Madrid *Poema del otoño y otros poemas*. Es designado delegado de Nicaragua en las fiestas del Centenario de la Independencia de México pero no puede asistir por el estallido de la revolución en Nicaragua. Regresa a Europa con larga escala en La Habana.	Nicaragua: cae Madriz y Juan José Estrada asume la presidencia; intervención de Estados Unidos. México: levantamiento contra Porfirio Díaz y comienzo de la Revolución Mexicana. Guatemala: reelección de Estrada Cabrera. Argentina: fiestas del Centenario de la Independencia. España: encargo gobierno a Canalejas. Japón se anexa Corea.	Herrera y Reissig: *Los peregrinos de piedra*. Lugones: *Odas seculares*. Pedro Henríquez Ureña: *Horas de estudio*. Muerte de Herrera y Reissig. Rilke: *Cuadernos de Malte Laurids Brigge*. Muerte de Tolstoi.
1911	Dadas sus dificultades económicas acepta dirigir la revista *Mundial* que le proponen los empresarios uruguayos hermanos Guido; a ésta se une otra dedicada a la mujer: *Elegancias*. Viaja a Hamburgo. Publica *Letras* en París.	México: presidencia de Madero; Zapata proclama el Plan de Ayala. Uruguay: segunda presidencia de Batlle. España: agitación obrera.	González Martínez: *Los senderos ocultos*. Eguren: *Simbólicas*. Reyes: *Cuestiones estéticas*. Banchs: *La urna*. Baroja: *El árbol de la ciencia*.

AÑO	VIDA Y OBRA DE RUBÉN DARÍO	ACONTECIMIENTOS HISTÓRICOS	ACONTECIMIENTOS CULTURALES
1912	De abril a noviembre realiza, por encargo de los hermanos Guido, una gira propagandística de sus revistas por Barcelona, Lisboa, Río de Janeiro, Montevideo y Buenos Aires. Dicta conferencias, recibe homenajes y es acogido con calor. Su salud le impide continuar el viaje y vuelve a París.	Nicaragua: intervención de Estados Unidos. Cuba: insurrección negra y desembarco de marines. Honduras: desembarco de marines. España: Asesinato de Canalejas. Primera guerra balcánica. Hundimiento del *Titanic.*	Lugones: *El libro fiel.* A. Machado: *Campos de Castilla.* Muere Menéndez Pelayo. Shaw: *Pigmalión.*
1913	A consecuencia del alcoholismo su salud es cada día más precaria. Invitado por Juan Sureda pasa una temporada en Valldemosa, Mallorca. En lucha con el alcohol sufre arrebatos misticistas. Escribe *El oro de Mallorca.*	México: intervención de Huerta y asesinato de Madero, acciones de Carranza, Villa y Obregón. Argentina: fuerte corriente inmigratoria. Inglaterra: manifestaciones de sufragistas. Se consolida la Triple Alianza de Italia, Austria-Hungría y Alemania.	D. Agustini: *Los cálices vacíos.* Carriego: *La canción del barrio.* Rodó: *El mirador de Próspero.* Apollinaire: *Alcoholes.* Freud: *Totem y tabú.* Proust: *En busca del tiempo perdido.*
1914	En París se recrudece su alcoholismo y su enfermedad, y a pesar de ello acepta una gira pacifista por América. En octubre embarca para Estados Unidos, llega a Nueva York donde enferma de pulmonía. Publica en Madrid *Canto a la Argentina y otros poemas.*	México: renuncia de Huerta y presidencia de Carranza; conferencia de Aguascalientes. Colombia reconoce la independencia de Panamá; se inaugura el Canal de Panamá. Primera Guerra Mundial; Asesinato del archiduque Francisco Fernando en Sarajevo; Austria declara la guerra a Serbia; Alemania a Rusia y Francia. Batalla del Marne.	Unamuno: *Niebla.* G. Mistral: «Los sonetos de la muerte». Huidobro: Manifiesto *Non serviam.* Gálvez: *La maestra normal*; Ortega y Gasset: *Meditaciones del Quijote.* Muere Delmira Agustini. Nace Octavio Paz. Joyce: *Dublineses.*

AÑO	VIDA Y OBRA DE RUBÉN DARÍO	ACONTECIMIENTOS HISTÓRICOS	ACONTECIMIENTOS CULTURALES
1915	En abril llega a Guatemala invitado por el dictador Estrada Cabrera y a su pedido escribe un poema para las fiestas de Minerva. Rosario Murillo, aprovechando su debilidad, lo lleva a Managua. Aparece en Barcelona *La vida de Rubén Darío escrita por él mismo*. Su enfermedad se acrecienta.	México: Pancho Villa asume poderes militares y civiles; Estados Unidos reconoce a Carranza como presidente de México. Haití: desembarco y protectorado de Estados Unidos. Alemania: emplea gases asfixiantes; Italia declara la guerra a Austria; Alemania declara la guerra submarina.	Blanco Fombona: *El hombre de oro*. Falla: *El amor brujo*. Kafka: *La metamorfosis*.
1916	Viaja a León en compañía de su amigo el médico Luis Debayle. Sufre dos operaciones; otorga testamento en favor de su hijo Rubén Darío Sánchez y muere en León (Nicaragua) el 6 de febrero. Los homenajes duran varios días y es enterrado en la catedral de León.	Nicaragua: Emiliano Chamorro candidato a la presidencia; los liberales se abstienen de acudir a las elecciones. Santo Domingo: ocupación estadounidense. Argentina: Hipólito Yrigoyen presidente. Batalla de Verdún y del Somme; batalla de Jutlandia; Rumania entra en la guerra.	López Velarde: *La sangre devota*. Eguren: *La canción de las figuras*. Huidobro: *El espejo de agua*; Lugones: *El payador*. Azuela: *Los de abajo*. Joyce: *Retrato del artista adolescente*. Freud: *Introducción al psicoanálisis*. Einstein: *Teoría general de la relatividad*.

TEXTOS COMPLEMENTARIOS

1. DARÍO Y SU CONCEPTO DE LA POESÍA: LOS PRÓLOGOS A SUS LIBROS POÉTICOS

Las «Palabras liminares» de *Prosas profanas* adquirieron en seguida, a pesar del desdén explícito en el texto, un carácter de manifiesto del modernismo que se afianzaba en Buenos Aires hacia la fecha de publicación del libro en 1896. Es, por tanto, un texto fundamental para entender su evolución poética así como la poesía de su tiempo y el rumbo posterior que los autores de nuestro idioma emprenderían en España y en América.

En cuanto a «Dilucidaciones», que incluimos fragmentariamente, y que hace las veces de prólogo a *El canto errante* (1907), el apartado elegido constituye una reflexión sobre la poesía y sobre su trayectoria poética desde la consciencia de tener una obra casi finalizada, y también de haber realizado una labor que le llevará a justificar las mismas «Dilucidaciones»: «El movimiento que en buena parte de las flamantes letras españolas me tocó iniciar, a pesar de mi condición de "meteco", echada en cara de cuando en cuando por escritores poco avisados, ha hecho que *El Imparcial* [de Madrid] me haya pedido estas dilucidaciones».

Otros aspectos de ambos prólogos aparecen comentados en la introducción a estas páginas.

PALABRAS LIMINARES

Después de *Azul...,* después de *Los Raros,* voces *insinuantes,* buena y mala intención, entusiasmo sonoro y envidia subterránea —todo bella cosecha—, solicitaron lo que, en conciencia, no he creído fructuoso ni oportuno: un manifiesto.

Ni fructuoso ni oportuno:

a) Por la absoluta falta de elevación mental de la mayoría pensante de nuestro continente, en la cual impera el universal personaje clasificado por Remy de Gourmont con el nombre de *Celui-qui-ne-comprend-pas. Celui-qui-ne-comprend-pas* es entre nosotros profesor, académico correspondiente de la Real Academia Española, periodista, abogado, poeta, *rastaquouère.*

b) Porque la obra colectiva de los nuevos de América es aún vana, estando muchos de los mejores talentos en el limbo de un completo desconocimiento del mismo Arte a que se consagran.

c) Porque proclamando, como proclamo, una estética acrática, la imposición de un modelo o de un código implicaría una contradicción.

Yo no tengo literatura «mía» —como lo ha manifestado una magistral autoridad—, para marcar el rumbo de los demás: mi literatura es *mía* en mí; quien siga servilmente mis huellas perderá su tesoro personal y, paje o esclavo, no podrá ocultar sello o librea. Wagner, a Augusta Holmes, su discípula, dijo un día: «Lo primero, no imitar a nadie, y sobre todo, a mí». Gran decir.

*

Yo he dicho, en la misa rosa de mi juventud, mis antífonas, mis secuencias, mis profanas prosas. Tiempo y menos fatigas de alma y corazón me han hecho falta, para, como un buen monje artífice, hacer mis mayúsculas dignas de cada página del breviario. (A través de los fuegos divinos de las vidrieras historiadas, me río del viento que sopla afuera, del mal que pasa.) Tocad, campanas de oro, campanas de plata; tocad todos los días, llamándome a la fiesta en que brillan los ojos de fuego, y las rosas de las bocas sangran delicias únicas. Mi órgano es un viejo clavicordio pompadour, al son del cual danzaron sus gavotas alegres abuelos; y el perfume de tu pecho es mi perfume, eterno incensario de carne, Varona inmortal, flor de mi costilla.

Hombre soy.

*

¿Hay en mi sangre alguna gota de sangre de África, o de indio chorotega o nagrandano? Pudiera ser, a despecho de mis manos de marqués; mas de aquí que veréis en mis versos princesas, reyes, cosas imperiales, visiones de países lejanos o imposibles: ¡qué queréis!, yo detesto la vida y el tiempo en que me tocó nacer; y a un presidente de República, no podré saludarle en el idioma en que te cantaría a ti, ¡oh Halagabal!, de cuya corte —oro, seda, mármol— me acuerdo en sueños...

(Si hay poesía en nuestra América, ella está en las cosas viejas: en Palenke y Utatlán, en el indio legendario y el inca sensual y fino, y en el gran Moctezuma de la silla de oro. Lo demás es tuyo, demócrata Walt Whitman).

Buenos Aires: Cosmópolis.

¡Y mañana!

*

El abuelo español de barba blanca me señala una serie de retratos ilustres: «Éste —me dice— es el gran don Miguel de Cervantes Saavedra, genio y manco; éste es Lope de Vega, éste Garcilaso, éste Quintana». Yo le pregunto por el noble Gracián, por Teresa la Santa, por el bravo Góngora y el más fuerte de todos, don Francisco de Quevedo y Villegas. Después exclamo: «¡Shakespeare! ¡Dante! ¡Hugo...! (Y en mi interior: ¡Verlaine...!)».

Luego, al despedirme: «—Abuelo, preciso es decíroslo: mi esposa es de mi tierra; mi querida, de París».

*

¿Y la cuestión métrica? ¿Y el ritmo?

Como cada palabra tiene un alma, hay en cada verso, además de la harmonía verbal, una melodía ideal. La música es sólo de la idea, muchas veces.

*

La gritería de trescientas ocas no te impedirá, silvano, tocar tu encantadora flauta, con tal de que tu amigo el ruiseñor esté contento de tu melodía. Cuando él no esté para escucharte, cierra los ojos y toca para los habitantes de tu reino interior. ¡Oh pueblo de desnudas ninfas, de rosadas reinas, de amorosas diosas!

Cae a tus pies una rosa, otra rosa, otra rosa. ¡Y besos!

*

Y la primera ley, creador: crear. Bufe el eunuco. Cuando una musa te dé un hijo, queden las otras ocho encinta.

R. D.

(Rubén Darío, *Prosas profanas y otros poemas*, Imprenta Pablo E. Coni e hijos, 1896).

DILUCIDACIONES

V

«Los pensamientos e intenciones de un poeta son su estética», dice un buen escritor. Que me place. Pienso que el don del arte es aquel que de modo superior hace que nos reconozcamos íntima y exteriormente ante la vida. El poeta tiene la visión directa e introspectiva de la vida y una supervisión que va más allá de lo que está sujeto a las leyes del general conocimiento. La religión y la filosofía se encuentran con el arte en tales fronteras, pues en ambas hay también una ambiencia artística. Estamos lejos de la conocida comparación del arte con el juego. Andan por el mundo tantas flamantes teorías y enseñanzas estéticas... Las venden al peso, adobadas de ciencia fresca, de la que se descompone más pronto, para aparecer renovada en los catálogos y escaparates pasado mañana.

Yo he dicho: Cuando dije que mi poesía era «mía en mí», sostuve la primera condición de mi existir, sin pretensión ninguna de causar sectarismo en mente o voluntad ajena, y en un intenso amor absoluto de la Belleza. Yo he dicho: Ser sincero es ser potente. La actividad humana no se ejercita por medio de la ciencia y de los conocimientos actuales, sino en el vencimiento del tiempo y del espacio. Yo he dicho: Es el Arte el que vence el espacio y el tiempo. He meditado ante el problema de la existencia y he procurado ir hacia la más alta idealidad. He expresado lo expresable de mi alma y he querido penetrar en el alma de los demás, y hundirme en la vasta alma universal. He apartado asimismo, como quiere Schopenhauer, mi individualidad del resto del mundo, y he visto con desinterés lo que a mi yo parece extraño, para convencerme de que nada es extraño a mi yo. He cantado, en mis diferentes modos, el espectáculo multiforme de la Naturaleza y su inmenso misterio. He celebrado el heroísmo, las épocas bellas de la Historia, los poetas, los ensueños, las esperanzas. He impuesto al instrumento lírico mi voluntad del momento, siendo a mi vez órgano de los instantes, vario y variable, según la dirección que imprime el inexplicable Destino.

Amador de la lectura clásica, me he nutrido de ella, mas siguiendo el paso de mis días. He comprendido la fuerza de las tradiciones en el pasado, y de las previsiones en lo futuro. He dicho que la tierra es bella, que en el arcano del vivir hay que gozar de la realidad alimentados de ideal. Y que hay instantes tristes por culpa de un monstruo malhechor llamado Esfinge. Y he cantado también a ese monstruo malhechor. Yo he dicho:

> Es incidencia la Historia. Nuestro destino supremo
> está más allá del rumbo que marcan fugaces las épocas.
> Y Palenke y la Atlántida no son más que momentos soberbios
> con que puntúa Dios los versos de su augusto Poema.

He celebrado las conquistas humanas y he, cada día, afianzado más mi seguridad de Dios. De Dios y de los dioses. Como hombre, he vivido en lo cotidiano; como poeta, no he claudicado nunca, pues siempre he tendido a la eternidad. Todo ello para que, fuera de la comprensión de los que me entienden con intelecto de amor, haga pensar a determinados profesores en tales textos; a la cuquería literaria, en escuelas y modas, a este ciudadano, en el ajenjo del Barrio Latino, y al otro, en las decoraciones «arte nuevo» de los *bars* y *music halls*. He comprendido la inanidad de la crítica. Un diplomático os alaba por lo menos alabable que tenéis; y otro os censura en mal latín o en esperanto. Este doctor de fama universal os llama aquí «ese gran talento de Rubén Darío», y allá os inflige un estupefaciente desdén... Este amigo os defiende temeroso. Este enemigo os cubre de flores, pidiéndoos por bajo una limosna. Eso es la literatura... Eso es lo que yo abomino. Maldígame la potencia divina si alguna vez, después de un roce semejante, no he ido al baño de luz lustral que todo lo purifica: la autoconfesión ante la única Norma.

(Rubén Darío, *El canto errante*, Biblioteca Nueva de Estudios Españoles, M. Pérez Villavicencio Editor, 1908).

2. Darío y el modernismo en España y en América

A fines de 1898 el poeta nicaragüense realiza su segunda visita España, esta vez como corresponsal de *La Nación* de Buenos Aires, y con la misión de ofrecer a través de sus crónicas un testimonio de primera mano de la situación del país después de la derrota frente a los Estados Unidos y de la pérdida de las últimas colonias. Con este motivo irá apareciendo una serie de artículos que luego formarán parte de *España contemporánea* (1901), uno de sus libros más testimoniales y sin el cual resulta imposible entender el pensamiento y la obra del poeta en esa época. Darío, que participa en las tertulias madrileñas y cuenta con grandes amigos, observa una España tradicional y folklórica, agotada espiritualmente y de gran apatía intelectual, frente a la que tratan de despuntar algunos nombres: Miguel de Unamuno, Marcelino Menéndez y Pelayo, Joaquín Costa. Todos los artículos incluidos en el libro suponen una revisión de la situación social, política, económica y cultural de España desde la postura de un intelectual hispanoamericano que ha sido sacudido desde su más honda raíz por el desenlace de la guerra y emprende una lúcida revisión de las causas de la decadencia, sin poder evitar no obstante, la mirada de complicidad y amistad con España y sus habitantes.

Incluimos un fragmento del artículo titulado «El modernismo» en el que analiza el interés por la nueva literatura modernista en España y en Hispanoamérica con apreciaciones fundamentales para valorar el momento.

EL MODERNISMO

28 de noviembre

Puede verse constantemente en la prensa de Madrid que se alude al modernismo, que se ataca a los modernistas, que se habla de decadentes, de estetas, de prerrafaelistas con «s», y todo. Es cosa que me ha llamado la atención no encontrar desde luego el menor motivo para invectivas o elogios, o alusiones que a tales asuntos se refieran. No existe en Madrid, ni en el resto de España, con excepción de Cataluña, ninguna agrupación, *brotherhood,* en que el arte puro —o impuro, señores preceptistas— se cultive siguiendo el movimiento que en estos últimos tiempos ha sido tratado con tanta dureza por unos, con tanto entusiasmo por otros. El formalismo tradicional por una parte; la concepción de una moral y de una estética especiales por otra, han arraigado el españolismo, que, según don Juan Valera, no puede arrancarse «ni a veinticinco tirones». Esto impide la influencia de todo soplo cosmopolita, como asimismo la expansión individual, la libertad, digámoslo con la palabra consagrada, el anarquismo en el arte, base de lo que constituye la evolución moderna o modernista.

Ahora, en la juventud misma que tiende a todo lo nuevo, falta la virtud del deseo, o mejor, del entusiasmo, una pasión en arte, y sobre todo, el don de la voluntad. Además, la poca difusión de los idiomas extranjeros, la ninguna atención que por lo general dedica la prensa a las manifestaciones de vida mental de otras naciones, como no sean aquellas que atañen al gran público; y después de todo, el imperio de la pereza y de la burla, hacen que apenas existan señaladas individualidades que tomen el arte en todo su integral valor. En una visita que he hecho recientemente al nuevo académico Jacinto Octavio Picón, me decía este meritísimo escritor: «Créame usted, en España, nos sobran talentos; lo que nos falta son voluntades y caracteres».

[...]

En América hemos tenido ese movimiento antes que en la España castellana, por razones clarísimas: desde luego, por nuestro inmediato comercio material y espiritual con las distintas naciones del mundo, y principalmente porque existe en la nueva generación americana un inmenso deseo de progreso y un vivo entusiasmo, que constituye su potencialidad mayor, con lo cual poco a poco va triunfando de obstáculos tradicionales, murallas de indiferencia y oceános de mediocracia. Gran orgullo tengo aquí de poder mostrar libros como los de Lugones o Jaimes Freire entre los poetas, entre los prosistas, poemas, como esa vasta, rara y complicada trilogía de Sicardi. Y digo: esto no será modernismo, pero es *verdad*, es realidad de una vida nueva, certificación de la viva fuerza de un continente. Y otras demostraciones de nuestra actividad mental —no la profusa y rapsódica, la de cantidad, sino la de calidad, limitada, muy limitada, pero que bien se presenta y triunfa ante el criterio de Europa—: estudios de ciencias políticas, sociales. Siento igual orgullo. Y recuerdo palabras de don Juan Valera, a propósito de Olegario Andrade, en las cuales palabras hay una buena y probable visión de porvenir. Decía don Juan, refiriéndose a la literatura brasileña, sudamericana, española y norteamericana, que «las literaturas de estos pueblos seguirán siendo también inglesa, portuguesa y española, lo cual no impide que con el tiempo o tal vez mañana, o ya, salgan autores yanquis que valgan más que cuanto ha habido hasta ahora en Inglaterra, ni impide tampoco que nazcan en Río de Janeiro, en Pernambuco o en Bahía escritores que valgan más que cuanto Portugal ha producido; o que en Buenos Aires, en Lima, en Méjico, en Bogotá o en Valparaíso lleguen a florecer las ciencias, las letras y las artes con más lozanía y hermosura que en Madrid, en Sevilla y en Barcelona».

Nuestro modernismo, si es que así puede llamarse, nos va dando un puesto aparte, independiente de la literatura castellana, como lo dice muy bien Remy de Gourmont en carta al director del *Mercurio de América*. ¿Qué importa que haya gran número de ingenios, de grotescos si gustáis, de *diletanti*, de nadameimportistas? Los verdaderos consagrados saben que no se trata ya de asuntos de escuelas, de fórmulas, de clave.

(Rubén Darío, *España contemporánea*, 1901).

TALLER DE LECTURA

Dada la capacidad innovadora que en el Fin de siglo supone la obra poética de Rubén Darío es fundamental fijarse, realizando una lectura atenta de los textos, en una serie de aspectos que afectan no sólo a los temas, sino a la técnica misma del poetizar, al ritmo, a la rima, a las recurrencias fónicas como la aliteración, en esencia a todo lo que incluye la métrica; y en el apartado del léxico y la sintaxis, a la adjetivación, a la construcción de las frases, a las imágenes novedosas que sirven de vehículo expresivo de su temática. Todo ello redundará en una mejor y más profunda lectura de su obra poética.

1. APROXIMACIONES A LA MUSICALIDAD Y EXPRESIVIDAD DEL POEMA

Tomemos el poema «Venus» de *Azul...* Advertimos en seguida una insistente musicalidad que viene ofrecida en primer lugar por el desenvolvimiento del verso largo, —siete más diez sílabas—, y por el efecto producido por determinadas aliteraciones estratégicas que pueden pensarse intencionadas. Leamos el primer verso, «En la tranquila noche mis nostalgias amargas sufría», en él puede observarse la aliteración de consonantes nasales que alcanza aún mayor relieve por aparecer en palabras que reciben además algunos de los acentos principales y secundarios del verso. Lee atentamente este poema y a continuación comenta estos aspectos:

— Señala las recurrencias fonéticas, vocálicas y consonánticas, más frecuentes y el efecto que producen en el primer cuarteto.

— Observa cómo se mantiene la musicalidad mediante la aliteración en el resto del poema hasta terminar con un verso expresivo: «Venus, desde el abismo, me miraba con triste mirar» que, como se puede percibir, recoge y cierra con un juego paranomásico de palabras la musicalidad del soneto: *Venus/abismo, miraba/mirar.*

Sigamos con otros recursos que producen musicalidad en este mismo poema: la rima. En este caso los finales de verso son sumamente expresivos porque asocian palabras que en el contexto del mismo tienen una importancia fundamental: *jardín-jazmín; sufría-lucía; parecía-recorría; camarín-palanquín.*

— Comenta el efecto rítmico de estas palabras en relación con su significado en el poema. Para ello es conveniente leer la nota correspondiente a «Venus» en la antología.

— Observa las rimas de los tercetos y justifica su efecto musical; igualmente interpreta estas palabras en relación con la idea que Darío expresa en el poema.

Otro procedimiento que infunde musicalidad al texto es la acentuación del verso. Sabemos que el metro usado, de 17 sílabas, se compone de un verso de 7 y otro de 10 sílabas, con lo que irán acentuados obligatoriamente con un acento principal en las dos penúltimas sílabas. Una vez más tomamos el primer verso en el que vamos a colocar los acentos principales, en el sustantivo *noche* y en el verbo final, *sufría:* «En la tranquila nóche / mis nostalgias amargas sufría». Teniendo en cuenta esta explicación como modelo:

— Revisa los restantes versos del poema y analiza de qué modo los metros y sus acentos contribuyen a la musicalidad del soneto.

— Observa también otros procedimientos expresivos de la musicalidad y de la tensión del poema, la anáfora del comienzo (vv. 1-3) y la enumeración que aparece en los tercetos (vv. 9-12).

Sabemos que uno de los aciertos métricos de Darío consiste en la adaptación y flexibización en nuestro idioma del alejandrino francés, metro que usa en muchas de sus composiciones a partir de la segunda edición de *Azul*... Es evidente que la razón de su frecuente uso viene dado por el efecto musical que logra con este verso largo, que consta de 14 sílabas con dos hemistiquios de 7 sílabas cada uno.

— Elige varios poemas que usen este metro y observa el efecto musical logrado. Empieza por *Azul*... y el soneto «Caupolicán», ¿de qué manera, mediante el ritmo del verso, infunde el tono heroico? Lee otros sonetos de este libro y selecciona los que usen este metro, justifica también el ritmo, dado el tema y la intencionalidad.

Vamos a fijarnos a continuación en un poema muy distinto, se trata de un texto incluido en *Cantos de vida y esperanza* en el que también usa el alejandrino, el «Nocturno» que comienza: «Quiero expresar mi angustia en versos que abolida». En él, la isotopía fonética que produce la aliteración es menos perceptible que en el poema anterior, pero resulta incluso más importante. En el primer verso las consonantes guturales del comienzo inciden en esa situación expresiva de angustia del sujeto poético, tensión que se suaviza algo en la segunda parte del primer verso y en el segundo verso —en cambio la inclusión de un verbo como *abolir*, que se usa en sentido figurado, pues significa derogar una ley, y el hipérbaton singular: «en versos que abolida / dirán mi juventud», realza el carácter negativo y produce una mayor fuerza al sentido con otro procedimiento distinto—, pero ateniéndonos sólo a los fenómenos que estábamos tratando, la guturalidad se difunde en este poema con su sonido casi onomatopéyico desde el primer verso hasta palabras que también contienen esos sonidos como *amarga* (v. 3). Teniendo esto en cuenta:

— Fíjate qué recurrencias aliterativas aparecen en los cuartetos segundo y tercero (vv. 5-12). Hay que advertir también que en la pronunciación americana, y de Darío, no existe la diferencia castellana entre la *s* y la *c*.

— Observa también las rimas, tal y como hemos indicado en el análisis del poema precedente. En el primer cuarteto *abolida-vida, ensueños-pequeños,* son palabras que aparecen en un lugar privilegiado del poema y que por tanto quedan más vivas en la memoria del lector. Por otra parte se produce entre ellas una especie de vaso comunicante que las contamina mutuamente de sus significados. Teniendo esto en cuenta analiza el resto de las rimas del texto.

Veamos la incidencia que tiene el metro de catorce sílabas en la musicalidad y expresividad del poema. El alejandrino consta de dos hemistiquios de siete sílabas cada uno, con lo que debe existir una cesura tras la séptima sílaba. Esta cesura no suele impedir la sinalefa, aunque Darío muchas veces la evita y dota al final de hemistiquio de calidades similares al final de verso, o bien desplaza la cesura a otro lugar del mismo verso. Un verso como el inicial, «Quiero expresar mi angustia en versos que abolida», presentaría la cesura tras el sustantivo *angustia* con lo que no se produce la sinalefa que aquí además podría ser optativa.

— Analiza el segundo cuarteto (vv. 5-8) y observa el tratamiento del alejandrino, fíjate además en el uso de la anáfora, que produce un efecto acumulativo, y advierte la expresividad de los paralelismos entre los versos.

Sigamos con el mismo poema. En otro caso la expresividad del alejandrino es mayor: «Esperanza olorosa a hierbas frescas, trino / del ruiseñor primaveral y matinal» (vv. 13-14). Estos dos versos nos sirven para valorar la enorme importancia que la innovación métrica, por el lado de su expresividad musical, tiene para Darío. Se usa en estos versos un doble encabalgamiento: el que aparece a fin de verso separando al sustantivo de su complemento, y otro más novedoso y original, el que se realiza entre los hemistiquios del propio alejandrino: «del ruiseñor primaveral y matinal», que además son finales agudos y suman las catorce sílabas.

> — Teniendo en cuenta estas aclaraciones, analiza el resto del poema y observa otros encabalgamientos y su efecto rítmico y expresivo en el poema. Fíjate sobre todo en los versos 20 y 22 y sus respectivos encabalgamientos, porque suponen también un elemento de intensidad emotiva. Explícalo.

En el plano del ritmo un poema singular es «Era un aire suave...», en el que confluyen varios procedimientos que realzan el ritmo, el metro dodecasílabo y la frecuencia de la aliteración. A ello hay que sumar también los efectos sonoros casi onomatopéyicos.

> — Señala el efecto aliterativo de los primeros diez versos del poema. Contrástalo con el efecto conseguido en el verso 26: «ríe, ríe, ríe la divina Eulalia» y su repetición en momentos fundamentales del mismo poema.

Vamos a fijarnos en cómo resuelve Darío el hexámetro clásico, ya hemos indicado el enorme empeño del autor en esta adaptación, que consideraba ponía a la lengua castellana a la par de otras lenguas europeas. Veamos el primer verso de «Salutación del optimista» y vamos a separar las cláusulas acentuales que funcionan como pies métricos: «Ínclitas-rázasu-bérrimas-sángredeHis-pániafe-cúnda». Como podemos ver resultan seis cláusulas acentuales que funcionan a semejanza del hexámetro clásico, aunque no se fundamentan en la cantidad silábica. Del mismo modo podemos ver un poema como la «Marcha triunfal» en el que también usa los pies métricos, pero en este caso sigue un sistema distinto de cláusulas anfibráquicas, como hemos indicado en la correspondiente nota. Veamos: «Yavíeneel-cortéjo / Yavíeneel-cortéjo-Yaseóyen-losclários-clarínes».

— Reflexiona sobre la importancia de esta innovación métrica y mide algunos versos de estos dos poemas. Saca conclusiones acerca de por qué Darío lo usó en determinados temas y no en otros.

3. Aproximaciones al léxico y a la sintaxis del poema

Ya en la segunda edición de *Azul...* se advertía que el autor seleccionaba el léxico, y trabajaba de modo especial la sintaxis de la frase con el objetivo de producir determinados efectos. Los textos que incluimos de este libro se caracterizan por su parnasianismo, es decir, que en ellos se sigue la escuela parnasiana francesa, según la cual uno de los objetivos fundamentales del poeta es infundir en la mente del lector, con una técnica refinada, un efecto exacto y descriptivo de cada personaje o tema, véase «Caupolicán», «Leconte de Lisle», o «Walt Whitman». Fijémonos en este último. Sus dos primeros versos inician la descripción del personaje mediante un complemento que altera el orden normal de los elementos de la frase, su objetivo es resaltar ciertas cualidades apartándose del lenguaje cotidiano: «En su país de hierro», imagen con la cual, y de manera gráfica, nos explica que vive en los Estados Unidos, nación que está haciendo del hierro, en estos momentos, el progreso y la fuerza; continúa el verso: «vive el gran viejo», con un adjetivo antepuesto que incide en la imagen grandiosa y venerable del personaje, advirtamos además que al trastocar el orden normal de la frase y colocar la palabra *viejo* al final de verso, fuerza la rima posterior con lo que la memoria retiene durante más tiempo la imagen; pero aún más, con la misma técnica acumulativa modernista añade varios adjetivos en el segundo verso que acaban de componer la apariencia primera de Walt Whitman: «bello como un patriarca, sereno y santo».

— Teniendo en cuenta todo lo indicado continúa el análisis de este soneto, y observa la adjetivación y el resto de los efectos expresivos, como es el caso de la inclusión del estilo directo.

La descripción a la manera parnasiana era excesivamente rígida y poco sugerente a la larga, por eso suele aparecer atenuada y complementando la tendencia simbolista en poemas posteriores, como los de *Cantos de vida y esperanza*. Vamos a detenernos en «La dulzura del ángelus...», soneto en el cual podremos apreciar los elementos simbolistas. El primer verso de este poema presenta un tratamiento muy especial del lenguaje, y un uso muy acertado del verso alejandrino: «La dulzura del ángelus matinal y divino»; en él la presencia de adjetivos es muy notable, pues ocupan binariamente la segunda parte del hemistiquio, pero también advertimos al comienzo otro término sustantivado que actúa adjetivando del mismo modo: «La dulzura del ángelus...», es decir, el verso primero de este soneto se caracteriza por ser extremadamente sugerente en el uso de los calificativos. Por otra parte, la pareja de adjetivos «matinal y divino» son de muy diversa naturaleza, aunque los dos definen unas circunstancias muy concretas del sustantivo «ángelus».

— Siguiendo estas pautas, observa y explica cómo el significado de este verso se transmite al resto de los versos del primer cuarteto (vv. 1-4), comenta además el efecto acumulativo de la enumeración.
— Como ya hemos visto la función del ritmo en el poema modernista, observa el efecto aliterativo y musical que se produce en el primer cuarteto y la oposición manifiesta en el primer verso del segundo cuarteto (v. 5). Tales efectos también ofrecen una consonancia con el tratamiento del léxico y de la frase. Explícalo.

El poema modernista incorpora una temática nueva y por tanto un nuevo léxico. Veamos los poemas de *Prosas profanas*. En ellos la incidencia culturalista es notable, el lector debía ser una persona de cierta altura intelectual para poder captar las referencias literarias, artísticas, y de otros ámbitos, como los mitológicos, o las alusiones al mundo francés.

— Lee con atención «Era un aire suave...», observa las inserciones de léxico culturalista, para ello toma como apoyo la nota correspondiente al poema. Encadena las referencias organizando los campos semánticos.

— A continuación lee con detenimiento «Divagación» y anota las múltiples referencias del poema, nuevamente puede servir de ayuda la nota correspondiente al poema. Organiza también las referencias de acuerdo con su temática. ¿Hasta qué punto es cierto que ese bagaje cultural procede de Grecia, Roma y Francia tal y como se expresa al comienzo?: «...las mágicas fragancias / que hicieran los delirios de las liras / en las Grecias, las Romas y las Francias» (vv. 2-4).

— Después de leídos y analizados estos poemas, ¿cómo se puede justificar la sorpresa que produjeron en su época? La introducción de esos elementos nuevos, junto con la adjetivación y la musicalidad, incidía en el erotismo de la imagen final del poema. Analiza y justifica estas razones.

Tomemos otro ejemplo, el «Coloquio de los centauros»; pensemos en la significación fundamental que el centauro tiene para Darío. Leemos cuidadosamente el poema y la nota correspondiente, y observamos la cantidad de referencias culturales y mitológicas que van asociándose en cada intervención de los centauros:

— Explica las características esenciales de algunos de ellos, Quirón y Eurito por ejemplo. Resume el contenido de sus intervenciones así como la función de los adjetivos en cada caso.

— Vamos a fijarnos en los primeros 22 versos del poema, en ellos se describe el espacio en el que viven estos seres mitológicos. Observa el ritmo y la adjetivación, también el efecto de los encabalgamientos y la distorsión del orden natural de la frase. Selecciona el léxico culto de esta parte del poema, elige a continuación los versos en los que el efecto de la adjetivación sea más notable y explica su funcionamiento e incidencia en la imaginación del lector.

4. Aproximaciones a la poética, a las imágenes y a los símbolos

Si dejamos aparte la construcción analógica que implica el poema «Venus», en el que el jardín terrenal alcanza una correspondencia con el jardín sideral, en donde Venus es reina, una de las poéticas más expresivas de Darío está incluida en la segunda edición de *Prosas profanas*: en «Ama tu ritmo...». Vamos a observarlo. Al leer este poema lo primero que sorprende es el primer verso bimembre con estructura de quiasmo, que busca además un efecto paranomásico: «Ama tu ritmo y ritma tus acciones»; estos efectos buscan poner de relieve la relación existente entre el ritmo vital de lo natural y el ritmo producido por el ser humano.

— Explica el desarrollo de este primer verso y su incidencia en el primer cuarteto. Para ello debe leerse el comentario correspondiente y explicar así el procedimiento analógico.
— Observa el segundo cuarteto, explica la referencia al número como componente del universo y explica su relación con el pitagorismo.
— Fíjate en el uso de varios de los términos: *alma, fuente, celeste unidad, brotar*. Lee otros poemas de ese libro y busca el sentido de esos términos dentro de la concepción poética de Darío. Relaciona y encuentra también el sentido del adjetivo *celeste* en otros poemas de *Cantos de vida y esperanza*. Lee las notas correspondientes y saca conclusiones.
— La música del cosmos expresada mediante el número en el segundo cuarteto es analógica con la realización del poema. Explícalo analizando los dos tercetos del soneto.
— La imagen de la *perla* tiene un sentido preciosista y parnasiano, sin embargo el último verso implica otros aspectos. Relaciona estos sentidos con la herencia filosófica y cultural que recibe el poeta.

Uno de los aspectos más importantes de la poesía modernista es la decisiva presencia de las sensaciones y del erotismo. El poema se fundamenta sobre todo en la sugerencia y se convierte en un elemento artístico, y por tanto artificial, creado por el poeta, con el fin de sugerir por medio de los sentidos y de la sensibilidad y llegar hasta el lector. Un caso claro es la primera edición de *Prosas profanas* donde no importa tanto la idea sino la calidad de la sugerencia ejercida mediante el arte del poeta. Pensemos en algunos poemas en los que esto sucede de forma muy relevante, un ejemplo claro es «Era un aire suave...», donde la sugerencia musical del comienzo es también enormemente sensual, para, a medida que avanza el poema, presentar imágenes de cálido erotismo: «reía en su máscara Término barbudo, / y, como un efebo que fuese una niña, / mostraba una Diana su mármol desnudo» (vv. 14-16).

— Otras imágenes que sugieren sensaciones y erotismo aparecen en este poema, localízalas y analiza su función. Puedes comparar esas imágenes con las que aparecen en el poema siguiente, «Divagación».
— El erotismo se une a un elemento desacralizador en «Ite, missa est»; observa el correlato que usa el poeta en los cuartetos del soneto y cómo se desarrolla la imagen en los tercetos.

El erotismo está presente no sólo en el uso de los adjetivos sino que también aparece unido al uso de ciertas formas mitológicas como los centauros, los sátiros o los cisnes. En las notas correspondientes a los poemas se explica el funcionamiento de esta simbología.

— Estudia las imágenes asociadas al erotismo en los centauros, para ello analiza las distintas intervenciones de los sucesivos hablantes en el «Coloquio de los centauros».
— Lee el «Responso a Verlaine» y analiza la presencia de animales y referencias mitológicas, sobre todo la presencia del sátiro y del centauro. Relaciónalo todo esto con el motivo final.

El cisne es el emblema del modernismo y, como hemos visto, presenta alguna complejidad en el desarrollo de su poesía, desde la mera cita estetizante, como la que aparece en la «Sonatina»: «ni los cisnes unánimes en el lago de azur» (v. 27), a un poema como «Blasón», y luego a la sección titulada «Los Cisnes».

— Desarrolla las imágenes que describen al cisne en «Blasón», fijémonos en la ambigüedad de los adjetivos usados en el primer cuarteto que por una parte hacen referencia al plano mitológico del ave, y por otra, por su blancura e inocencia, traen adherencias de majestuosidad así como religiosas desacralizantes.

— Siguiendo esta pauta revisa el resto del poema, separa las referencias a los dos campos semánticos y explica su funcionamiento.

— Fíjate en las referencias culturales que apoyan la imagen del cisne, el mundo griego, Leda, la fuente Castalia, Leonardo da Vinci, Lohengrín de Wagner, la Pompadour, Luis de Baviera. Todos son nombres que tienen que ver con la trayectoria del cisne en la literatura y la cultura; explica esta relación. Lee las notas a los poemas de motivo císnico, busca referencias complementarias y redacta un trabajo breve al respecto.

Vamos a fijarnos en el tratamiento del cisne en *Cantos de vida y esperanza*. Es evidente que el ave de Leda se carga de otras significaciones y complejidades sin perder su significado inicial. En primer lugar leamos con atención el comienzo del primer poema del libro «Yo soy aquel que ayer no más decía». Uno de los elementos primordiales es el cisne: «El dueño fui de mi jardín de sueño, / lleno de rosas y de cisnes vagos» (vv. 5-6). Luego veamos otros poemas que tocan el tema: «Leda», y los cuatro poemas que componen la sección «Los Cisnes».

— Leamos el poema «Leda»; observa las recurrencias con anteriores poemas de *Prosas profanas* en el aspecto descriptivo del ave y también en el ideal amoroso que implica.

— A continuación trabaja el poema primero de «Los Cisnes» y observa las preguntas retóricas del comienzo y la descripción de la trayectoria del cisne en la literatura. Luego hay que advertir cómo el cisne es el ave que se convoca para conjurar el mal (vv. 13-16). Sigue la idea del poema hasta el final y explica el nuevo significado del símbolo.

Una de las imágenes funcionales del erotismo en la poesía de Darío resulta de la inclusión de la figura de la mujer, cuyo tratamiento alcanza su máxima potencia en *Prosas profanas*. La imagen de la Marquesa Eulalia de «Era un aire suave...» es emblemática de la nueva poesía. Se trata de un tipo de mujer observada desde el punto de vista de un yo masculino, cuyo centro es la frivolidad y cuya vida gira en torno al placer y el erotismo: «La marquesa Eulalia risas y desvíos / daba a un tiempo mismo para dos rivales» (vv. 9-10). Hemos de pensar que este tipo de mujer tiene una importante y larga ascendencia literaria que en el modernismo hispanoamericano adopta unos caracteres definidos recibidos de esa larga tradición clásica, pero también de la pintura, los grabados y la literatura francesa. Salomé, Eva, Helena de Troya, Dalila, son elementos iconográficos frecuentes en estas artes, así como en las décadas anteriores lo era la mujer prerrafaelita, virginal y erótica a un tiempo, cuya máxima representación se erige en Ofelia. De ambos tipos de mujer se sirve la poesía de Darío. Observa la diferencia entre la marquesa Eulalia y la Stella de «El poeta pregunta por Stella».

— Resume los rasgos fundamentales de los dos tipos de mujer y la imaginería utilizada en cada caso. Para ello lee los dos poemas que acabamos de citar.
— Busca referencias a Salomé, Eloísa, Eva, Judith, Cleopatra y otras mujeres célebres en su poesía, observa por qué y de qué manera las recuerda. Incluso alude a la Mona Lisa de Leonardo da Vinci, da tu opinión.
—Lee los versos 33-44 del poema «Era un aire suave...», en los que se hace una descripción física de la marquesa

Eulalia; explica esos rasgos fijándote en los gestos que describen las imágenes. Y también la relación que existe con la musicalidad del verso; hay un momento muy destacado en este aspecto: «El teclado harmónico de su risa fina / a la alegre música de un pájaro iguala» (vv. 41-42).

— Aplica los mismos procedimientos a «Divagación». La mujer de este poema ¿en qué medida se parece a la Marquesa Eulalia? ¿Y a la princesa de la «Sonatina»?

— Lee la «Canción de otoño en primavera», observa cómo se desarrolla el tema en el poema, en los versos 5 y 6: «Plural ha sido la celeste / historia de mi corazón», en relación con lo que estamos apuntando.

— En «Ite, missa est» la mujer se relaciona con varios nombres de la cultura, Eloísa, Monna Lisa, además se describe a este tipo de mujer («Ojos de evocadora, gesto de profetisa» v. 5) y se la relaciona con la esfinge. Explica la razón. Busca otros poemas en los que la mujer se asocia con la esfinge y saca tus propias conclusiones de esa lectura. Relaciona de nuevo esta figura de mujer con la Stella de «El poeta pregunta por Stella».

Continuando en esta línea observemos el poema «¡Carne, celeste carne de la mujer! Arcilla». Es un poema que pertenece a *Cantos de vida y esperanza* y, aunque continúa el tema amoroso, presenta otros matices.

— Resume las ideas fundamentales del poema, y explica la imagen de la mujer que se desprende de él. Por otra parte puedes ir anotando sus procedimientos rítmicos y métricos, observa los paralelismos, las anáforas, las enumeraciones, el tono exclamativo. Intenta encontrar una justificación a esos procedimientos en relación con las ideas que se desarrollan en el poema.

Veamos ahora de nuevo el poema inicial de *Cantos de vida y esperanza*. Ya hemos aludido a él en otros momentos, como cuando hemos hablado del cisne, pero ahora nos interesa volver a leerlo porque en él tenemos datos fundamentales en lo que se refiere sobre todo a una trayectoria vital y literaria que toma sesgos autobiográficos y metapoéticos. Por eso podemos ver aquí desarrollados algunos de sus gustos literarios, algunas de sus imágenes y constantes simbólicas: aparte del cisne, el jardín, la torre, la selva sagrada, psiquis.

> — Resume el poema y las referencias a su obra precedente, ¿en qué manera alude a la poesía de *Prosas profanas?* Observa además que hace algunas referencias al prólogo de este libro, relaciona este poema con el texto incluido en los Textos complementarios.

Darío repite la palabra *jardín;* el jardín es uno de los símbolos espaciales más importantes del modernismo, tiene una parte esteticista pues suele estar aislado y tener una determinada decoración, un estanque, unas flores más o menos exóticas, un cisne. Sin embargo no siempre conlleva un significado preciosista, sino que a veces se refiere al espacio interior del poeta, donde éste se refugia para realizar su arte lejos de las incomprensiones de la sociedad. Teniendo en cuenta lo que estamos aclarando acerca de este símbolo:

> — Lee primero este texto y luego relaciónalo con otros en los que aparezca la misma simbología, describe el jardín dariano comenzando por el poema «Venus» de *Azul...*
> — Observa la descripción del jardín que se hace en «Sonatina», interpreta este espacio en el poema, al mismo tiempo lee la nota aclaratoria.
> — Del mismo modo advierte el uso del símbolo de la *torre,* «La torre de marfil tentó mi anhelo» (v. 49). Este símbolo implica un aislamiento del poeta al igual que el del jardín. Lee los versos que vienen a continuación y desarrolla la idea.

Por todo lo que estamos viendo el símbolo de la torre tiene un sentido negativo acerca del poeta, expresa la imposibilidad de realizarse en ese mundo hostil en el que los objetivos del poeta no son comprendidos por la sociedad mercantilista, y en la que, en consecuencia, el arte y la función del escritor han perdido su objetivo. Sin embargo el símbolo de la *torre* va a adquirir otras sugerencias.

> — Lee el poema «¡Torres de Dios! ¡Poetas!», analiza el símbolo de la *torre* en relación con las imágenes expresadas en los versos 3 al 6. «El bestial elemento se solaza / en el odio a la sacra poesía» (vv. 12-13), explica estos versos y relaciónalos con la idea que Darío tiene del poeta.

Fijémonos ahora en el verso 61 y siguientes: «Mi intelecto libré de pensar bajo, / bañó el agua castalia el alma mía, peregrinó mi corazón y trajo / de la sagrada selva la armonía» (vv. 61-64). El poema da una importancia desmesurada a esa imagen, la de la selva sagrada como símbolo del espacio natural que, en completa consonancia con el ámbito divino, y en una interpretación esotérica, proporciona al hombre su más auténtico ser y la posibilidad de alcanzar los más altos objetivos poéticos y vitales.

> — Lee con atención estos versos y extrae la idea principal. A continuación lee «El reino interior» de *Prosas profanas*, observa cómo está descrita esta «selva sagrada», relaciona ambos textos.

Sigamos leyendo el poema «Yo soy aquel que ayer no más decía» en esa parte que nos aproxima a la selva sagrada. En el verso 70 dice: «allí el cuerpo arde y vive y Psiquis vuela». El poema nos introduce en otra de las constantes darianas: Psiquis como imagen del alma. Más adelante aclara: «El alma que entra allí debe ir desnuda, / temblando de deseo y fiebre santa» (vv. 81-82).

> — Volviendo a «El reino interior» observa el tratamiento de la idea principal en torno al alma, desarrolla el motivo y fíjate en la parte final del poema y en las preguntas del alma (vv. 66 y sigs.). ¿Quién es esa infanta misteriosa? Explica la eficacia de esa imagen.

Leamos otros poemas en los que aparezca Psiquis, a veces es sólo una cita pero en «¡Divina Psiquis, dulce mariposa invisible» el tema aparece desarrollado con más amplitud, hasta el punto de que se hace alguna referencia al enfrentamiento que aparece en «El reino interior», dice: «Entre la catedral y las ruinas paganas / vuelas, ¡oh Psiquis, oh alma mía!». A la vista de estos poemas:

— Explica cómo se desarrolla el tema en este poema y qué imágenes y referencias se utilizan. ¿Paganismo y cristianismo se enfrentan?

Si revisas los poemas de *Prosas profanas* encontrarás también una referencia un tanto sorprendente a la esfinge y su misterio. Este símbolo aparece por ejemplo en el «Coloquio de los centauros» y en «Ite, missa est». También aparece incluido en el poema «Alma mía». Posteriormente en otros como en el poema I de «Los Cisnes», «¿Qué signo haces, oh Cisne, con tu encorvado cuello». Como puedes observar es un símbolo de raíz clásica que conlleva una enigmática relación con la vida y con el eros.

— Compara la aparición del motivo en los tres poemas y explica el funcionamiento en cada caso. Lee las correspondientes notas a los poemas para justificar tu interpretación.

Los poemas de *Cantos de vida y esperanza* presentan además dos temáticas recurrentes, una es la de los temas metafísicos y otra los temas hispanizantes. Vamos a fijarnos en ambas vertientes.

Los poemas metafísicos encierran una incertidumbre interna, a veces extremadamente violenta, y hasta desesperanzada, que indican una intensa evolución espiritual a partir de los primeros poemas de *Azul...* y *Prosas profanas*. Es conveniente revisar con cuidado estos textos para observar, no sólo la expresión sino también el tratamiento modernista del ritmo y del lenguaje, como ya hemos indicado más arriba.

— Selecciona, entonces algunos poemas metafísicos, comienza por el planteamiento del primer poema del libro, luego puedes ver otros títulos como «La dulzura del ángelus...», «Nocturno», «Lo fatal».

— Observa el correlato que utiliza el poeta en «La dulzura del ángelus...»; la vida humana, ¿a qué corresponde?; explica imágenes como «ángelus matinal y divino», «áureo ovillo vespertino», «el pobre esquife en la noche cerrada». Esta última responde además a la imagen bíblica y literaria de la «barquilla», observa de qué manera la adapta el poeta.

— Lee «Lo fatal» e interpreta la desesperanza, ¿qué imágenes naturales utiliza?

En *Cantos de vida y esperanza* hay varios poemas en los que se refiere a la cultura y la literatura españolas, también hay otros en los que trata aspectos políticos relacionados con los países americanos. Lee esos poemas.

— En un poema como «¿Qué signo haces, oh Cisne, con tu encorvado cuello», ¿cómo explica estas ideas?

— Resume los principales conceptos que expresa acerca de los pueblos hispanoamericanos en «Salutación del optimista», «A Roosevelt», «Letanía de nuestro señor don Quijote». Relaciona estas ideas con «Salutación al águila» de *El canto errante*. Fíjate en el *águila* y el *cóndor,* ¿se puede apreciar un cambio en su pensamiento?

— ¿Cómo presenta la política de los Estados Unidos?

En la selección hay dos momentos en los que de forma directa el escritor se refiere a su Nicaragua natal, «Momotombo» y «Tríptico de Nicaragua», observa cómo describe esos recuerdos y esos paisajes. Puedes complementar el estudio de la obra que estamos analizando con la lectura de una novela en la que aparece Rubén Darío como personaje, se trata de la novela del también escritor nicaragüense, Sergio Ramírez, *Margarita, está linda la mar* (Madrid, Alfaguara, 1998), en la que, entre otros acontecimientos de la historia centroamericana, se ficcionaliza la llegada de Darío a su país natal en 1907. Con la ayuda de la cronología y de la lectura de esta novela —fijándose sobre todo en los tres primeros capítulos de la primera parte—, y una vez que se ha reflexionado sobre la poesía de Darío hasta esa fecha, puede redactarse como actividad final, un trabajo en el que se tengan en cuenta todos estos elementos, los biográficos y los literarios.

ÍNDICE DE TÍTULOS Y PRIMEROS VERSOS

AUSTRAL